다섯 아이들을 큰 바보로 키운 아버지가 쓴
자녀교육을 위한 엉뚱한 제안

땅바닥에서 키워라

저자의 말

이 땅에는 나처럼 가난하게, 어려운 처지에서 살아가는 사람들이 많다. 이들이 갈수록 꿈을 꿀 수 없는 교육 현실을 가슴 아프게 바라보면서 나는 나 같은 사람도 있었음을 보여주고 싶다. 그리고 '나는 이렇게밖에 못했어도, 나는 이렇게나 잘했다'라고 외치면서 이 책의 성격을 밝힌다.

1. 이 책은 인문계 고등학교에서 퇴직한 교사의 교육철학과 현장 경험 및 다섯 자녀를 훌륭하게 키워낸 아버지의 경험을 통해 자녀교육의 문제를 다룬 책이다.
2. 이 책은 황폐해진 한국교육의 병폐를 지적하고 이에 대해 학부모가 어떻게 대응해 나가야 할 것인가를 제시하는 책이다
3. 이 책은 주입식 교육에서 산파술에 의한 교육을, 사교육에서 학교교육과 자기주도적 학습을 강조하고 그 성공적인 사례를 보여준다
4. 이 책은 자녀에 대한 과잉보호나 방임이 아닌 학부모의 역할을 구체적 사례를 들어 강조하고 있다.
5. 이 책은 과중한 사교육 부담과 신분 세습이 고착화되어가는 절망적인 상황에서 학부모들에게 희망을 주고, 그로부터 탈출 방안을 체험적으로 제시하여준다.

다섯 아들딸로 인해 지극히 행복한 아버지가

차례

1. 프롤로그, 나는 이렇게 자녀교육 강사가 되었다.

강연의 성패는 감동을 주고받느냐, 주고받지 못하느냐에 달려 있다. 어떤 강사가 명강사인가? 요즘 텔레비전이나 여러 사회교육 프로그램에서 강의를 들어보면 처음부터 끝까지 웃기는 것을 볼 수 있다. 그런 강사는 인기가 있고, 여기저기서 초청을 받는다. 좋은 일이다. 즐겁게 강의를 듣는 것은 강의 효과를 높이기 때문이다. 그런 강사를 시기하거나 시비를 걸 마음은 없다. 그것도 그 강사가 가진 달란트요, 장끼이니까.

그러나 나는 말한다. 좋은 강의는 많이 웃기는 강의가 아니라 많이 울리는 강의라고. 왜 그런가? 눈물은 웃음보다 사람의 마음 깊숙이 들어가서 그 사람의 삶을 움직이기 때문이다. 웃음이 부드러운 바람에 흔들리는 강물의 윤슬이라면, 눈물은 강 밑바닥을 흐르는 물살이다.

그런데 명강의는 좋은 청중이 만든다. 좋은 청중이란 강의를 받아들일 마음의 자세를 가진 사람들, 더 나아가서는 그 강의의 내용에 대해 갈급하는 마음을 지닌 사람들을 말한다. 이 글을 읽는 것도 마찬가지다. 이 글은 어쩌면 오늘날 교육 현장의 이단아가 부르짖은 헛소리일 수 있다. 그러나 나는 글 장난을 치고 싶지 않다. 나는 언변도 어눌하다. 내성적인 사람이다. 숫기도 적은 사람이다. 그러함에도 나는 소신을 가지고 이 글을 쓴다. 나의 신념이기도 하지만, 무엇보다도 내가 그렇게 살아왔고, 그 결과에 지극히 만족하기 때문이다.

세상에는 자녀교육에 관한 많은 저서가 나오고 있다. 강남이 부동산 투기의 과녁이 되어 온 나라의 아파트값이 난리가 난 가장 큰 이유도 자식을 잘 키우려는 현대판 맹모들의 극성으로 인한 것이다. 명문학교와 학원이 많은 곳, 저명 강사들이 많이 있는 곳으로 몰려가는 풍조 때문이다. 우리나라 학부모들은 그만큼 자녀교육에 관한 관심이 많다는 이야기다. 관심이 많은 정도가 문제가 아니라, 자녀교육에 사생결단하는 모습이라고 해야 할 정도다.

이 책은 독자의 측면을 생각할 때, 나의 시각에 공감하는 사람들과, 우리의 교육현실에 동떨어진 주장으로 자기 자녀의 교육에 도움이 될 수 없다고 보는 독자층도 있을 것이다. 나는 오늘날의 우리 교육현실에 절망하고 여기서 혁신적으로 벗어나지 않으면 안 된다는 생각을 가지고 있다. 따라서 나의 시각에 끝내 공감하지 않는 독자들에겐 무익한 책이 될 것이다. 그러나 우리의 교육현실이 이대로 지속되어서는 자녀는 물론 국가의 장래도 희망이 없다고 생각하며, 교육의 본질을 회복하고 건강한 교육을 위해서는 우리의 혁신적 태도가 필요하다고 보는 독자들은 반갑게 호응할 것이다.

그러므로 자녀교육의 방법이나 기술을 기대하고 단기간에 성적을 올릴 길을 찾는 사람은 여기까지만 읽고 그만두시라. 자녀의 앞날을 멀리 내다보고, 자기 자녀가 진정 행복한 삶을 살기를 바라는 사람들만 끝까지 읽으시라. 왜냐하면 나는 독자의 자녀가 시험점수를 높이는 방법이나 기술을 말하지 않을 것이기 때문이다. 대신 자녀가 스스로 목표를 설정하고 열정적으로 공부할 수 있도록 도와주며, 더욱 강인한 사람으로 자신을 세워나갈 수 있도록 하기 위해서는 부모가 어떤 역할을 해야 할 것인가를 말할 것이다.

나는 자녀교육에 관한 강연을 하러 다닌 적이 있다. 1990년대 후반의 일이다. 나는 그때 광주의 한 인문계 고등학교에서 3학년 담임교사로 근무하고 있었다. 그해 수능시험이 끝난 후였다. 광주에서 가장 큰 교회 중 하나인 월광교회의 목사님에게서 전화를 받았다. '수능 후 대입 준비를 어떻게 해야 할까'에 대한 강연을 해달라는 것이었다. 그러나 나는 별로 내키지 않았다. 나는 수능 후 '대입준비'에 대해서라면 진학지도서가 많이 나와 있으니까 그것을 보면 되고, 만약 내가 강연을 해야 된다면, '자녀교육'에 대해서 이야기하고 싶다고 말했다. 목사님은 그것도 좋다고 했다.

청중은 대개 고3 자녀를 둔 학부모로 100여 명쯤 되었을 것이다. 나는 집중력을 높이기 위해 나의 첫 시집을 들어 보이며 강연을 시작했다.

깊은 밤 자율학습 시간에
꼴찌 소녀가 눈물을 머금고 머뭇머뭇
어렵게 찾아와 하는 말
선생님 저 같은 것도 살 가치가 있나요?

선희야, 저 빛들을 보아라.
밝은 빛, 희미한, 빛 보이지도 않는 빛……
제각기 비추어 어둠을 밝히니
다 밝고 큰 빛이면
막다른 골목 후미진 골방은 무엇으로 비추나
사람들 제각기 주변을 밝히면
이웃들 편안하고 기뻐하리니
너는 자신을 불사르는 촛불 되어라.
책벌레 네 친구들 이리 저리 피할 때
말없이 쓸고 닦고
궂은일 도맡아 하던 착한 선희야
다른 사람들 재산과 명예와 권력을 쌓아 갈 때
너는 섬기고 사랑하여
행복을 나눠주는 천사가 되라.

꼴찌 소녀 눈물 젖은 손으로 내 손 꼬옥 잡고
오래도록 앉아서 울먹이었네
머리 위에 별빛들 소복이 쌓이는
한여름 밤에
-필자의 시 〈깊은 밤 자율학습 시간에〉 전문

고3 자율학습 시간에 꼴찌 학생이 진학지도실에 찾아와 내게 물었다. '나 같은 것도 살 가치가 있냐?'고. '나같이 전교에서 꼴찌만 하는 학생도 살 가치가 있냐?'고.

홀어머니 슬하에서 어렵게 학교에 다니는 학생이었다. 항상 조용하고 맘씨가 착한 학생이었다. 그 학생의 얼굴에선 눈물이 뚝뚝 떨어지고 있었다. 나는 그 질문을 받고 충격을 받았다. 얼마나 힘들었으면 이런 질문을 단도직입적으로 할까?

나는 이 순간이 매우 중요하다는 것을 직감했다. 내 대답에 따라 이 아이의 인생이 달라진다는 생각이 들었다. 순간 소름이 끼쳤다. 어쩌면 이 아이는 지금 극단적인 선택을 앞두고 있는지도 모른다. 어떻게 대답해야 좋을까? 생각할 시간이 필요했다.

나는 그 학생을 데리고 4층에서 현관까지 천천히 내려왔다. 생각할 시간을 벌기 위해서였다. 1층에 다 내려올 때까지도 좋은 말이 생각나지 않았다. 현관에 이르자, 광주 시내의 야경이 한눈에 들어왔다. 그 순간 나는 아이에게 해줄 말을 찾아냈다. 그것이 위의 시다. 우리는 현관 계단에 앉았다. 그 학생은 눈물이 흠뻑 젖은 손으로 내 손을 잡고 한참을 울었다. 나는 학생의 어깨를 다독여주었다.

그 학생은 열심히 공부하였지만, 당시엔 전문대 간호학과가 인기가 있던 때라 안타깝게도 전문대학 간호학과에 합격하지 못했다. 그러나 간호사가 되고 싶었던 선희는 훗날 간호보조원 양성소를 나와 산부인과의 간호사가 되었다. 나는 그 간호사의 간호를 받는 환자는 행복하리라 의심치 않는다.

청중들의 눈이 온통 나에게로 집중되었다. 청중들은 내 말이 나갈 때마다 '아멘'과 '할렐루야!' 소리가 터져 나왔다. 내 입에서 나온 말들이 하얀 연기가 되어 그들의 귀로 빨려 들어가는 것처럼 느껴졌다. 나는 무슨 말을 해야 할까를 걱정할 필요가 없었다. 말을 하는 순간, 다음에 할 말이 샘물 솟듯이 떠올랐기 때문이다. 청중들의 얼굴이 붉게 상기되었고, 손수건으로 눈물을 훔치기 시작했다. 이내 강연장은 눈물바다가 되었다. 그런 청중을 보며 나도 울었다. 울면서 강연을 계속했다. 시간은 예정된 40분을 훌쩍 넘어 80분간을 질주했다.

예정된 점심식사 시간 때문에 나는 할 수 없이 강연을 마무리했다. 목사님은 다음에 다시 초청하겠다고 했다. 나는 인사치레로 그러시려니 했다. 그런데 그게 아니었다. 이듬해 5월 가정의 달이 다가오자, 전 교인과 광주지역의 교회들이 함께 하는 헌신예배에 나를 강사로 세워주었다. 수천 명의 청중을 바라보자, 나는 긴장하거나 떨기는커녕 오히려 힘이 났다. 나의 강연은 거침이 없었다. 내가 하고자 하는 이야기는 내 자식들의 이야기였기 때문에 무슨 말을 할까 걱정할 필요도 없었다. 나의 강연은 마치 초대교회의 부흥회처럼 끝났다.

그 후로 나는 여러 교회에서 초청받아 자녀교육에 관한 강연을 다니게 되었고, 이어서 대학이나 여러 사회교육기관에서 자녀교육에 대한 강연을 하게 되었다. 그렇게 해서 나는 자녀교육 강사가 되었다. 그것도 하루아침에 지역사회의 명강사로.

2. 자녀교육, 그것이 무엇이기에

내 큰아들은 6살에 초등학교에 입학했고, 숙제도 챙기지 못하는 학생이었다. 시험점수가 뛰어난 적도 없었고, 선생님으로부터 공부를 잘한다는 말을 들은 적도 없었다. 고작 중간 정도였다. 변화는 중학교에서 왔다. 그 계기와 사연은 다음에 말하겠지만, 1학년 말 성적이 720명 중 177위였는데 1위로 졸업을 했다. 그리고 서울대학교 법학과에 합격하였다.

나는 성적이 갑자기 뛰어오른 사실을 열거하고 싶지 않다. 거기서 나아가 부모가 자녀에게 어떻게 해주면 자녀의 공부하는 태도와 그 성적이 변화하는지를 말할 것이다. 내가 말하는 것은 '어떻게 하면 갑자기 시험점수를 크게 올려 100점을 맞게 할 것이냐?'가 아니다. '어떻게 하면 아이가 크고 아름다운 꿈을 갖게 할 것이냐?' '어떻게 하면 공부의 중요성을 깨닫게 할 것이냐?' '어떻게 하면 아이가 공부하고 싶은 마음을 갖게 할 것이냐?' '어떻게 하면 학습에 자신감을 갖게 할 것이냐?' '어떻게 하면 그 열정을 지속적으로 유지하게 할 것이냐?' 이런 것들을 말할 것이다.

부모(특히 어머니)는 주머니요, 껍데기다. 주머니는 모양새도 없고, 볼품도 없다. 보통의 주머니는 하찮은 소재로 만들어졌다. 주머니가 중요한 것은 아니다. 주머니 그 자체가 가치가 있는 것도 아니다. 그 속에 든 것이 중요하다. 주머니는 그 속의 내용물을 위해서 존재한다. 어머니는 아이를 몸속에 품고 있다가 출산의 고통을 겪고서야 낳았다. 그래서 모정은 그 어떤 힘보다 강하고, 그 어떤 사랑보다 진하며, 심지어는 자기의 생명보다 중요한 것이다. 껍데기도 마찬가지다.

나는 아픈 아내가 좋아하는 석류알을 까주기 위해 두텁고 굳은 껍질을 조심스럽게 벗겨낸다. 쉽지 않은 일이다. 석류알들은 석류 껍데기가 만들어놓은 이 방 저 방에 빽빽이 질서 있게 박혀 있다. 석류알은 조금만 눌러도 깨져서 붉은 과즙이 튀어나온다. 알은 약한 것이다. 그러나 그 속에는 무엇보다 중요한 생명이 들어 있다. 석류 껍데기는 그 석류알을 보호하고 있는 것이다.

나는 「껍데기를 위한 항변」이라는 글에서 이렇게 말한 적이 있다.

'껍데기는 자신을 위해 살지 않는다. 껍데기는 화려하지 않다. 거칠고 딱딱하다. 껍데기는 온갖 비바람과 뙤약볕을 받아가면서 알갱이를 지켜 간다. 세상을 향한 껍데기의 피부는 거칠지만, 알맹이를 향한 속살은 한없이 부드럽다. 가슴에 고이 품은 그 작은 씨알, 그것이 전부요, 생명이라는 것을 안다. 그래서 추위와 더위, 습함과 건조함으로부터 알갱이를 보호하고, 짐승들이 헤치거나 벌레가 먹지 못하도록 감싼다. 알갱이가 알차게 성숙할 때까지, 또는 그 알갱이에서 싹이 나고 튼실하게 자라기까지 보호하는 어머니요, 아버지이다. 거칠어지고 검버섯이 핀 주름살투성이의 할아버지 할머니의 얼굴, 그것이 껍데기다.'

내가 왜 이렇게 긴 설명을 했는가? 그것은 껍데기가 껍데기의 역할을 하듯이 부모가 부모의 역할을 하라는 말이다. 자녀는 내 것이 아니다. 내가 보호, 양육해야 하지만, 자녀는 독자적으로 살아가야 할 개체다. 새싹은 껍데기를 찢고 나온다. 껍데기가 찢어지지 않으면 새싹은 나올 수 없다. 그 안에서 말라버리거나 썩어버릴 것이다. 자녀에게 집착하지 말라. 살아가는 법은 스스로 터득한다. 욕심을 부리면 자녀를 상하게 한다. 부모의 위기는 반드시 온다. 부모의 권위가 무너질 때도 온다. 그러나 그것을 슬퍼하거나 거부하지 말자. 그 대신 더 많이 기도하고 더 많은 덕을 쌓아 자녀가 가는 길을 열어주어야 한다. 그것이 부모의 길이요, 정체성이다.

우리가 잘 아는 말 중에 조장(助長)이라는 말이 있다. 원래는 좋은 뜻의 말이었지만, 다음의 고사(故事) 때문에 좋지 않은 말로 쓰이게 되었다.

송나라의 한 농부가 보리밭에 나가 아침부터 저녁까지 보리가 빨리 자라도록(長) 돕는다(助)고 보리 모가지를 쭉쭉 뽑아 올렸는데, 저녁에 돌아오면서 보니 보리 모가지들이 다 말라버렸다는 데서 온 말이다. 지금 우리나라에는 보리 모가지를 뽑아 올리듯이 자식의 머리를 뽑아 올리는 부모가 너무 많다. 그래서 나는 이 책을 쓰게 되었다.

오늘날 학교교육은 '영혼이 없는 교육', '사랑이 없는 교실', '배움이 없는 학생', '권위가 없는 교사'로 대변되고 있다. 한마디로 참교육의 현장이 아니라는 소리다. 그 원인이야 여러 가지겠지만, 가장 중요한 원인은 자기밖에 모르는 아이들과, 자기 아이들밖에 모르는 학부모에게 있다. 학과 성적을 올리는 것과, 명문대학에 합격하는 것이 목표다. 교육의 초점이 오직 점수에 맞춰져 있다. 교사는 점수를 올리는 도구에 지나지 않는다. 학교는 점수를 올려주는 기관에 지나지 않는다. 치맛바람이 춤을 추고, 학교보다 학원이나 유명강사의 역할이 훨씬 더 중요해졌다.

자본주의 사회에서는 인간도 하나의 상품이 되었다. 우리 학부모들은 자식들을 좋은 상품, 잘 팔리는 상품으로 길러내기를 원한다. 대부분의 과외는 뒤지는 과목에 집중한다. 뒤지는 과목 없이 다 잘해야 명문대학에 합격하기 때문이다. 여기서 나는 묻는다. 여러분의 자녀를 상품으로 길러내려는가? 아니면 작품, 적어도 명품으로 길러내려 하는가?

상품은 같은 기계로 대량생산하는 것이다. 그 상품은 유행이 있고, 유효기간이 있다. 그래서 '신의 직장'이나 대기업에 들어가더라도 50대를 지나면 퇴직하게 되고, 그 후엔 실업자가 되거나 다른 길을 모색해야 한다. 그것이 상품으로서의 인생이다.

그런데 명품은 유행을 별로 타지 않는다. 특히 작품은 대량생산 되는 것이 아니다. 작품은 세상에서 유일하다. 오직 자기만의 가치와 의미를 지니고 있다. 상품은 시간이 지나면 중고품이나 폐품이 되지만, 작품은 오래될수록 골동품이 되어 그 가치는 올라간다. 우리의 자녀는 명품이나 작품이 되게 해야 한다. 김홍도, 장영실, 박지성같이 유명한 사람은 말할 것도 없지만, 우리의 사회 곳곳에는 명품이나 작품으로 사는 사람들은 의외로 많다.

필자와 같이 근무한 어떤 선생님에겐 남매가 있었다. 딸은 철이 들어 공부를 열심히 하는데, 아들은 게임에 중독되어 밤을 새우는 통에 속을 썩이고 있었다. 나에게 아들과 상담해달라고 부탁했다. 나는 세 식구와 중국음식점에서 만나 식사를 하며 대화했다. 이런저런 좋은 이야기를 해주었지만, 그 아이는 전혀 듣고 있는 것 같지 않았다.

엄마는 장고 끝에 그 아이를 전북에 있는 애니메이션 고등학교에 보냈다. 아이가 좋아하는 길로 가게 한 것이다. 그리고 지금은 환상의 직장인 '네이버'에 취업했을 뿐만 아니라, 그곳에서 멋진 배우자를 만나 결혼하여 함께 재택 근무를 하며 행복한 삶을 살고 있다. 그 아들은 자기 인생을 작품으로 창조하고 있는 것이다.

다른 예를 하나 들어보자. 요즘 새로운 커피문화를 만들어 가면서 눈길을 받고 있는 '라운지엑스'라는 기업이 있다. 라운지엑스의 황성재 대표는 어려서 TV 만들기 프로그램을 보다가 유치원에 지각하기 일쑤였고, 고등학교 야간자율학습 시간엔 공부 대신 레고 로봇을 만들었다. 학교 성적은 꼴찌에 가까웠다.

고등학교 2학년 때 학생발명대전에 나가 '낭비 방지 휴지걸이'로 장려상을 탔다. 처음으로 누군가에게 인정받은 그는 이때를 계기로 발명하는 일을 직업 삼아야겠다는 생각에 공부를 열심히 하기 시작했다. 대학에 진학한 후에는 공부만 했다. 상상만으로 좋은 발명을 할 수 없다는 것을 안 그는 새로운 정보를 얻을 수 있는 것이라면 닥치는 대로 공부했다. 컴퓨터를 발명의 도구로 활용하고 싶어서 카이스트(KAIST) 문화기술대학원에 진학해서 인간과 컴퓨터 간의 상호작용을 연구했다.

석·박사 과정을 밟으면서 본격적인 발명을 시작한 후, 지금까지 특허 낸 기술만 300여 개다. 이 가운데 30~40개는 삼성전자 등 국내외 대기업에 이전시킨 '카이스트 발명왕'이 되었다.

그는 학생발명대전에 나간 것이 계기가 되어 자신이 잘할 수 있는 분야를 알게 되었다. 거기서 자신의 재능을 알게 되자, 그 재능을 꽃피우기 위해 공부에 몰두한 것이다. 이처럼 자기가 좋아하는 일, 자기가 잘할 수 있는 일에 몰두하는 것은 신나는 일이다. 그는 발명의 푸른 하늘을 훨훨 날게 된 것이다.

처음으로 돌아가 살펴보자. 우리의 자녀교육에 무엇이 문제인가? 내가 대학에 들어가서 들은 철학 수업의 첫 시간에 교수님은 말없이 칠판에 '철학이란 무엇인가?'라고 쓰시더니 그 아래에 '무엇이란 무엇인가?'라고 쓰셨다. '철학'이 무엇인지를 알려면 '무엇'이 무엇인지를 먼저 알아야 한다는 뜻이었다. 나는 의외의 명제를 받아놓고 철학에 깊은 관심을 가진 적이 있었다.

자녀교육의 핵심에 대해 김형석 교수는 자녀의 자유를 소중히 여기는 것이라고 말했다. 부모가 사랑하는 것은 성적이 아니다. 자녀의 자유를 구속하면 사랑할 수 없다. '이렇게 해!' '저렇게 해!'가 아니라 '이것, 저것, 아니면 또 다른 것 중에서 알아서 선택하라'고 선택의 자유를 주는 것이다. 선택은 삶을 헤쳐 나갈 마음의 근육을 형성한다. 선택하지 못하는 아이는 자아가 없다. 자식이 어렸을 때는 같이 가야 하지만, 사춘기가 넘어서면 자식을 앞세우고 부모는 뒤따라가야 한다. 진화생물학자 최재천 교수는 '아름다운 방황, 따뜻한 방목'에서 사람은 직접 체험을 통해 시행착오를 겪게 되고 그 과정에서 스스로 해법을 터득한다고 말한다.

그러면 오늘날 우리의 자녀교육은 무엇이 문제인가? 이 문제는 어디에 있는가? 학교인가? 가정인가? 사회인가? 또 이 문제는 나에게 있는가? 아니면 내 아이에게 있는가?

우리는 대개 탓하기를 좋아한다. 학교를 탓하고, 사회를 탓하고, 내 자식을 탓한다. 과연 그래야 할까? 내가 문제고, 내 탓은 아닐까? 물고기를 잡아주는 것이 필요한 것이 아니라, 물고기를 잡는 방법(능력)을 가르쳐주는 것이 중요하다는 것은 누구나 다 안다. 그런데 자녀교육에 있어서는 그것을 모르는 학부모가 부지기수다.

문제는 그 문제를 제대로 알고, 그 문제를 풀어갈 능력을 가지고 있느냐, 없느냐다. 부모가 하는 공부가 아니기 때문에, 자녀가 스스로 지속적으로 공부할 능력을 가질 수 있도록 도와주는 것이 제대로 된 자녀교육이다. 자녀교육의 문제는 결국 가정에서 풀어나가야 한다. 즉 아버지 어머니가 풀어가야 할 문제다.

다시 돌아가보자. 앞서 나는 우리의 교육현장을 '영혼이 없는 교육', '사랑이 없는 교실', '배움이 없는 학생', '권위가 없는 교사'로 축약해서 정의했다.(나는 교육학 학자가 아니다. 나 나름대로의 견해대로 풀어나가겠다.) 왜 그렇게 되었는가? 그 이유는 다음과 같다.

첫째, 인간관계가 전면적인 1차적 관계에서 부분적인 2차적 인간관계로, 인격적 관계에서 사무적 관계로 변화되었다. 그래서 이제는 인간관계에서 인격과는 상관이 없는 관계가 대부분을 이루고 있다.

둘째, 자연과의 관계에서 기계와의 관계로 바뀌었다. 오늘날 우리에게 스마트폰과 떨어진 삶은 존재하지 않는다. 정서는 불안해졌다. 참고 견딜 줄 모르게 되었다. 모든 것을 쉽게 성취하려는 편의주의에 빠지게 되었다. 깊은 사고를 통해서 도달하게 하는 학구적 자세와는 거리가 먼 것이다.

셋째, 권위와 질서의 붕괴로 어른이 없는 사회가 되었다. 교사는 학생의 인격을 길러주는 것이 아니라 단순한 지식 전달로 그치고 있는데, 그나마도 지식과 정보를 스마트 폰 등으로 얼마든지 검색할 수 있는 세상이니 선생님이 우러러 보일 리가 없다.

학교에는 교육은 없고 법만 있다. 교실엔 자유와 권리만 있고, 의무와 책임은 없다. 학교에는 교육이 끼어들 자리가 없어지고, 교실에는 교사가 설 자리가 없어진 것이다. 이런 상황에서 자녀를 학교나 학원에만 맡겨둘 수 없게 되었다. 이제 믿을 수 있는 존재는 부모밖에 없다. 부모만이 희망이다. 부모가 나서야 한다.

그런데 어떻게 나서야 한단 말인가? 그것이 문제다.

* 사람이란 지구상의 이름을 다 합한 것보다 자기의 이름에 더 많은 관심을 갖고 있다.
- 짐 팔러 -

3. 정체성/ 이름값을 하게 하라

내가 그의 이름을 불러주기 전에는
그는 다만
하나의 몸짓에 지나지 않았다.
내가 그의 이름을 불러주었을 때
그는 나에게로 와서
꽃이 되었다.

내가 그의 이름을 불러준 것처럼
나의 이 빛깔과 향기에 알맞은
누가 나의 이름을 불러다오.
그에게로 가서 나도
그의 꽃이 되고 싶다.

우리들은 모두 무엇이 되고 싶다.
너는 나에게 나는 너에게
잊혀지지 않는 하나의 눈짓이 되고 싶다.
〈김춘수 「꽃」 전문〉

이 시는 하나의 몸짓에 지나지 않았던 것이 내가 이름을 불러주었을 때 나의 꽃이 되었다고 말한다. 왜 그럴까? 도대체 이름이 무엇이기에 이름을 부르면 그것이 나의 꽃이 되는 것일까?

국어사전에서 '이름'을 찾아보면 '어떤 사물이나 단체를 다른 것과 구별하여 부르는 일정한 칭호'라고 나와 있다. 나는 이런 정의가 마음에 들지 않는다. 그래서 나 나름대로 이렇게 정의했다. '이름이란 어떤 사물의 본질, 특징, 성질을 담아서 일컫는 말'이라고. 별 차이는 없겠지만, 나는 나의 정의를 따라 말하고 싶다. 이름 속에는 그 사물만이 가지고 있는 특성이 들어 있다. '코끼리', '꾀꼬리', '시계', '손수건' 등에서 보듯이 말이다. 이는 '검은 꾀꼬리', '번개의화살', '늑대와함께춤을', '주먹쥐고일어서'와 같은 인디언의 이름에서도 잘 볼 수 있다. 이름 속에는 그 사물의 정체성이 들어 있는 것이다.

요즘 서울의 어떤 커피 전문점의 직원들은 손님들이 알아보기 쉽도록 자신의 이름이 크게 쓰인 명찰을 달고 있다. 직원의 이름을 불러 정중히 주문하면 커피값을 50% 할인해주는 커피숍이다. "여기, 아메리카노 한 잔!"처럼 반말을 하거나 불친절하게 주문할 경우는 할인이 적용되지 않는다. 이름을 불러줌으로써 따뜻하게 다가가자는 이벤트다. 손님도 점원도 기분 좋게 주문하고, 기분 좋게 응대해서 할인된 커피값보다 곱절의 기쁨을 얻게 되는 것을 체험하게 하는 커피점이다. 커피 한 잔 주문하고 스쳐 지나갈 사이이지만, 이름을 불러주면 그만큼 친절한 관계를 맺는다.

요즘 나는 전라남도 장성읍의 도서관에서 문예창작반을 운영하고 있다. 그런데 수강생들의 대부분이 7, 80대 노인들이고, 여자들이 대부분이다. 여기서 우리는 모두 이름에 님자를 붙여 부른다. 모두 자기 이름을 불러주는 것을 좋아한다. 특히, 애써 쓴 글이 자기 이름으로 지역 신문이나 문집에 발표될 때는 이루 말할 수 없이 좋아한다. 어른이 되어서는 '◇◇양반', '△△댁', '□□엄마', '○○동 아줌마'라고 불리다가 늙어서야 자기의 이름을 찾은 기쁨이 그분들의 가슴에 벅찬 감격이 되었을 것이다. 그래서 그분들의 창작열은 무척이나 뜨겁고, 서로 간의 대화는 한없이 따뜻하다. 나는 그런 광경을 바라보며 나도 모르게 행복감에 젖어든다.

다음은 경상도 산청 산골마을 임분순 할머니의 시화작품이다. 이름에 얽힌 아픔이 얼마나 절절한가? 맞춤법도 틀렸고, 글씨도 비뚤빼뚤하고, 그림도 유치하다. 그런데 나는 어떤 유명 시인의 명작 앞에서보다도 이 시 앞에서 느끼는 감동이 커서 이 시 앞에서 망부석이 되어 오도 가도 못하고 멈춰버린다.

할머니가 글을 못 써서 일생 동안 어떤 삶을 살아왔는가를 한꺼번에 느낄 수 있다. 어디 농협이나 우체국에서만 그랬겠는가? 편지가 와도, 관공서에 들어가도, 부동산을 사고팔 때도, 도로 표지판 앞에서도, 할머니는 답답하고, 부끄러워 힘들었을 것이다. 일생 동안. 그런 할머니의 설움이 이 한 편의 시에 실려 거대한 파도처럼 밀려와 나를 덮쳐버린다. 이름을 쓰는 것이 할머니에겐 필생의 숙제였던 것이다.

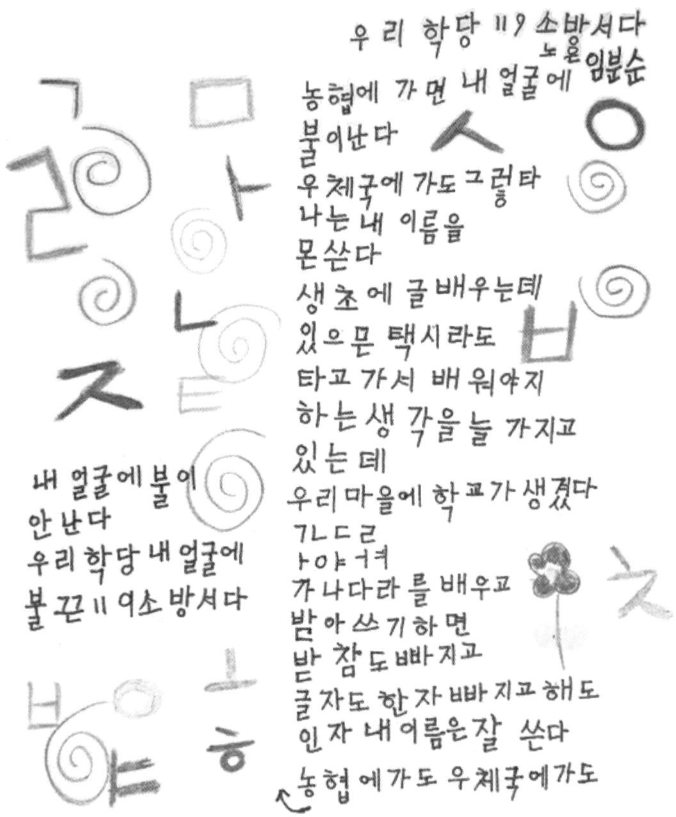

자녀교육에서 무슨 이름 타령인가? 아니다. 이름은 중요하다. 내 경험으로 보았을 때, 우리가 아이를 갖게 되면 제일 먼저 고민하는 것이 이름짓기일 것이다. 내가 그랬으니까. 이름을 짓기 위해서 고민을 거듭하는 것은 그 이름이 중요하기 때문이다. 단순히 부르기 좋고 멋지게 하기 위해서만은 아니다.

이름 속에는 부모의 사랑이 담겨 있다. 이름 속에는 부모의 기대와 가치관과 얼과 신앙이 담겨 있다. 성경 속의 인물들은 그 이름처럼 살았다. 모세는 '건졌다'라는 뜻이다. 자신이 나

일강물 속에서 건져지기도 했지만. 또한 이스라엘 민족을 노예생활로부터 건져냈다. 또, 성경에는 사래를 사라로, 아브람을 아브라함으로, 야곱을 이스라엘로, 사울을 바울로 이름을 바꾼 경우가 있는데, 이름이 바뀌어짐으로써 그들의 삶과 역할이 크게 달라졌음을 볼 수 있다.

그러므로 우리는 자녀에게 좋은 이름을 주어야 한다. 이미 자녀의 이름을 지어버렸다면 좋은 별명을 지어 주어야 한다. 이름은 그의 미래를 결정한다. 누구나 늘 자기 이름을 생각하게 되어 있다. 누구나 자기 이름이 좋은 뜻으로 불리길 원한다. 사람들은 굳이 명예라는 말을 들먹이지 않더라도 좋은 이름을 남기기를 원한다. 그래서 호랑이는 가죽을 남기고 사람은 이름을 남긴다고 하지 않는가? 요즘도 그런 사람들이 많지만, 옛날 선비들은 모두 호를 지어 사용했다. 스스로 짓기도 하고 스승이나 지우(知友)가 지어 주기도 했다. 부모가 지어 주신 이름과 달리 자기의 가치관과 의지를 담은 것으로 호처럼 그렇게 살겠다는 의지의 표명이다. 사람이 일생 동안 잘 간직해야 할 가장 귀한 보배는 이름이다. 사물이든 사람이든 이름값을 해야 한다.

큰애가 고등학교에 다닐 무렵이었다. 나는 어느 날 다섯 아이들을 불러모았다. 그리고 아이들의 이름을 들먹이며 각자 자기 이름이 가진 뜻을 물었다. 큰 애들은 대충 대답했지만, 아직 어린 애들은 물끄러미 내 얼굴을 쳐다보았다. 나는 큰애부터 이름에 담긴 뜻을 설명했다.

"네 이름 이삭은 믿음의 조상이요, 이스라엘 민족의 조상인 아브라함이 100세가 되어서야 어렵게 낳은 아들이다. 이삭은 아버지의 신앙을 이어받아 축복의 씨앗이 되었다. 그리고 이삭은 우리말로 하면 '열매'란 뜻이다. 땅에 떨어지는 밀알이 되어 100배의 결실을 얻는 사람이 되어라. 또 이삭은 히브리말로 웃음이란 뜻이다. 실제로 이삭은 이름처럼 웃으면서 온순하게 산 사람이었다.

한나는 아이를 낳지 못해 기도를 열심히 한 끝에 사무엘이라는 이스라엘 민족의 위대한 선지자요, 지도자를 낳은 훌륭한 어머니다. 기도하는 마음으로 살아가며 자녀를 위대한 인물로 잘 기르는 어머니가 되기 바란다.

요한은 예수님의 사랑을 가장 많이 받은 제자로 사랑의 사도가 되었으니, 너 역시 그렇게 훌륭한 사람이 되어야 한다.

여러 가지 재주가 많은 한길아, 넌 세상이 유혹하더라도 흔들리지 말고 오직 네 마음속에 정한 길, 그리고 하나님이 기뻐하시는 그 길로만 가도록 해라.

귀여운 은혜야. 넌 하나님의 은혜로 태어났으니, 네가 받은 은혜를 알고 많은 사람들에게 은혜를 베푸는 사람이 되어야 한다. 너희들은 모두 자기의 이름을 깊이 생각하고 그 이름의 뜻대로 훌륭한 사람이 되길 바란다."

나의 설명이 끝나자, 큰애가 동생들을 자기 방으로 데리고 들어갔다. 그리고 한참이나 무슨 말들을 나누는 것이었다.

나는 거실에서 아이들이 나오기를 기다렸다. 얼마 후 아이들이 나오자 물었다.

"너희들은 방에 들어가 무슨 이야기를 그리 길게 했냐?"

"네, 아빠가 우리에게 좋은 이름을 주셨으니까, '어떻게 하면 이름대로 살 수 있을까?'를 의논했습니다."

"그래 제법이구나. 그럼 이삭이 넌 어떻게 할래?"

"네 저는 아빠의 큰아들이니까 아빠의 믿음을 이어받아서 살겠습니다. 그리고 아빠가 이루고 싶었지만, 이루지 못한 꿈을 대신 이루어 드리겠습니다. 그래서 사법고시에 합격해서 정의로운 판사가 되겠습니다."

"저는 큰딸이니까, 아빠가 지금까지 하신 일을 이어받아 학생들을 가르치는 교사가 되겠습니다.(한나)"

"저는 과학상자를 잘 만드니까, 과학자가 되겠습니다.(요한)"

"저는 몸이 아프니까, 의사가 되어 아픈 사람들을 고쳐주거나, 기업가가 되어 돈을 벌어서 좋은 일을 많이 하겠습니다.(한길)"

"저는 아직 초등학생이니까, 아직 뭐가 되어야 할지 몰라요. 나중에 커서 결정할게요.(은혜)"

"그래 모두 훌륭한 생각을 했구나. 다들 열심히 노력해서 꼭 바라는 사람이 되도록 해라."

나는 선생의 봉급으로 일곱 식구를 먹여 살려야 했기 때문에 생활이 무척 쪼들렸고, 아이들에게 참고서나 문제집을 사 줄 수 없어서 내가 근무하는 학교 선생님들의 교사용 지도서를 얻어다 주었다. 과외는 생각할 수도 없었고, 그 흔한 학원에 보내주지도 못했다. 다만 막내만 초등학교 때 속셈학원에 1년쯤 다닌 게 전부였다.

그 후, 큰아들 이삭은 자기의 뜻을 펴기 위해 열심히 공부해서 서울대학교 법학과를 들어갔다. 큰딸 한나는 사범대학을 나와 울산에서 고등학교 교사로 학생들을 가르치고 있다. 요한이는 광주과학고등학교와 카이스트를 졸업하고 나로도 우주센터를 짓는 기초를 닦았다. 몸이 많이 아팠던 셋째아들 한길이는 치과의사가 되었다. 그리고 철모르던 막내딸도 광주교육대학교를 나와 초등학교 교사로 근무하고 있다. 이렇게 해서 우리 아이들은 모두 자기의 이름을 따라 살아가고 있다.

예레미야 스티펙이란 목사가 어떤 교회의 담임 목사로 부임하게 되었다. 그는 교회 근처에 거지로 변장하고 다가가 구걸을 했다. 교인들은 귀찮다는 듯 빠른 걸음으로 예배당으로 들어가 버렸다. 그에게 따뜻하게 베풀어주는 사람은 없었다. 그도 예배당으로 들어가 앞자리에 앉으려 했으나 예배 위원들이 맨 뒷자리로 밀어냈다. 예배 시간이 되어 새로운 목사가 부임했다는 광고를 하는 순간, 맨 뒷자리의 스티펙 목사는 거지 차림 그대로 강단에 올라갔다. 그는 곧장 마태복음 25장 31절부터 40절까지 읽어 내려갔다.

"내가 주릴 때 너희가 먹을 것을 주었고, 목마를 때에 마시게 하였고, 나그네 되었을 때 영접하였고, 여기 내 형제 중에 지극히 작은 자 하나에게 한 것이, 곧 내게 한 것이니라." "오늘 아침 나는 교인들이 모이는 것을 봤습니다. 하지만, 예수 그리스도의 교회는 아니었습니다. 세상에는 교인들이 많습니다. 하지만, 예수의 제자는 드뭅니다. 여러분들은 언제 예수의 제자가 될 것입니까?" 얼마나 정곡을 찌르는 설교인가? 아마 그 교회 교인들은 진정한 그리스도인으로 변하지 않을 수 없었을 것이다.

기독교가 들어오면서 우리나라는 크게 달라졌다. 빈민을 구제하고, 백성들을 깨우치기 위해 학교를 짓고, 병든 자를 치료하기 위해 병원을 세웠다. 무너져가는 나라를 붙들기 위해서 기도했고, 잃어버린 나라를 찾기 위해 목숨을 걸고 앞장서서 독립운동을 하였으며, 해방 후에는 독재와 과감히 맞서서 민주화운동을 했다. 이처럼 기독교가 한국사회에 끼친 공헌은 지대했다. 그러나 오늘날 기독교가 많은 욕을 얻어먹고 있다. 왜 그런가? 교회의 본질인 사랑을 버렸기 때문이다. 불교도 마찬가지였다. 자비를 버렸기 때문이다. 장담하거니와 사랑과 자비가 다시 교회와 사찰로 돌아오는 날, 한국의 교회와 사찰은 다시 아름다운 이름이 될 것이다.

* 이름은 그 아이의 운명이 된다.

\- 박형동-

4. 자기발견/ 엉뚱한 아이로 키워라

화가는 그림을 그리기 전에 스케치하고, 조각가는 석재나 목재를 보고 작품을 구상한다. 스케치는 밑그림으로 그림의 주제와 범위, 포인트와 배경을 결정하는 과정이다. 즉 그림 속의 사물에 대한 대강의 구도를 구상하는 단계이다. 화가는 여기서 사물의 특징과 아름다움을 뽑아내야 한다. 조각가는 먼저 소재를 선택하고 그 소재가 가지고 있는 특장점을 살려 깎아낼 형상을 구상한다.

이와 같이 부모는 아이를 잘 살펴보고 아이가 가진 재능과 취향을 알아내야 한다. 이것이 자녀교육의 첫걸음이다. 우리는 흔히 자기의 욕심이 앞선다. 내 아들을 꼭 판사를 만들겠다. 내 딸은 의사를 만들겠다고. 그러나 그것은 큰 잘못이다. 자식을 망치는 첫 번째 잘못된 길에 들어선 것이다. 자식은 나의 소유도 아니고, 부속품도 아니다. 나와는 다른 완전한 개체다.

우리는 부모의 욕심이 자식을 망치는 일을 무수히 보아왔다. 우리나라의 근현대 연극과 희곡의 천재적인 선구자였던 김우진은 유능한 경제인으로 키우려 했던 아버지와의 갈등을 이기지 못해 29살의 나이로 현해탄에 몸을 던지고 말았다. 그가 살았더라면 우리나라의 현대문학은 크게 달라졌을 것이다.

부모는 자식에게 맞는 밑그림을 그려야 한다. 그런데 그 밑그림은 부모 마음대로 그려서는 안 된다. 조각가가 석재나 목재의 모양과 재질을 보고 작품을 구상해야 하듯이 먼저 자녀가 가진 재능과 성향, 성격 등을 잘 살펴보고 거기에 맞는 밑그림을 그려야 한다.

혹자는 내 자식은 어떤 재능도 가지고 있는 것 같지 않다고 생각할지 모른다. 그러나 긍정의 눈으로 자세히 살펴보면, 어떤 특징과 단서를 찾아낼 수 있을 것이다. 굼벵이도 뒹구는 재주는 있다 하지 않는가? 신은 누구에게나 각기 다른 재능을 주셨다.

존재의 이유가 없는 물체는 없고, 가치 없는 생명은 없다. 모든 존재는 있어야 할 이유가 있고, 모든 생명체는 스스로 살아나가는 능력을 가지고 있다. 살아갈 능력이 무엇인가? 바로 생존과 성공에 필요한 능력을 가지고 있다는 말이다. 우리의 아들딸은 특별한 가치를 가지고 특별한 재능을 가진 존재로 태어났다. 그 능력을 찾아내는 것이 부모의 역할이다. 그러므로 자녀교육은 빠를수록 좋다. 그래서 태아교육이니, 영아교육이니, 유아교육이니 하는 교육을 한다.

그러나 여기서 자칫 잘못하면 오히려 아이에게 해가 된다. 조기교육은 글자나, 셈법을 가르치는 데서부터 출발해서는 안 된다. 이 시기의 자녀교육은 아이의 재능과 성향을 알아내는 것이어야 한다. 아이가 무엇에 흥미를 느끼는가? 아이가 무엇을 즐기는가? 아이가 무엇을 잘하는가? 아이의 성격적 특징은 무엇인가? 이런 싹수를 알아보는 것이어야 한다. 그래서 그것을 일찍 발견하고 그 방향의 밑그림을 그려야 한다.

또 부모는 아이가 스스로 소중한 존재임을 깨닫게 해야 한다. 이 세상에 유일한 존재이며, 천하보다 더 소중한 존재임을 알게 해야 한다. 자기가 어떤 재능을 가지고 있는지 알게 해주어야 한다. 그것이 부모의 첫 번째 사명이다.

그러려면 어찌해야 하는가? 부모는 자녀가 못하는 것에 신경을 쓰지 말고 잘하는 것, 잘 할 수 있는 것을 찾아내야 한다. 아무리 천재라도 하기 싫어하는 것을 시키면 범재가 된다. 재미있는 것, 흥미 있는 것을 시키면 범재(凡才)도 천재(天才)가 된다. 자칫 잘못하면 교사와 부모가 천재를 범재로 만들어버린다.

파바로티가 황소 그림을, 박지성이 미적분 풀이를, 에디슨이 전교 1등을 할 필요가 있는가? 파바로티는 노래만 잘하면 되고, 박지성은 공만 잘 차면 되고, 에디슨은 발명만 잘하면 된다. 황소 그림은 이중섭에게 맡기면 되고, 미적분은 수학자가 풀면 된다. 전교 1등은 누가 해도 상관이 없다. 내 자식은 황소 그림을 못 그리고, 미적분을 못 풀고, 전교 1등을 안 해도 된다. 급한 것은 내 자식이 1등을 하는 것이 아니라, 내 자식이 무엇을 잘할 수 있는가를 알아내는 것이다. 어디에 싹수가 있는 것인지를 알아내서 그것을 잘 키워주는 것이다. 똑똑하고 공부 잘하는 아이보다 개성 있는 아이로 키워야 한다.

영국의 한 초등학교 선생님이 한 소녀의 학부모에게 어렵게 말을 꺼냈다.

"아이가 수업 중에 쉴 새 없이 움직입니다. 지난 일 년간 아이를 위해 많은 노력을 했지만 고쳐지지 않았습니다. 호전되지 않는 주의력 결핍 과잉행동 장애가 아닌지 의심이 되는데, 아이를 위해서라도 검사를 받아보고 특수학교를 생각해보셔야 할 것 같습니다."

놀란 부모가 소녀를 데리고 찾아간 곳에서는 소녀에게 특이한 테스트를 했다. 흥겨운 음악이 흐르는 방에 소녀가 혼자 있도록 해놓고 옆방에서 상담사와 부모가 몰래 아이를 지켜보았다. 그런데 놀랍게도 춤을 배워 본 적도 없는 아이가 음악에 맞추어 멋진 몸동작을 해대기 시작했다. 상담사가 말했다.

"이 아이는 춤에 재능이 있는 아이입니다. 가만히 앉아있게 한 것이 도리어 이 아이에게는 고통이었습니다."

이 소녀가 바로 뛰어난 발레리나이자 안무가인 '질리언 린(Gilian Lynne)'이다. 2018년 92세의 나이로 세상을 떠난 그녀에 의해서 '캣츠', '오페라의 유령' 등과 같은 멋진 작품들이 만들어졌다.('따뜻한 하루'에서 발췌함)

아이가 사실은 타고난 재능 때문에 참을 수 없는 몸짓을 해댄 것을 어른들은 산만해서 학습능력을 가지고 있지 못해 치료를 받아야 할 정신적 질환이 있는 아이라고 생각한 것이다. 아주 특수한 이야기 같지만, 사실은 이런 일이 우리 주변에 너무나 많다. 부모로서 내 아이가 가진 특별한 재능을 알아보지 못하고 평범한 아이로 길러낸다면 얼마나 안타까운 일인가?

흔한 이야기지만 사용해보자. 30센티미터짜리 뿔자가 있었다. 이 자는 자신이 남의 길이를 잴 수 있다는 것에 자부심을 가졌다. 그래서 만나는 것마다 자로 쟀다. "구슬아! 넌 1센티밖에 안 되는구나. 귀찮으니까 저리 굴러가서 너 혼자 놀아라." "반지야! 넌 겨우 2센티밖에 안 되는구나. 너도 나완 상대가 안 돼."라고 쓰레기통에 던져버렸다. 이와 같이 한 가지 기준이나 가치관으로 비교 평가한다는 것을 참으로 어리석은 일이다. 재는 척도는 길이도 있지만, 무게, 부피, 수량, 품질, 모양, 가치 등 여러 가지가 있다. 길이만 유일한 척도가 될 수 없다는 말이다. 아이들의 능력을 시험점수로만 측정한다면 참으로 어리석은 일이다. 그 잣대를 버려야 진정한 가치를 재는 척도를 찾아낼 수 있을 것이다.

여덟 살 때까지 열등아였던 아인슈타인은 주변으로부터 많은 놀림을 받았다. 하지만 15세 때 그는 이미 뉴턴이나 스피노자, 데카르트 같은 철학자의 책들을 독파하고 있었다. 아무도 그것을 눈치를 채지 못했다. 그러나 그의 어머니는 알았다. 만약 어머니마저 주변 사람들처럼 생각했다면 아인슈타인은 존재하지 않았을 것이다. 남들과 다름을 눈치 챈 어머니가 있었기에 아인슈타인이 존재하게 된 것이다.

사실 아인슈타인은 학창시절 때는 실패(?)한 인생을 살았다. 그는 수학과 물리는 잘했지만, 라틴어, 지리, 역사 과목 등 인문학은 낙제점수를 받았다. 또한 그는 대학 입학시험에도 떨어졌다. 우리가 생각하는 천재의 어린 시절이 아니었다. 그가 위대한 것은 그의 '지식'이 아니라 '상상력'이었다. 그의 상상력은 남들보다 뛰어났고, 그것을 끊임없이 연구했으며, 연구에 실패할 때마다 다른 무언가를 얻어 자신만의 길을 걸어갔다. 그는 말했다. "한 번도 실수를 해보지 않은 사람은 한 번도 새로운 것을 시도한 적이 없는 사람이다."라고.

그럼 내 자녀는 어떤 아이일까? 다른 애들에 비해서 학과 성적이 뒤떨어지는가? 몸이 허약한가? 피아노를 못 치고 노래도 못하는가? 운동신경이 무딘가? 발표력이 부족하고 어눌한가? 외모가 뛰어나지 못하는가? 성격이 야무지지 못하고 마음이 여린가? 그래서 미운 오리 새끼라고 생각되는가? 그럴 수 있다. 대부분의 아이들이 그러니까.

그러나 내 자녀는 백조인지도 모른다. 하늘을 훨훨 나는 백조, 한 번도 날아본 적이 없는 구름 위를 날아갈 수 있는 백조인지도 모른다. 구름 너머 푸른 하늘로 비상할 힘찬 날갯죽지를 가지고 있는지도 모른다. 그런데 다른 오리 새끼들보다 못난 오리라고 무시하고 있는지도 모른다. 무심코 내 자녀의 성장 가능성과 한계를 설정해놓고 그 안에 가두어두고 있는지도 모른다. 그러나 내가 만약 내 자녀의 어떤 재능을 발견할 수만 있다면, 나도 아인슈타인의 어머니같이 현명한 어머니가 될지도 모른다.

탈무드에 이런 말이 있다. "형제의 개성을 비교하면 모두 살리지만, 형제의 머리를 비교하면 모두 죽인다." 그래서 유대인 부모들은 '남보다 뛰어나려 하지 말고, 남과 다르게 되라'고 가르친다. 그들의 관심사는 아이의 지능이 아닌 개성이다. 사람에게는 누구나 타고난 재능이 있다. 아이의 개성과 재능을 발견하고 그것이 잘 성장하도록 돕는 것이 진정한 부모의 역할이다.

한 가지 기준으로 하는 비교는 영혼을 상하게 하는 독침이다. 자녀들에게 '엄마에게 가장 바라는 것이 무엇이냐?'를 물은 어떤 의식조사의 응답을 보면 1위가 '다른 사람과 비교하지 말라.' 2위가 '학원을 쉬게 해달라'는 것이었다. 이 조사 결과는 매우 유의미하다. 우리나라 부모들의 교육 현실을 적나라하게 보여주고 있기 때문이다. 1위는 치열한 경쟁 교육을, 2위는 주입식 교육을 지적하고 있다. '옆집 아이는 100점을 맞았는데, 너는 왜 90점밖에 못 맞았냐?' '네 동생은 1등을 하는데, 너는 형이 돼 가지고 맨날 10등밖에 못 하느냐?' '내가 옆집 아이처럼 과외를 안 시켰냐? 학원을 안 보내줬냐? 그런데 넌 왜 '이 모양'이야?'

'이 모양'이 나쁜 상황이라면 누가 '이 모양'인가? 자녀인가? 부모인가? 내가 보기엔 자녀가 아니라, 그 부모가 '이 모양'이다. 부모가 '이 모양'이니 자식이 견디어낼 수 없다. 옆집 친구가 밉고, 동생이 밉다. 죽어버리고 싶고, 집을 뛰쳐나가고 싶다. 숨이 막힌다. 될 대로 되라고 집어치우고 싶다. 알고 있는가? 지금 내 자식의 심리상태가 이럴 수도 있다는 것을......

우리나라에 이런 가정이 너무나 많다. 왜 남의 자식과 내 자식을 비교하는가? 내 자식과 같은 아이는 세상에 하나도 없다. 오직 하나다. 유일한 내 자식을 왜 남과 비교하는가? 비교의식은 독이다. 자식을 미움과 자포자기와 파괴적 심성을 폭발시키는 폭약이다. 프랜시스 베이컨은 "질투는 언제나 타인과의 비교로 인해 생겨나며, 비교가 없는 곳에는 질투도 없다."라고 말했다.

오늘날 우리 교육은 자식을 시험 기계, 점수 노예, 짝퉁 상품으로 만들어내는 교육이다. 그 선봉장이 어머니들이다. 이런 교육적 낭비는 경제적 낭비만이 아니라 자식의 인생을 낭비시킨다는 점에서 그 해악이 치명적이다. 왜 행복을 위한 교육이 아니라, 눈에 보이는 성공(?)에 급급한가?

동물들 세계에 전쟁이 일어났습니다. 사자가 총지휘관이 되었고, 동물들이 사방에서 몰려들었습니다. 동물들은 서로를 쳐다보며 한심하다는 듯이 수군거렸습니다.

"당나귀는 멍텅구리라서 전쟁에 방해만 될 테니 돌아가는 게 낫지."

"토끼 같은 겁쟁이가 어떻게 싸움을 한다고 온 거야! 한심하군."

"개미는 힘이 약해 어디다 쓰겠어?"

"코끼리는 덩치가 커서 적에게 금방 들통이 나고 말 걸."

이때 총지휘관인 사자가 호통을 쳤습니다.

"시끄럽다. 모두 조용히 해라!

당나귀는 입이 길어서 나팔수로 쓸 것이다.

그리고 토끼는 걸음이 빠르니 전령으로 쓸 것이며,

개미는 작아서 눈에 안 띄니 적진에 게릴라로 파견할 것이고,

코끼리는 힘이 세니 전쟁 물자를 운반하는 일을 할 것이다."

- 용혜원 시인의 글에서 -

시인의 눈은 이처럼 예리하고 그 마음은 지혜롭다. 똑똑한

아이보다 개성 있는 아이로 키워라. 개구쟁이일수록 가능성이 있다. 개성이 뚜렷하기 때문이다. 내 셋째아들은 개구쟁이였다. 학교에서 돌아오면 온 동네와 놀이터와 시장바닥을 쓸고 다녔다. 덕분에 친화력이 뛰어나 훗날 자기의 영역을 넓혀나가는 자산이 되었다. 개성이 분명하다면 그 점을 살릴 수 있는 분야로 밑그림을 그려주어야 한다. 개성이 분명치 못한 아이는 어찌해야 하는가? 그 역시 뚜렷한 개성이 필요치 않는 분야로 진출시키면 된다. 대신 성실과 온유와 자신감을 심어주면 어느 분야에서든 성공할 수 있다. 그것이 세상살이다.

어떤 보석상이 진귀한 보석을 하나 샀다. 그런데 살 때는 보지 못했던 흠집이 있는 걸 발견했다. 보석의 작은 흠집 하나 때문에 큰 손해를 보게 되었다. 그는 오랜 궁리 끝에 보석의 작은 흠집에 장미꽃을 조각했다. 그 결과는 장미꽃 조각 하나로 보석의 가치는 몇 배 이상 올라갔다. 흠을 오히려 아름답게 바꾸는 능력, 사실 따지고 보면 좀 엉뚱하지 않은가? 단점과 약점을 오히려 장점과 강점으로 뒤집어 활용하는 사람들이 성공하는 것이다. 그래서 공자는 '흠집 없는 조약돌보다는 흠집 있는 옥이 낫다.'라고 말했다.

허공에 가지 하나 뻗어 놓으니
푸른 잎새들이 피어나 햇살에 반짝이네
꽃봉오리는 벙글어 속 세상을 펼쳐놓고
꽃술에선 꿀과 향기 벌 나비를 부르더니
사랑이 머물다 간 자리마다 열매가 맺혀

그 가지 능청능청 휘어지네
바람이 시샘하여 흔들어대면
때를 만난 듯 어깨춤을 추고
눈과 서리 미워하여 꽁꽁 얼리면
눈꽃 서리꽃을 하얗게 피워
더더욱 새하얀 세상을 만드네

아, 가지 하나에 열리는 새로운 세상
가녀린 가지의 위대함이여
똑똑한 사람의 말 많음이 무슨 소용인가
저 가지의 알뜰한 삶도 모르고 떠드는 것을
가지 아래서 나는 카메라를 꺼내 드네
-필자의 시 〈가지 하나〉 전문

자녀가 상식과 논리를 벗어난 행동이나 말을 할 때는 그 생각을 무시하거나 무안하게 해서는 안 된다. 에디슨은 1+1=1이라고 대답했다. 에디슨이 진흙 한 덩어리와 또 한 덩어리를 합쳐보았더니 도로 한 덩어리가 되었던 것이다. 선생님은 에디슨을 수학능력이 없다고 내치고 말았다. 에디슨이 1+1=1이라고 대답한 이유를 이해했더라면, 그럴 수도 있음을 인정하고 남다른 생각을 해낸 에디슨을 칭찬했을 것이다.

그러나 그는 가르칠 능력을 가지고 있지 못한 멍청이 선생이었기 때문에 천재를 놓치고 말았다. 그렇게 해서 에디슨은 담임선생님에게 '혼란스러운 녀석'이라고 단정되어 초등학교에서 3개월 만에 퇴학을 당하고 말았다. 그러나 어머니는 에디슨을 알아보았다. 훗날 에디슨은 어린 날을 회상하며 '어머니가 나를 만들었고, 나에 대한 신뢰가 있었기에 나는 어머니를 실망시키지 않는 인생을 살아야겠다고 다짐하였다.'라고 고백하였다.

우리가 알고 있는 이야기이지만, 태풍으로 과일의 태반이 떨어져 못 쓰게 되었을 때, 다른 농부들은 절망했지만, 한 농부는 떨어지지 않은 사과를 수확하여 '태풍에도 떨어지지 않은 사과'라는 이름을 붙여 대학입시장에서 팔았다. 그 결과 그 사과는 훨씬 비싼 값에도 불티나듯 팔려서 오히려 평년보다 더 많은 수입을 올리게 되었다.

처음 핸드폰이 나왔을 때, 어떤 할 일 없는(?) 직원의 발상으로 핸드폰 모서리에 엉뚱하게도 구멍을 하나 뚫어놓았다. 핸드폰의 기능과 아무런 상관이 없는 그 구멍 때문에 수많은 사람이 핸드폰 고리를 만들어 먹고 살 수 있게 되었다.

자녀가 엉뚱한 생각을 자주 하는가? 춤추고 좋아할 일이다. 그 자녀는 천재다. 잘 키우면 에디슨이 되고 뉴턴이 될 것이다.

구석기인들이 남긴 동굴벽화를 보면 여자의 신체 비례에 맞지 않게 유난히 엉덩이가 뚱뚱하게 그려져 있다. 학자들은 그것은 다산을 기원하는 마음이 담긴 그림이라고 해석한다. 우스갯소리로 표현하자면 '엉덩이가 뚱뚱한' 여자가 아이를 잘 낳을 것이란 말이다. 덧붙여 이어가자면 '엉뚱한' 여자가 아이를 잘 낳듯이 '엉뚱한' 생각을 하는 사람이 창의적인 생각을 해낸다.

뉴턴이 살기 전부터 익은 사과는 땅으로 떨어졌다. 그러나 그 사실을 보고 '저게 왜 땅으로 떨어지지?'라는 엉뚱한(?) 의문을 던진 사람은 뉴턴뿐이었다. 사람들의 시야는 '사과나무와 땅'에 갇혀 있었기 때문에 높은 사과나무에서 낮은 땅으로 떨어지는 것은 너무나 당연했다. 그러나 뉴턴의 시야는 '둥근 지구와 우주'까지 미쳐 있었기 때문에 우주의 사방에서 지구 쪽으로 떨어지는 사과를 생각해내고 그 이유를 궁리했던 것이다. 만유인력의 법칙은 그렇게 찾아낸 것이다.

천재는 고독하다. 아무도 그 엉뚱한 생각을 이해해 줄 사람이 없기 때문이다. 부모만이라도 고독한 자기 자식의 천재성을 이해해 주어야 한다.

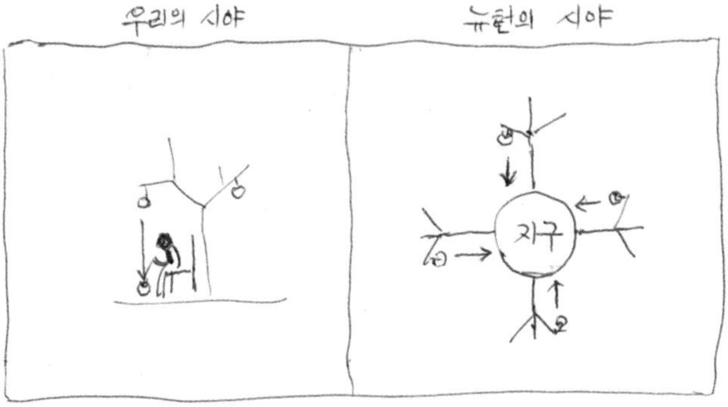

각국 학생들의 국제 학업성취도를 측정하는 교과별 성적에서 우리나라 학생들의 과학, 수학 성적은 저학년 때는 최상위를 차지하다가 고학년으로 올라갈수록 떨어진다. 동시에 학업에 대한 흥미도 역시 급격히 떨어진다는 결과 분석은 이제 공

식처럼 되어 있다. 갈수록 성적과 흥미가 떨어진다는 것은 무엇을 말하는가? 그것은 우리나라 교육이 산파술에 의한 것이 아니라, 주입식 교육임을 말해준다.

아직도 우리나라는 김대중 전 대통령이 받은 노벨 평화상과 한강이 받은 노벨 문학상이 유이하다. 반면 유태인은 온 세계에 흩어져 사는 소수민족이지만, 노벨상 수상자의 20~30퍼센트를 차지하고 있다.

'헝가리 현상'이라는 말이 있다. 그것은 제1차 세계대전 후 부다페스트에서 현대 컴퓨터 이론의 노이만, 원자핵 이론의 위그너 등 천재 과학자와 수학자가 많이 배출되어 노벨상을 7명이나 수상하였기 때문이다. 이 사실이 세계의 주목을 받아 그 원인을 분석한 결과, 그들이 시행한 외트뵈시 경시대회가 정답 중심이 아니라 풀이 과정의 창의성과 논리성 중심으로 채점한 데서 찾아냈다. 그들은 짧은 시간에 많은 문제를 풀어내는 것보다는 오랜 시간, 깊이 생각(몰입)해서 해결해가는 과정을 중시했던 것이다.

사물의 가치는 어디에 어떻게 쓰이느냐에 따라 달라지는 것이다.

지푸라기도 쓸모가 있다. 잘 키운 자식은 유학 가서 남의 사위가 되고, 못 키운 자식은 시골에 남아서 효도한다는 말도 있다. 높은 지위에 오르거나, 명성을 얻거나, 돈을 많이 번다고 성공한 것은 아니다. 못 배우고 가난하다고 실패한 것이 아니다. 중국 전국시대의 사상가 장자의 소요유(逍遙遊) 편을 보면 혜자와 장자가 이런 대화를 나눈다.

"이 큰 나무는 울퉁불퉁하고 가지는 비비 꼬여서 목수마저 눈길을 주지 않습니다."

"한 번 거꾸로 생각해보게. 나무가 울퉁불퉁하기 때문에 잘리지 않고 그토록 오래 살아 큰 나무가 된 것이 아닌가?"

"크면 뭐합니까? 쓸모가 없는데..."

"아니야. 여름이면 그 나무의 그늘에서 많은 사람이 쉼을 얻는다네."

"'못생긴 나무가 산을 지킨다.'라는 말은 빼고라도 한번 생각해보자. 나무가 잘 크는 것은 좋은 일이다. 반듯반듯 잘 커서 기둥감도 되고 들보감도 된다면 얼마나 좋겠는가? 그러나 부러지고 휘어지고 가슴이 패인 나무는 쓸모가 없는가? 진정 그 나무를 값지게 할 방법은 없는가?

안목이 예리한 사람이라면 부러지고 휘어지고 가슴이 패여서 모양이 이상해진 나무는 분재로 가꿀 것이다. 빨리 자라지 못하지만, 그 나무는 자기의 상처 때문에 이 세상에 단 하나밖에 없는 나무가 된다. 오히려 베임을 당하지 않고 오래오래 사랑을 받으며 사람 곁에서 사는 나무가 된다. 잘 자란 목재보다 몇십 배 몇백 배의 가치를 지닌 분재가 되는 것이다.

목재는 대량생산되는 상품이다. 분재는 유일한 작품이다. 상품에는 생산자의 이윤추구가 담겨 있지만, 작품에는 작가의 혼과 아름다움이 들어 있다. 상품은 낡으면 값이 떨어지지만, 작품은 오래될수록 가격이 비싸진다. 좋은 상품을 만들어내는 것은 좋은 일이다. 그러나 작품을 만들어내는 일은 더 좋은 일이다. 유통기한도 없이 시간을 초월하여 더욱 빛을 발하기 때문이다. 그래서 작품으로 살아가는 사람에겐 정년이 없다. 늙어갈수록 존귀해지는 것이다. 내 자식이 늙어갈수록 도태당하는 것이 아니라 더욱 존귀해진다면 얼마나 좋은 일인가?

재능을 타고난 사람도 있다. 그리고 타고난 재능은 없지만, 노력하는 사람도 있다. 그 사람에겐 바로 남다른 노력이 재능이다. 로마제국 말기 철학자 성 아우구스티누스는 "인간은 높은 산과 바다의 거대한 파도와 굽이치는 강물과 광활한 태양과 무수히 반짝이는 별들을 보고 경탄하면서 정작 가장 경탄해야 할 자기 자신의 존재에 대해서는 경탄하지 않는다."라고 말했다. 여러분은 여러분의 아들딸이 지닌 가치와 그 재능에 대해 경탄해야 한다. 자녀교육은 거기서 출발해야 한다.

* 어린 아이는 모두 천재다.
다만 천재를 범재(凡才)로 만드는 어른들이 있을 뿐이다.
- 박형동 -

5. 사랑/ 바보로 키워라

1) 바보

바보로 살고 싶어요
바보끼리 살고 싶어요

거짓이 없고
싸움이 없는 세상에서
손해나 이익도
계산할 줄 모르는

바보로 살고 싶어요
바보끼리 살고 싶어요

병아리가 아침 햇살을 보듯
강아지가 꼬리를 치듯이
무엇을 보아도 헤헤 웃고
누구를 만나도 반가워하는

바보로 살고 싶어요
바보끼리 살고 싶어요
-필자의 시 〈바보의 노래(1)〉 전문

똑똑한 사람은 필요 없어요
영리한 사람도 필요 없어요

일등이 소용없고
꼴등이 부끄럽지 않은 세상에서
그저 열심히 땀 흘려 일하고
얻은 대로 나눠 먹는 바보가 좋아요

잘난 사람은 오지 마세요
똑똑한 사람도 오지 마세요

슬프면 엉엉 울고
기쁘면 덩실덩실 춤추면서
강물이 흐르듯
바람이 불 듯 살아가는

나는 바보가 좋아요
바보끼리가 좋아요
-필자의 시 〈바보의 노래(2)〉 전문

나는 바보를 좋아한다. 그래서 바보를 노래하는 시를 많이 썼다. 나의 두 번째 시집의 제호가 『바보의 노래』다. 나의 카페 이름도 『바보끼리 사는 마을』이고, 나의 블로그 역시 『바보들이 사는 마을』이다. 나는 '바보시인'으로 불리었다. 훗날 노무현 대통령이 '바보 노무현'으로 유명해진 탓에 바보라는 이름을 빼앗기긴 했지만, 아무래도 좋다. 바보가 하나 늘었으니까.

펄 벅이 1960년 우리나라를 처음 방문했을 때 시골길을 지나고 있는데, 한 농부가 소달구지를 끌고 가고 있었다. 달구지에는 가벼운 짚단이 조금 실려 있었지만, 농부는 자기 지게에 따로 짚단을 지고 가고 있었다. 펄 벅은 왜 소달구지에 짐을 싣지 않고 힘들게 지고 가느냐고 묻자, 농부가 대답했다. "나도 일을 했지만, 소도 온종일 힘들게 일했으니 짐을 서로 나누어져야 한다."라고.

펄 벅은 이 장면 하나로 한국에서 보고 싶은 걸 다 보았다. 농부가 소의 짐을 거들어주는 모습만으로도 한국의 위대함을 다 느꼈다. 펄 벅은 바보의 위대함을 본 것이다. 순박한 우리 농부의 가슴에는 사람에 대한 사랑뿐만 아니라 짐승에게까지 닿아 있었다. 그때까지만 해도 선진국의 원조로 목숨을 겨우 이어 가던 그런 민족이 지금은 세계를 선진적으로 주도하는 코리아를 만들어냈으며, 세계에서 가장 열정적으로 따뜻하게 원조를 베푸는 나라가 되었다.

2) 위대한 사람

내 자식이 위대한 사람이 된다면 얼마나 좋겠는가? 그런데 위대한 사람으로 키우려면 어떤 사람이 위대한 사람인가부터 제대로 알아야 한다. 세계 위인전에 나오는 사람들이 위대한가? 아니다. 단연코 아니다. 알렉산더, 나폴레옹, 칭기스칸, 케사르가 위대한가? 아니다. 그들은 자기, 자기 나라, 자기 민족을 위해 남, 남의 나라, 다른 민족을 침략하고 살육한 자들이다. 그들은 역사상 사람을 가장 많이 죽였다. 나는 그들을 결코 위인이라 부르지 않는다.

내가 말하는 위인은 '큰사람'이다. '큰사람'은 어떤 사람인가? 자아의 크기가 큰 사람이 '큰사람'이다. 나의 힘을 키워서 남을 정복하여 지배하는 것이 아니라, 남들의 마음을 얻어서 존경과 사랑을 받는 것이다. 다시 말해서 사람의 마음을 많이 얻은 사람이 '큰사람'이다. 그래서 로맹 롤랑은 "사상이나 힘으로 승리한 사람들을 영웅이라고 부르지 않는다. 고귀한 미덕을 가진 사람을 영웅이라고 부른다."라고 말했다.

성경은 마음을 다스리는 것이 성을 빼앗는 것보다 낫다고 말한다. 마음을 다스린다는 것이 무슨 말인가? 여러 가지로 이야기할 수 있으나, 요즘 말로 치면 '마음을 비운다.' '내려놓는다.' 정도가 되는 것으로, 자기 감정에 휩쓸리지 않는다는 뜻이 되겠지만, 좀 더 생각해보면 자기의 이로움을 취하지 않는다는 말일 것이다. 이익과 손해를 따지지 않고 베푸는 사람, 즉 바보 같은 사람이 마음을 다스리는 사람이다. 이익을 탐하는 사람은 이익을 얻지만, 그 대신 사람을 잃는다. 이익을 포기하는 자는 이익 대신 사람을 얻는다. 세상은 너무 똑똑한 사람이 많아서 시끄럽고 혼란해진다.

지도자가 되려는 사람들은 권력을 쟁취하려고 하지만, 권력이 아닌 사람을 얻는 자가 지도자가 되어야 한다. 큰사람이란 자꾸 사람을 얻어가면서 자기의 선한 영향력을 넓혀가는 사람이다. 사랑의 영역이 넓을수록 큰사람이다.

섬기지 않으면 사람을 얻지 못한다. 진정한 리더는 지배하는 자가 아니라 섬기는 자다. 권력으로 지배하는 자는 권력을 잃으면 그 자리에서 내려와야 한다. 그러나 사랑으로 섬기는 자는 권력이 없어도 지도력을 잃지 않는다. 진정한 리더는 권력이 있어도 권력에 의지하지 않는다. 사람들은 리더를 존경하고 사랑하기 때문에 기쁨으로 그의 영향력을 받아들인다.

우리는 흔히 일에 집중한다. 일 잘하는 사람이 되려고 한다. 물론 일을 잘하는 것은 좋은 일이다. 그러나 일보다 사람이 중요하다. 첫째도 둘째도 사람이요, 그 마음이다. 퇴직을 하면서 뼈저리게 후회한 것은 일을 잘하는 일꾼이 되려고 동료들과 경쟁해왔다는 것이다. 내가 일에서 자유로웠더라면 동료의 마음을 얻었을 텐데, 그러지 못했다는 후회가 나를 아프게 했다. 나는 인간관계의 중요성을 퇴직하면서야 깨달았으니, 어리석은 사람이었다.

나의 후배가 교감이 되었을 때였다. 한번은 내가 수업 중 급한 일이 생겼다. 급히 충청도 공주로 달려가야 할 일이 생겼다. 나는 무조건 차에 올라 공주로 달려갔다. 나는 가면서야 교감에게 전화를 걸어 급한 일로 공주로 가고 있으니, 내 강의를 알아서 처리해 달라고 부탁했다. 교감은 무슨 일이냐고 묻지도 않고 말했다. 아무 염려하지 말고 조심히 다녀오시라고. 교감은 아무 흔적 없이 내가 남기고 간 문제들을 처리해주었다. 다녀온 후에도 아무런 일이 없었던 것처럼 그 이야기는 끄집어내지도 않았다. 나는 그 후 그를 후배가 아닌 교감 선생님으로 받아들였다. 그는 훗날 역대 교장 가운데 가장 유능하고 원만한 교장이 되었다. 일을 잘하면 일꾼이 되고 사람을 얻으면 경영자, 곧 지도자가 되는 것이다.

가정도 마찬가지다. 으리으리하게 큰 집이 위대한 집이 아니다. 자동차왕 헨리 포드는 "사랑이 있으면 작은 집도 위대한 가정이며, 사랑이 없으면 대리석으로 지은 거대한 집이라도 금방 무너진다."고 말했다. 그렇다. 아름다운 대리석으로 궁궐 같은 집을 짓고 산다고 위대한 가문이 되거나 명문 가정이 되는 것은 아니다. 사랑이 없으면 그 대리석 집도 허망하게 무너지고 만다. 경주의 최부잣집이 수백 년에 걸쳐 대대로 이어올 수 있었던 것은 이웃사랑을 실천한 까닭이었다. 높은 권좌에 오르거나 한 나라 경제를 흔들 만한 기업가도 돈에 눈이 먼 나머지 집안이 산산조각이 나고 상속문제를 놓고 형제간에 싸우며 불행하게 살아가는 경우가 많다. 나는 그들이 아무리 많은 재산을 가지고 있어도 결코 부럽지 않다. 진정 큰 사람, 위대한 사람은 사랑의 크기가 큰 사람이기 때문이다.

3) 배려할 줄 아는 사람

사람들은 따지기를 좋아한다. 따지는 것을 합리적이고, 이성적인 것으로 알고 있다. 그러나 따질 때는 합리적이고 이성적으로 따져야겠지만, 따지기 이전에 이해하고 배려하는 마음이 이 세상을 따뜻하게 하고 살맛 나게 한다는 것을 알아야 한다. 따지는 일은 차가운 일이다. 거기엔 인간의 온기가 없다. 인간미가 사라지게 된다. 시인인 고진하 목사는 "한옥의 주인은 내가 아니라 나무와 흙과 제비의 것이다. 불편을 받아들일 때 편해진다. 한옥의 틈은 생명의 꽃자리다. 그 틈으로 생명이 오간다. 살아있는 것과 함께 지내는 것은 힘들다. 완전함보다 원만함을 추구하라. 틈새를 메우려 하지 말고 즐기며 공존하라"고 말했다.

조건 없이 베푸는 사랑은 거룩한 사랑이며, 인간이 최고의 덕목으로 치는 것이다. 조건 없이 베푼다는 말은 따지지 않는다는 말이다. 사사건건 옳고 그름만을 따지는 세상은 삭막해진다.

이해하려거든 따지지 말라
화평하려거든 따지지 말라
중요한 것일수록 따지지 말고
그냥 보아라

마음이 병들지 않으려거든 따지지 말라
원수를 만들지 않으려거든 따지지 말라
따져서 얻을 수 있는 것은 허망한 계산뿐
거기서 얻은 소득은 쓸모가 없더라

필요한 것은 덮어 주는 것

필요한 것은 참아 주는 것
일을 이루기보다는 사람의 마음을 얻으라

세상을 아름답게 만들어 가는 것은
따지고 뜯어고치는 것이 아니라
믿어 주는 것이더라
이해하고 덮어주는 것이더라
-필자의 시 〈「따지기」에게〉 전문

4) 행복한 사람

사람은 상대적이다. 자신을 불행하다고 생각하다가도 나보다 더 불행한 사람을 보면 새삼 행복을 느끼게 된다.

나는 1970년대에 몇 명의 학생들과 소록도를 견학한 적이 있었다. 마침 교회 종소리가 울려서 소록도 교회의 예배에 참석하기로 했다. 예배당으로 가는 도중에 나는 끔찍한 광경을 보았다. 발은 성한데 눈먼 사람이, 눈은 성한데 발을 피고름 묻은 붕대로 칭칭 감은 사람을 업고 예배당으로 가고 있었다. 눈이 먼 사람과 발을 잃은 사람이 한 몸이 되어 걸어가고 있었다. 예배당으로 몰려오는 사람들은 모두 손가락 발가락이 떨어져 나가서 뭉툭했고, 귀바퀴도 코도 뭉그러져 있으며, 눈에서는 진물이 흘러내리고 있었다. 그때까지 나는 몸이 약해서 불행하다는 생각을 해왔었다. 그러나 나는 그 순간 느꼈다.
'저 사람들에 비해서 나는 얼마나 행복한가?'

예배가 시작되었다. 그 순간 나는 또다시 놀랐다. 그들은 손가락이 떨어져 나간 뭉툭한 손으로 마룻바닥이나 손뼉을 치며 젊은 병사들이 군가를 부르듯이 힘차게 찬송을 불렀다. 한과 슬픔이 서린 찬송이 아니었다. 나는 이렇게 굳센 믿음과 감사와 소망이 넘치는 찬송을 들어본 적이 없었다. 나는 그들의 표정을 훔쳐보았다. 뭉그러진 그들의 얼굴에는 환희와 감사, 그리고 희망이 담겨 있었다. 나는 그 순간 또 한 번 깨달았다. '저 사람들에 비해서 나는 얼마나 불행한가?' '저 사람들은 몸은 망가졌으나 영혼은 맑고 건강한데, 나는 몸은 성하나 내 영혼은 얼마나 추하고 병들었는가?'

자녀들이 감사와 행복을 느끼게 하고 싶은가? 불행한 이웃의 삶을 보여주라. 달라질 것이다. 나는 성탄절이나 어린이날 무렵엔 내 아이들을 데리고 고아원을 방문했다. 포니2나 세피아 승용차에 스케치북과 크레파스, 과자와 빵, 과일 등을 싣고, 우리 일곱 식구가 타고 가서 한나절쯤 고아원 아이들과 놀고 왔다. 아내는 아이들을 유난히 예뻐하는 데다 당시 선교신학교에 다니며 어린이 선교원을 운영하고 있었기 때문에 고아원 아이에게 동요와 율동을 가르쳤고, 우리 아이들은 앞에 나와 엄마와 함께 동요를 부르면서 율동을 했다. 윷놀이 판을 만들어 놓고 편을 지어 윷놀이를 하는가 하면, 저쪽에서는 바둑판을 놓고 알까기를 해서 가지고 간 선물을 나누어 주었다. 다녀올 때마다 우리 아이들의 시야와 사람을 대하는 마음은 달라져 갔다.

우리 하나님은 지체부자유자시래

온 땅의 사람 사는 모양을 다 보시고
온 땅의 탄식과 신음소리를 다 들으시면서도
나 없이는 한 발짝도 걸을 수 없고
나 없이는 손가락 하나 까딱할 수 없는 지체부자유자시래
우리 하나님은 울보시래
온갖 병자들과 거지들
인생의 뒤안길에서 쓰러져 우는 사람들을 보시고
내 등에 업혀 다가가시고 싶어서
내 손을 빌려 어루만져 주시고 싶어서
날마다 밤마다 소리 없이 우시는 울보시래

우리 하나님은 벙어리시래
'가슴에 피'가 되어 엉킨 사랑
내 입을 빌리지 않고는
한마디도 고백할 수 없는 벙어리시래

사랑으로 병이 든 우리 하나님
손도 발도 입도 없는 몸으로
오늘도 내 몸을 빌려 쓰시고 싶어서
오늘도 내 입을 빌려 쓰시고 싶어서
애원하는 눈초리로 나를 바라보시는
불쌍하신 우리 하나님은
- 필자의 시 〈우리 하나님은(2)〉 전문

내가 어렸을 때 어머니가 부엌에서 밥을 지으려고 아궁이에

불을 때는 것을 보았다. 어머니는 생솔가지를 뜨거운 아궁이 속에 던져 넣었다. 나는 생솔가지니까 불에 타지 않을 것으로 생각했으나, 내 생각과는 달리 아궁이 속으로 들어간 생솔가지는 잘 탔다. 생나무도 뜨거운 아궁이 속에 들어가면 잘 타듯이 자녀의 가슴에 사랑의 불을 질러놓으면 아무리 어려운 일도 열심히 하기 마련이다. 우리는 사랑하는 사람을 위해서는 어려운 일도 즐거운 마음으로 해본 기억이 있다. 우리는 내 아이가 남을 딛고 서는 똑똑한 아이가 아니라, 남을 일으켜 세워서 어깨동무하며 즐겁게 살아갈 아이로 키워야 한다. 모든 성취는 관계를 통해서 이루어지고 행복이라는 것도 관계를 통해서 느낄 수 있기 때문이다.

미국에 대공황이 닥쳐왔을 때, 깊은 절망에 빠진 카네기가 강물에 몸을 던지려고 강 쪽으로 가고 있었는데, 한 남자가 그를 소리쳐 불렀다. 뒤에는 두 다리를 잃은 사람이 바퀴 달린 판자 위에 앉아 있었다. 그 사람 역시 절망적인 상황이었다.

"연필 몇 자루만 사주시겠습니까?"

카네기는 이제 돈이 필요 없었다. 주머니에서 지폐를 꺼내 주었다. 이제 연필 따위엔 관심도 없었다. 그는 자살을 위해 다시 강을 향해 걸어가려고 했다.

"이봐요, 선생님! 연필을 가져가셔야죠."

"난 이제 연필이 필요 없어요."

하지만, 그는 계속 카네기를 따라오며 말했다. 연필을 가져가든지, 아니면 돈을 도로 가져가라고. 그렇게 말하는 그 장애인은 미소를 머금고 있었다. 카네기는 그 남자의 연필을 받아든 순간, 자살할 마음이 사라져버렸다. 절망적인 상태에서도 두 다리가 없는 불쌍한 사람을 위해 1달러를 내준 카네기는 절망적인 상태에서도 웃음을 잃지 않는 그 장애인의 미소를 보면서 한때의 불황을 이기지 못하고 자살하려고 했던 마음을 고쳐먹었다. 그리고 힘을 내서 회사로 돌아갔다.

흔히 우리는 생각한다. 나는 가진 것이 없어서 남에게 베풀 것이 없다. 나는 약해서 도울 능력이 없다. 그러나 부처님은 말한다. “가진 것이 없어도 베풀 수 있는 것이 일곱 가지나 있다. 첫째는 화색을 띠고 부드럽고 정다운 얼굴로 남을 대하는 것이요(顔施), 둘째는 사랑의 말, 위로의 말, 격려의 말, 양보의 말, 부드러운 말을 얼마든지 베풀 수 있다(言施), 셋째는 따뜻한 마음을 주는 것이다(心施). 넷째는 불쌍한 사람을 호의적인 눈길로 바라보아 주는 것이요(眼施), 다섯째는 몸으로 남의 짐을 들어준다거나 일을 돕는 것이요(身施), 여섯째는 때와 장소에 맞게 자리를 양보하는 것이고(座施), 일곱째는 굳이 묻지 않고 상대의 마음을 헤아려서 도와주는 것이다(擦施)”라고.

그러고 보면 우리는 언제, 어디서나 남에게 베풀 것과 기회를 가지고 살아가는 부자들이다. 앞서 필자의 ‘우리 하나님은 (2)’이라는 시에서 보듯이 하나님이 되었든, 부처님이 되었든, 우리에게 바라는 것은 사랑과 자비, 그리고 친절을 베푸는 것이다. 그것이 나를 행복하게 하고 남을 이롭게 하는 길이기 때문이다.

길가에 앉아 바이올린을 연주하며 구걸을 하는 노인이 있었다. 그러나 노인이 아무리 연주해도 지나가는 사람들은 노인에게 돈을 주지 않았다. 그때 길을 가던 파가니니가 이 장면을 보았다. 파가니니는 노인에게 다가가서 바이올린을 빌려 아름다운 곡을 연주하였다. 파가니니를 알아본 사람들은 노인의 모자에 돈을 넣어주었다. 파가니니는 노인에게 돈을 주지는 않았다. 요즘 말로 치면 재능기부를 했다.

이처럼 우리는 살아 있는 한 이웃에게 해줄 수 있는 것이 있다. 그래서 윈스턴 처칠은 "우리는 일함으로 생계를 유지하지만, 나눔으로 인생을 만들어 간다." 제라드 핸드리는 "사람이 일생을 바친 뒤에 남는 것은 모은 것이 아니라 뿌린 것이다."라고 말한 것이다. 모두가 이웃을 위해 베풀 때 자신도 행복해진다는 것을 설파한 말들이다.

눈에 보이는 것에 집착하지 말자. 소중한 것은 모두 보이지 않는 것이 아니던가? 내 자식이 손해 보고, 내 자식이 수고하고, 내 자식이 가난해져야 한다면 가슴 아픈 일이지만, 그렇게 해야만 내 아들딸이 위대한 사람이 되고 행복한 사람이 되어 간다면 그 길을 가도록 해야 하지 않겠는가?

* 당연하지 바보를 이길 순 없지

- 마더스 타로에서 -

6. 소통/ 사소한 말을 종알대는 아이는 문제가 없다

몸이 건강하려면 먹고 싸는 것이 원활해야 한다. 욕심을 내서 너무 많이 먹으면 배탈이 난다. 화장실에 가야 할 때 너무 많이 참아도 병이 난다. 먹을 때는 맛이 있고 즐겁다. 쌀 때는 시원하고 쾌감을 느낀다. 먹지 않고 건강할 수 없듯이 싸지 않고 건강할 수 없다. 교육도 마찬가지다. 투입과 산출이 균형을 이루면서 활발한 활동이 이루어져야 한다. 소크라테스의 산파술을 기억해 보라. 산파는 아이를 배지도 않은 여자의 뱃속에 아이를 집어 넣었다가 꺼내주는 것이 아니라, 아이를 배어 만삭이 된 산모가 아이를 잘 낳을 수 있도록 도와준다. 이처럼 교육은 아이 속에 없는 것을 집어넣어 주는 것이 아니라, 아이 속에 들어있는 것을 끄집어내는 것이다.

그런데 우리 부모들은 욕심이 너무 많아서 탈이다. 자식의 소화력은 생각지도 않고 많이 먹이려고만 한다. 억지로 입을 벌리고 음식을 목구멍으로 퍼넣는다. '배부르다' '배가 아프다'는 소리엔 귀를 귀울이지 않는다. 쉴 시간, 놀 시간, 생각할 시간, 잠잘 시간이 없다. 공부하라고 안달이고 시험점수를 올리라고 닦달이다.

그러면 자녀는 부모에게 자기 의견을 말해 봐야 소용이 없다는 것을 알게 되고, 점차 입을 다물게 된다. 입을 다무는 것은 마음의 문을 닫는 것이다. 공부하는 것이 지겨워진다. 지겨우니 아무리 많은 시간 투입을 해도 공부가 될 리 없다. 게다가 잔소리를 듣기만 하고 말을 못하니 병들 수밖에 없다. 고픈 것은 참아도 마려운 것은 못 참는다. 말을 하고 싶어도 할 수 없으니 복창이 터진다. 풍선처럼 부풀어 터지게 된다. 반항적인 행동을 하거나 가출을 하게 된다.

H_2+O는 물이다. 여기에 산소 하나가 더해진 H_2+O_2는 과산화수소다. 물은 생명의 근원이다. 그러나 과산화수소는 독극물이 된다. 공부에 관한 부모와 자식의 관계에서 깊이 새겨봐야 할 자연의 이치이다.

먹는 것도 맛있게 잘 먹어야 하지만, 쌀 때도 잘 싸야 한다. 오줌이든 똥이든 싸고 싶을 때 싸야 한다. 제때에 싸게 되면 우리는 배설의 카타르시스를 느끼게 된다. 그러나 억지로 너무 오래 참으면 참는 것은 고통일 뿐만 아니라, 몸에 해롭다.

부모는 자녀에게 자기의 의견, 속마음을 자연스럽게 털어놓게 해야 한다. 자녀가 말할 때마다 그 말과 태도를 긍정하고 수용해야 한다. 그런데 대개의 부모는 자녀의 말을 들을 때마다 즉각 심판과 훈계의 자세로 대한다. 부모는 그것을 당연하게 생각하거나 부모의 마땅한 역할이라고 생각한다. 그러나 그래서는 안 된다.

자식과의 소통에 있어서 가장 건강한 소통은 부모와 자식 간에 스스럼없이 대화하는 것이다. 아이가 사소한 일까지 부모에게 말한다면 그 아이는 정서적으로 매우 건강한 아이이다. 귀찮을 정도로 조잘대는가? 귀찮다고 생각할 일이 아니다. 오히려 좋아해야 할 일이다. 그때마다 성의있게 반응하라. 그것이 가슴의 문을 열고 서로 소통하는 방법이다.

그러나 때로는 말로 표현하지 못하는 때가 있다. 부처님과 제자들 사이에서도 말로 표현하기 어려운 부분이 있었다. 부처님이 열반에 들기 전에 자기가 깨달은 불법을 제자들에게 전하고 싶었다. 그러나 그 불법이라는 것이 너무 오묘해서 말로는 온전하게 표현할 길이 없었다. 마지막 가르침을 베풀던 날, 부처님은 연꽃 하나를 꺾어 들고 제자들에게 보여주었다. 제자들은 의아하게 생각했으나, 가섭만은 빙그레 웃었다. 그때 부처님이 말했다.

"내가 깨달은 불법을 가섭에게 전하노라."

제자들은 부처님이 가섭만을 불러 따로 과외라도 해주실 것으로 알았다. 그러나 부처님은 그대로 열반에 들었다. 가섭이 빙그레 웃을 때, 이미 부처님의 불법은 마음에서 마음으로 가섭에게 전달되었던 것이다. 이심전심(以心傳心)이란 말의 어원이다. 그렇다. 우리는 말이라는 편리한 의사소통의 도구가 있지만, 이 말은 우리의 감정이나 느낌, 또는 궁극적인 깨달음이나 진리를 표현하는 데는 불완전하다. 말의 개념에 의해 표현하고자 하는 뜻이 한정되어버리기 때문이다.

전남 장성의 아치실에 가면 아무 글자도 새겨지지 않은 민짜 비석이 하나 있다. 명종 때의 신하였던 박수량의 비석이다. 박수량은 조선의 대표적인 청백리로 알려진 선비였다. 벼슬이 지금으로 치면 경기도지사, 서울특별시장, 기획재정부 장관을 역임하였으니 고관 중의 고관이었으나 워낙 청렴하여 집 한 칸을 마련하지 못했고, 죽어서 장례를 치를 비용마저 부족했다. 이에 명종 임금이 그 뜻을 기려 비석을 내렸다. 그러나 어떤 글로도 박수량의 청렴함을 표현할 길이 없었다. 그래서 한 자도 새기지 못하고 민짜 비석을 하사하였다. 이처럼 궁극적인 진리나 진심은 말과 글로써는 온전하게 표현하거나 소통할 수 없는 경우가 있다.

세상에서 가장 가까운 부모 자식 사이에도 말로써 자기 심정을 전달하기 어려울 때가 있다. (그때는 보다 효과적인 방법이 있다. 녹음이나 편지를 이용하면 훨씬 효과적이다. 편지도 손편지라면 더욱 좋다. 그리고 직접적인 표현보다는 간접적인 표현이 더 효과적이다. 아들에게 편지하는 엄마, 딸에게 손편지를 정성스럽게 쓰는 아빠, 생각만 해도 가슴이 두근거린다.)

지금은 그런 일이 드물지만, 전에는 대학입시가 끝나고 합격자를 발표하면 어느 신문이나 서울대학교 수석합격자에 대한 특별기사를 전면에 보도하는 일이 많았다. 나는 그런 보도가 나오면 신문을 정성스럽게 잘라서 말없이 내 아들의 책상 유리판 밑에 깔아놓았다. 나는 내 아들의 성적이 특별히 좋은 것은 아니었지만, 열심히 공부하는 모습을 보면 마음이 뿌듯했다. 한번은 아들의 방에 들어가 공부하고 있는 뒷모습을 오래도록 지켜본 적이 있었다. 공부하던 아이가 물었다.

"아빠 왜 거기 서 계셔요?"

"응, 열심히 공부하고 있는 네 모습이 보기 좋아서……"

이튿날 늦게 퇴근했을 때, 내 방의 문갑 위에 세워놓은 내 사진틀이 보이지 않았다. 여기저기 찾아보았으나 찾을 수 없었다. 마침내 아들 방에 들어갔을 때, 아들의 책꽂이에 내 사진틀이 끼워져 있는 것을 보았다.

"왜 내 사진틀을 여기다 끼워놨냐?"

"아빠가 내가 공부하는 모습을 보기 좋다고 하셔서요. 여기 갖다 놓으면 내가 공부하고 있는 모습을 아빠가 지켜보고 계신다는 생각이 들어서 나도 좋아요."

그 순간 나는 알았다. 내가 의도하지 않았던 부분까지 내 아들과 소통했다는 것을. 그리고 이런 내 아들은 반드시 훌륭한 사람이 될 것을.

북아메리카의 인디언 중에 체로키란 부족이 있었다. 이 부족은 강인한 성인이 되기 위해 소년들에게 독특한 훈련을 했다. 인디언 소년들은 어른이 되기 위해서 어릴 적부터 사냥과, 정찰, 물고기 잡는 등의 기술들을 배운 후, 마지막 시험을 치른다.

아버지는 아들을 멀리 떨어진 숲 속 깊은 곳으로 데려가서 아들의 눈을 가린 채 홀로 남겨놓고 혼자 밤을 꼬박 지새우게 한다. 그러나 사실은 그 밤을 아버지가 멀찍이서 지켜본다. 이때 아들은 혼자인 줄 알고 불안과 공포로 밤을 지새우겠지만, 아버지는 날이 새기까지 아들을 지켜본다. 그것이 아버지 어머니다. 때로는 곁에 없는 것처럼 아이를 매정하게 내몰지만, 기실은 아이를 떠나지 못하는 것이 아버지 어머니다. 아이가 엄마 아빠가 언제나 나와 함께 한다는 것을 깨닫게 해주어야 한다. 그때 비로소 부모와 자식 간의 소통은 이루어지게 된다.

자녀와 소통하기 위해서는 생각과 정서의 눈높이를 자녀에게 맞추어야 한다. 함께 놀아야 한다. 훗날 아이가 자라 어린 날을 돌아보면서 가장 행복하게 생각하는 추억은 엄마아빠와 함께 놀았던 기억이다. 바둑알로 알까기를 해도 좋고, 탁구를 치는 것도 좋다. 자전거 타는 법을 가르쳐서 같이 달려보거나 팀을 나누어 게임을 해도 좋다. 그것은 시간 낭비가 아니다. 행복을 누리는 것이다. 아이의 몸높이, 눈높이에 맞춰 함께 즐김으로써 아이는 건강하게 성장한다.

아이끼리 노는 것도 존중하라, 아이는 놀이를 통해 자기의 삶을 진지하게 경영하고 있다. 여러분이 어렸을 때를 기억해보라. 딱지 한 장을 따먹기 위해 얼마나 진지했는가? 사실 아이의 딱지는 아무 쓸모가 없는 것이다. 해가 지면 다 버리고 가야 한다. 그러나 다시 생각해보자. 그 딱지는 지금 여러분이 얻은 아파트 당첨 딱지와 무엇이 다른가? 우리의 인생에 해가 지면 다 소용없는 것이 아닌가?

오늘날 우리의 자식들에겐 친구가 드물다. 옛날 우리에게는 무조건적인 친구가 많았다. 그저 한 마을에서 살거나, 같은 학교를 다니기 때문에 친구가 되었다. 가정형편이나 공부를 잘하고 못하고는 아무런 상관이 없었다. 한번 친구는 평생 친구였다. 그러나 지금은 어떤가? 모두가 경쟁자다. 그것도 계층계

급에 따라 따로 논다. 우리의 자식들에겐 참으로 불행한 일이다. 그러나 지금도 친구는 중요하다. 자식이 괴로울 때 그 속마음을 누구에게 제일 먼저 털어놓는 줄 아는가? 부모인가? 선생님인가? 형제자매인가? 아니다. 친구다. 내 자식이 가장 중요한 갈림길에 있을 때 그 옆에 누가 있는 줄 안다면, 우리는 그가 어떤 사람인가를 잘 알아야 한다.

내가 중학교 다닐 때 이야기다. 한 친구가 나를 무척 좋아했었다. 마침내 서로 가까운 친구가 되어 나는 그 집에 가서 자고 온 적이 한두 번이 아니었다. 그러다가 고등학교는 광주로 나가 각기 다른 학교로 진학하게 되었다. 친구의 어머니는 초등학교 선생님이었다. 훗날에야 안 일이지만, 친구의 어머니는 학교에 오면 아들은 물론 내 생활기록부를 열람하셨고, 담임선생님에게 나의 생활태도를 알아보곤 하셨다. 고등학생 때는 내가 다니는 학교에도 마치 어머니처럼 찾아오시곤 했다. 둘도 없는 지우(知友)였던 내 친구의 어머니는 그랬다. 얼마나 지혜로운 어머니이신가? 그 친구는 세상을 일찍 떠났지만, 지금도 나는 그 친구의 어머니를 가끔 찾아 뵙는다. 내 어머니이기 때문이다.

친구는 우리가 생각하는 것보다 훨씬 더 소중한 존재다. 친구에는 네 가지 유형이 있다고 한다. 첫 번째 친구는 꽃과 같은 친구다. 꽃이 핀 것처럼 좋을 때만 찾아오는 친구다. 두 번째 친구는 저울과 같은 친구다. 자기에게 이익이 있느냐 없느냐에 따라 큰 이익 쪽으로만 움직이는 친구다. 세 번째 친구는 산과 같은 친구다. 항상 변함없이 그대로인 친구, 생각만 해도 편안하고 마음 든든한 친구다. 네 번째 친구는 땅과 같은 친구다. 언제나 조건 없이 자신을 내어주는 친구다. 부모는 아이의 친구에 대해서 관심을 가져야 한다. 그래서 내 아들딸이 항상 건강하고 밝게 살아가도록 하고 부모인 나에게 못하는 말이 있을 때는 좋은 상담자가 되어주고 힘이 되어줄 좋은 친구를 붙여주어야 한다.

* 풍요 속에서는 친구들이 나를 알게 되고,
  역경 속에서는 내가 친구를 알게 된다.
  -존 철튼 콜린스 -

7. 열정/ 공부하라고 하지 말고, 공부하고 싶게 하라

제발 공부하라는 말을 하지 마라. 엄마가 공부하라고 하는 것은 자녀의 삶에 대한 간섭이다. 잔소리다. 대부분의 자녀들은 그렇게 받아들이고 반응한다는 말이다. 대신 선생님을 활용하는 것이 좋다. 학부모와 선생님은 가능한 한 자주 소통해야 한다. 선생님에게 아이의 근황을 알려주고 복도나 교무실에서 우연히 지나치면서 말하는 것처럼 아이에게 자연스럽게 칭찬이나 관심 있는 말을 붙여 공부의 필요성을 말해준다면 분명히 효과가 있다. 아이는 선생님이 자기에게 깊은 관심을 가지고 있다는 것을 알게 되고 공부에 대한 자신의 마음을 새롭게 가다듬게 된다. 이 방법은 분명히 효과가 있다. 나는 교육 현장에서 이런 방법으로 학생을 변화시킨 많은 경험이 있다.(선생님이 따로 상담실이나 교무실로 불러서 심각하게 상담하는 것은 역효과가 나는 경우가 많다. 선생님이 아이에게 자연스럽게 관심을 보여야 한다.) 꾸중과 명령은 자녀의 마음의 문을 닫게 한다. 부모가 할 일은 입을 닫고 귀를 여는 것이다.

자식을 이겨 먹으려고 하지 마라. 자식을 이기는 부모는 없다. 그것은 부모의 문제가 아니라 자식의 문제이기 때문이다. 어차피 승부는 나 있다. 자식이 어렸을 때는 부모가 이기는 것 같아도 결국은 지고 만다. 이겨 먹으려고 하면 할수록 서로의 상처와 갈등만 커진다. 강압과 강제로 이기려 하지 말고 살펴서 잘할 수 있는 분위기를 조성하고 의욕을 북돋아 줄 일이다.

물론 맹모삼천지교는 오늘날에도 필요하다. 환경이 교육에 미치는 것은 예나 지금이나 같기 때문이다. 그러나 달라진 것이 있다. 맹자가 해야 할 공부는 유학이었다. 다른 교육은 필요 없었다. 그러나 오늘날의 사회가 다양해짐에 따라 교육도 다양해졌다. 학교 근처만 교육적 환경은 아니라는 말이다. 묘지 근처에서는 질병이나 죽음에 관한 공부를 할 수 있다. 시장터에서는 경제와 인간관계에 관한 공부를 할 수 있다.

부모가 해야 할 일은 처한 환경을 바꾸는 것도 필요하겠지만, 그것보다는 환경과 관련하여 자녀의 시야를 틔워주는 일이다. 사물과 현상, 또는 환경을 바라보면서 그 속에 담긴 의미, 가치, 역할, 대안의 모색 등을 생각해내고, 보다 좋은 환경을 만들어내야겠다는 사명감을 갖게 하는 것이 중요하다.

맹모삼천지교는 부모가 가정에서 만드는 것이다. 애써 강남으로 이사할 일이 아니다. 부모가 먼저 학구적으로 생각하는 삶, 공부하는 삶의 모습을 보여주는 것이다. 가정을 교육적 환경으로 바꾸는 일이다.

공부하는 모든 사람에게 공통적으로 필요한 것은 독서다. 다산은 아들에게 말했다.

"독서는 사람에게 가장 중요하고 깨끗한 일이요, 자기 목숨을 살려주는 것이다."

천재 다산의 말인지라 깊고 깊은 뜻이 있으리라 생각되지만, 우둔한 내 생각으로 헤아려본다면, 독서가 중요하다는 것은 독서가 모든 학문의 바탕이 된다는 것을 의미한다. 깨끗하다는 것은 독서를 통해서 인격을 갈고닦을 수 있기 때문이다. 목숨을 살려주는 것이란 말은 독서를 해야 비로소 인간답게 가치 있는 삶을 살아갈 수 있다는 말이다.

102세의 김형석 교수는 "30년을 배우고 30년을 일한 후, 60세가 되면 인생은 끝난다고 생각했는데, 그것이 아니라 인생은 60부터 새롭게 시작되더라. 그때부터 깊이 있는 글과 사상이 형성되고 존경을 받게 된다. 백세시대에 건강하게 살려면 항상 공부를 계속해야 늙지 않고 성장한다. 건강한 사람은 독서를 많이 하는 사람이다."라고 말했다.

나는 역사와 지리, 그리고 문학을 좋아했다. 그래서 나는 그와 관련된 책을 많이 읽었다. 내 방은 책장으로 둘려져 있었고, 그것도 부족해서 방바닥에 책이 쌓여 있었다. 별로 활동적이지 못했던 나는 퇴근하고 돌아오면 책을 읽었다. 텔레비전은 오직 사극이나 학구적인 프로그램만을 시청했다. 밤이 깊도록 책을 읽다가 아내에게 지천을 듣는 일이 많았다. 피곤한 아내는 잠을 자야 하는데, 밤늦도록 불을 훤히 켜놓고 책만 읽고 있는 남편이 미웠을 것이다. 불을 끄고 자자는 아내의 요구를 못 이겨 거실로 나가 책을 읽으려 하면, 아내가 거실까지 쫓아와 불평을 쏟아내곤 했다. 어쨌든 나는 쫓겨다니면서도 책을 읽는 사람이었다.

그래서 그런지 큰아들도 어려서부터 책을 많이 읽었다. 학교 도서관에 있는 책은 거의 다 빌려 읽었고, 간혹 내가 보는 책을 읽기도 했다. 큰아들과 딸은 연년생이어서 치열한 입시 경쟁 때문에 재수를 할 수도 있다는 생각에 큰아들이 한 살 더 어렸을 때 초등학교에 입학시켰다. 6살짜리 아들은 발육이 늦어 키도 작았다. 그저 학교에 다녀오는 것만으로도 기특하고 대견했다. 동생들이 줄줄이라서 준비물을 제대로 챙겨주지도 못했고, 학교 숙제 같은 것은 하는지, 안 하는지도 몰랐다. 성적표를 보면 겨우 중간 정도를 유지하는 것 같았다. 그런데 중학교를 가자 달라졌다. 각 과목의 성적이 오르기 시작했고, 1학년 말 성적이 반에서 12등, 전 학년 720명 중에서는 177등이었다.

나는 깜짝 놀랐다. 그 등수면 5;1 정도의 경쟁력을 가진 성적이기 때문이었다. 이후로도 아들의 성적은 급속한 속도로 향상되어 갔다. 2학년 말 성적은 77등, 3학년 말 성적은 드디어 전교 1등을 한 것이다. 그것도 학원에 다니거나 과외를 받은 적도 없이. 놀라운 일이었다. 아무리 찾아봐도 책을 많이 읽은 것밖에는 이유가 없었다. 혹자는 아들의 지능이 높았을 것이라고 말할 것이다. 그러나 내 아들의 지능지수는 특별하게 높은 수치가 아니었다.

큰아들뿐만이 아니었다. 아빠와 형이 책을 많이 읽은 것을 본 둘째 셋째 아이도 책을 좋아했다. 그리고 그 애들 모두 중학교에 가면서부터는 성적이 놀랍게 상승했다. 나는 말한다. 어렸을 때 독서의 양이 중고등학교에 가서 큰 효력을 나타낸다고. 우리 시대의 영웅 이병철, 정주영, 김대중, 이어령 모두 독서광이었다. 그들을 큰 인물로 키운 것은 무엇보다도 독서였다는 것을 간파해야 한다.

앞서 다산의 독서 이야기를 했으니 내친김에 전해오는 이야기까지 들어보자. 어린 소년이 황소의 등에 책을 가득 싣고 걸어가고 있었다. 조선 후기의 실학자 이서구가 길을 가다가 그 모습을 보았다. 이서구는 10여 일이 후 일을 보고 돌아오는 길에 지난번의 그 소년을 다시 만났다. 이번에도 그 소년이 황소 등에 책을 잔뜩 실은 채 걸어오고 있었다. 이서구는 소년에게 물었다.

"전에도 황소의 등에 책을 싣고 가더니 오늘도 많은 책을 싣고 가는구나. 너는 왜 책을 싣고만 다니냐?"

그러자 소년은 대답했다.

"저는 집에 있는 책을 다 읽어서 외갓집에서 책을 빌려다 보고 있습니다. 이 책들은 다 읽어서 외갓집에 갖다주는 길입니다."

이서구는 깜짝 놀랐다. 황소의 등에 실려 있는 책은 유교 경전과 통감강목, 제자백가서 등 어려운 책이 대부분이었기 때문이다. 이서구는 소년의 말이 믿기지 않아 수레 위의 책 한 권을 빼 들고 책의 내용을 물었다. 소년은 거침없이 대답했다.

독자도 이미 눈치를 챘겠지만, 이 소년이 바로 조선 시대 최고의 학자 다산 정약용이다. 정약용은 어렸을 때부터 독서삼매경에 빠져 식구들이 끼니때마다 밥을 먹이기 위해 애를 먹을 정도로 학문에 대한 열정을 보였다. 그가 쓴 목민심서를 비롯한 500여 권의 빛나는 실학의 금자탑은 그렇게 해서 세워진 것이다. 정약용은 말한다. "여유가 생긴 뒤에 남을 도우려 하면 결코 그런 날은 없을 것이고, 여가가 생긴 뒤에 책을 읽으려 하면 결코 그 기회는 없을 것이다."라고.

나는 시골에서 자랐다. 학교가 멀어 아버지는 나를 학교에 보내지 못하고 있다가 아홉 살이 되던 해, 그것도 아카시아꽃이 흐드러지게 핀 5월쯤에야 나를 데리고 학교에 가셨다. 나는 간단한 시험을 치르고 바로 2학년에 편입학하였다. 나는 그 때문에 친구들을 따라가기가 무척 힘들었다. 더구나 나는 워낙 쑥맥이어서 교실에 들어가서 자리에 앉으면 화장실에 갈 때 외에는 쉬는 시간에도 내 자리를 떠나지 않고 온종일 조용히 앉아 있었다. 수업시간에도 듣기만 했다.

어느 날 누나가 숙제를 하고 있었다. 우리나라 지도를 그리는 일이었다. 누나는 열심히 그렸지만, 내가 보기엔 지도책의 우리나라와 누나가 그린 우리나라는 너무 달랐다. 나는 종이 한 장을 얻어서 우리나라 지도를 그려 보았다. 내가 그린 지도가 누나가 그린 지도보다 훨씬 그럴듯했다. 다음에 지명을 찾아 표기하는 일이었다. 누나는 찾아야 할 곳이 어디에 있는지 몰라 헤매고 있었는데, 그곳을 내가 먼저 찾아냈다.

나는 그때부터 사회과에 관심을 갖게 되었다. 나는 누나가 숙제할 때마다 옆에서 도와주곤 했다. 나는 사회과 공부에 자신감을 갖게 되었다.

내가 6학년이 되자, 선생님은 나를 사회과 부장으로 임명하셨다. 나는 학교에서 처음으로 직책을 갖게 되었다. 선생님은 갓 사범학교를 졸업하신 분으로 무척 열정적으로 우리를 가르치셨다. 점심시간마다 과목별로 돌아가면서 쪽지 시험을 치렀다. 그 시험에 성적이 오른 학생은 지우개, 연필, 공책 등 상품을 받았고, 점수가 떨어지면 매를 맞았다. 내가 학교에 다니면서 선생님에게 매를 가장 많이 맞은 것은 그때였다. 그러나 나는 그때가 가장 행복했다. 선생님은 다음날 시험 볼 문제를 교과부장들에게 출제해 오라고 시켰다. 그것은 시험문제를 내는 것이 귀찮아서가 아니라, 교과부장들을 공부시키기 위한 방법이었을 것이다.

나는 집으로 돌아오면 내일 동급생들이 풀 문제를 만들었다. 신이 났다. 문제를 내기 위해서 나는 열심히 공부를 해야 했다. 내가 낸 문제를 풀며 끙끙댈 친구들을 생각하면 통쾌하기 짝이 없었다. 돌아보면 내가 가장 열심히 공부했던 때는 그 해였다. 선생님은 나를 광주서중에 보내려 하셨다. 시골학교에서 전국 일류 중학교인 광주서중에 합격한다는 것은 하늘의 별 따기였다. 나는 겁 없이 광주서중에 도전했다. 이처럼 공부는 재미있게 해야 효과가 있는 법이다.

1950년대에 미국 위스콘신 대학에서 우수한 문학 지망생들이 각자의 발전을 위해서 두 개의 모임을 만들었다. 그중에서 한 모임은 정기적으로 모여 각자가 쓴 글에 대해서 서로 솔직하게 비평해주기로 했다. 그런데 항상 비평하고 문제점을 말하다 보니, 모임은 언제나 얼굴을 붉히는 가운데서 진행이 되었다.

그리고 전혀 다른 방향을 가진 모임도 있었는데, 그 모임에서는 상대에게 좋은 부분을 찾아서 격려해주고 칭찬했다. 서로 칭찬하고 격려하여주다 보니 모임은 항상 화기애애한 가운데서 진행되었다.

그렇게 10년의 시간이 지났다. 좋은 말로 서로 격려해주던 모임의 학생들은 대부분 훌륭한 작가로 성공하게 되었지만, 비평만 했던 모임의 학생 중에서는 뛰어난 작가가 나오지 못했다. 비평과 칭찬의 차이가 가져온 결과였다.

나는 지금 열두세 명의 노인들과 글쓰기 공부를 하고 있다. 대부분이 환갑을 훨씬 지난 분들이다. 글쓰기는 해본 적이 없는 분들이었다. 글쓰기가 무엇인가? 문학이란 무엇인가? 등에 대해 강의를 했다. 그리고 글감을 숙제로 내주어 글쓰기를 시켰다. 처음엔 모두 써내지 못했다. 그러다가 한 분이 글을 써왔고 나는 진심으로 칭찬을 해드렸다. 다음 주부터는 다른 분도 글을 써오기 시작했다. 지금은 모두 일주일에 두 편씩 써온다. 그리고 출력해서 함께 읽으며 합평을 한다. 합평에는 모두 칭찬 일색이다. 박수 소리가 요란하다. 그런데 신기한 것은 그렇게도 글쓰기를 어려워하던 사람들이 글 쓰는 것을 즐기게 된 것이다. 모두가 그 글의 내용과 삶에 대해서 따뜻한 긍정의 눈으로 격려하고 응원해 주었기 때문이다.

그 중의 한 분은 시인으로 등단하여 80세가 된 팔순잔치에 『거꾸로 사는 여자』라는 시집을 내는 등 네 권의 시집을 내셨다. 다른 분은 수필과 시 모두 등단하여 수필집과 시집을 냄으로써 당당한 문인이 되었고, 또 한 분은 2권의 시집, 다른 한 분은 한 권의 시집을 냈다, 그들은 『좋은 생각』 등 여러 잡지나 신문에 글을 올리고 있다. 또 한 분은 백일장에 장원을 해서 수필가가 되었고, 암과의 투병 중인 또 다른 분은 백일장 장원과 독후감 상을 여러 곳에서 받았다.

또 한 사람은 부산의 협성문화재단에서 새로운 작가를 발굴하기 위해 벌인 사업인 '뉴북 프로젝트'에 선정되어 책을 발간해 주었는데, 독자들의 반응이 좋아 다른 출판사에서 증보판을 출간하여 판매 중이다. 뿐만 아니라, KBS광주방송에서 우리 문예창작반의 이야기가 방영되기도 했고, 지금은 지역신문에서 우리 문예창작반 수강생들의 작품을 계속 게재해주고 있다. 또 장성군청에서는 우리 수강생들의 작품집을 발간하여 주었다. 나는 은퇴를 하고 나서 고향에서 하고 있는 이 활동에 긍지와 보람을 느낀다.

나는 이 일을 내가 거동할 수 있는 한 오래 하고 싶다. 나를 행복하게 해주기 때문이다. 그래서 코로나19로 도서관에서의 강의가 중단되자, 우리끼리 모였다. 마을이나 강변, 숲속이나 수변길의 정자, 식당, 찻집, 작은 도서관 등 모일 수 있는 곳이라면 어디서든 모였다. 5인 이상 모임이 금지된 이후에는 반을 셋으로 나누어 진행하였다. 코로나19도 우리의 문학적 열정을 이겨낼 수 없었다.

이처럼 자기의 하는 일로 인해서 가슴이 뛴다면 얼마나 좋겠는가? 자기가 하는 일에 미친다면 그보다 더 좋은 일이 어디 있겠는가? 부모는 자녀가 공부의 필요성을 절감하게 해주어야 한다. 부모가 할 일은 공부시키는 것이 아니라, 공부하고 싶은 마음을 심어주는 것이다. 열심히 공부해야 한다는 것을 부모만 느끼기 때문에 문제다. 가슴이 뛰지 않는 사람은 죽은 사람이라고 한비야는 말했다. 부모는 자녀의 가슴에 불을 질러야 한다.

열정을 가지고 공부하기 위해서는 목적과 목표가 분명해야 한다. 세 벽돌공이 벽돌을 쌓고 있었다. 지나가는 사람이 그들에게 무엇을 하고 있냐고 물었다. 한 사람이 대답하였다. 벽돌을 쌓고 있다고. 다음 사람은 대답했다. 10만 원을 벌고 있다고. 마지막 사람이 말했다. 아름다운 집을 짓고 있다고. 세 벽돌공은 다같이 10만 원의 임금을 받고 같은 시간 일을 했을 것이다. 여기까지는 똑같다. 그러나 그 결과까지 같을까?

보지 않았지만, 아름다운 집을 짓고 있다고 대답한 사람이 더 정성껏, 더 아름답게, 더 열심히 쌓았으리라 생각된다. 공부도 마찬가지다. 같은 시간, 같은 조건 속에서 공부해도 멋진 목적과 분명한 목표가 있는 학생이 구체적인 계획을 세워놓고 효과적으로 공부할 것이다. 공부의 필요성을 깨닫게 하는 것, 그것이 과외를 시키는 것보다 백 번 낫다.

나의 막내는 고등학교 3학년 성적이 반에서 20~30등을 했다. 우리집의 경제 사정이 사립대학에 보낼 형편이 되지 못해서 마지막 마감 순간까지 눈치작전을 펴서 전남대학교 생명공학과에 입학했다. 다행히 교직과정을 이수해서 중등교사 자격증을 받았다.

그러나 대학을 졸업한 후 들어갈 교사 자리가 없었다. 막내딸은 그때서야 공부의 필요성을 통렬하게 느꼈다. 막내는 치과를 개업한 두 오빠의 도움으로 다시 수능시험을 준비했다.

이듬해 딸은 상상할 수 없는 점수를 얻었다. 좋은 성적으로 광주교육대학에 입학하였고, 내내 장학금을 받았다. 졸업하면서 광주광역시 초등교사 임용시험에 좋은 성적으로 합격하여 바로 집 근처의 학교로 발령을 받았다. 공부의 필요성을 느끼는 것은 그만큼 중요한 것이다.

내가 고3을 담임하고 있을 때의 일이다. 우리 반 반장 박○ 낭은 공부를 잘하는 학생이었지만, 너무 여리고 순진해서 치열한 경쟁을 견디지 못하는 성격이었다. 성적은 날로 떨어졌다. 정신적으로 깊은 슬럼프와 방황 속에서 허덕였다.

당시는 학력고사 시대였는데, 고3 때는 사설 모의고사를 네 번 봤다. 340점 만점에 체력장 20점을 빼고 320점이 만점이었다. 그 학생은 7월에 본 두 번째 모의고사에서 208점을 맞았다. 절망적이었다. 교무실에 와서 눈이 붓도록 울었다.

나는 그 학생이 마음의 짐을 내려놓고 편한 마음으로 공부하게 했다. 모든 학습계획을 나와 함께 다시 세웠다. 차츰 그 학생의 표정이 살아났다. 다음 모의고사에서는 246점, 그 다음엔 280점을 맞았다. 그리고 마침내 학력고사에서 308점을 맞았다.

나는 서울대 영문과를 권장했다. 그 훗날의 이야기는 다른 장에서 다루겠지만, 그 학생은 절망을 넘어 분명한 목표를 정한 후부터 미친 듯이 공부에 전념했다. 그리고 그 성적은 상상할 수 없는 상승곡선을 그렸다. 선명한 목표를 갖는다는 것은 그만큼 중요하다.

이 세상에서 자녀에게 가장 큰 능력이 되는 것은 무엇일까?

그것은 리처드 드 보스의 말처럼 자녀에 대한 긍정과 칭찬과 격려일 것이다. '너는 할 수 있다.'고, '너니까 할 수 있다.'고 말해 주는 것일 것이다.

나는 앞서 나의 초등학교 6학년 시절의 이야기를 했다. 나는 여기서 부모들에게 숙제 하나를 주고 싶다. 어떻게 하면 내 아이가 공부에 미칠 것인가? 어떻게 하면 내 아이가 공부를 재미있게 할 것인가? 어떻게 하면 내 아이가 큰 꿈을 꿀 것인가? 어떻게 하면 내 아이가 그 꿈을 선명하게 꿀 것인가? 그 방법을 찾으라고.

아직 감이 안 잡히는 분이 많을 것이다. 그럼 이 책을 계속 읽으라고 말하고 싶다.

* 열정은 노력의 어머니다.
어떠한 일도 열정 없이 성취된 것은 없다.
– 랠프 월드 에머슨 –

8. 포부와 도전/ 동서남북을 바라보게 하라

나는 지난번에 목적과 목표가 있어야 한다고 말했다. 생생하게 꿈꾸면 그 꿈이 이루어지기 때문이다.(R=VD → realization=vivid+dream) 한비야는 머릿속에 세계지도를 그린 자녀가 되게 하라고 말했다. 머릿속에 세계지도를 그리려면 세계를 돌아봐야 한다. 지구의라도 갖다 놓고 돌려보게 해야 한다. 그리고 그 땅에 사는 사람들의 이야기를 들려주어야 한다. 그 사람들의 모습을 보아야 세계를 향한 사명과 소명을 깨달을 수 있고, 그들을 향한 사랑을 불태울 수 있다. 부모들은 대개 자식에게 한비야의 말대로 '정글의 법칙'을 먼저 가르치려 한다. 그러나 '사랑과 은혜의 법칙'을 먼저 가르치는 것이 좋다. 나에게서 이웃으로, 이웃에서 온 세상으로 자아를 넓혀가야 위대한 인물이 될 수 있다.

성경을 보면 하나님이 이스라엘 민족의 조상인 아브라함을 본토와 친척과 아버지의 집에서 이끌어내 가나안 땅에 이르게 하시고 말씀하셨다. "너는 동서남북을 바라보라. 보이는 땅을 너와 네 자손에게 주리라" 그리고 다시 말씀하셨다. "너는 동서남북을 다녀보라. 네가 밟은 땅을 너와 네 자손에게 주리라.(창세기 13;14-17)" 그리고 수백 년 후 모세에 의해서 이집트로부터 탈출한 이스라엘 민족은 '젖과 꿀이 흐르는' 이 땅에 정착하게 된다. 오늘날 이스라엘이 그 땅이다.

자녀의 땅이 되기 위해서는 자녀가 먼저 그 땅을 바라보아야 한다. 더 나아가 그 땅을 다녀보아야 한다. 눈에 보이지도 않는 세계를 그릴 수는 없다. 듣지도 보지도 못한 세상을 꿈꿀 수는 없다. 경험하지 않으면 가질 수 없다. 먼저 자녀의 눈을 열어주어야 한다. 듣는 것도 좋지만, 보는 것은 더욱 선명하다. 선명한 꿈을 꾸게 하려면 그 세계를 보여주어야 한다.

그래서 젊은이에게는 여행이 중요하다. 현장에 가보는 것처럼 좋은 것은 없다. 집 밖으로 내보내라. 나는 큰아들에게 서울대를 보여주었다. 셋째아들에겐 카이스트를 돌아보게 했다. 여러분의 자녀들을 좋은 대학에 보내고 싶다면 무엇보다 그 대학 캠퍼스라도 데리고 가라. 그 대학 캠퍼스를 함께 걸으며 삶과 꿈을 이야기해보라. 꼭 대학이 아니라 근로자들이 열심히 일하는 공장이나 사람들이 헐벗고 굶주리며 살아가는 후진국이어도 좋다. 자녀가 그것을 보고 거기서 어떤 꿈을 꾸게 하라.

앞서 나는 박○낭이란 제자에 관한 이야기를 하였다. 그 제자가 서울대학교 영문학과를 졸업할 무렵 연락이 왔다. 찾아뵙고 싶다고. 나는 당시 전남도청 앞 전일다방에서 만나기로 했다. 그 순간 내 머리를 번쩍 스치고 지나가는 생각이 있었다. 나는 중학교 2학년인 큰아들을 불러서 함께 버스를 타고 약속장소로 갔다. 제자는 멋진 청년과 나란히 앉아서 나를 기다리고 있었다. 결혼할 남자였다.

인사를 마친 후, 제자는 우선 서울대학교에서의 생활을 이야기하였다. 막상 가보니 서울대학생들도 경쟁밖에 모르는 사람들이 아니라 인간미가 넘치는 사람들이며, 특히 여러 분야에서 열심히 살아가는 모습을 보고 놀랐으며, 지금은 서울대에 진학한 것이 탁월한 선택이었다고 고백하는 것이었다.

나는 잠시 후, 그 제자가 고3 때 겪었던 좌절감 속에서 방황하고 괴로워했던 이야기와 그것을 어떻게 극복했는지를 쭈욱 풀어놓도록 유도했다. 제자는 그때를 돌아보며 웃으면서 그 당시의 번민과 방황했던 상황을 생생하게 말해주었다. 그리고 어떻게 해서 마음을 다잡아 제자리로 돌아왔는지를.

돌아오는 버스에서 큰아들이 물었다.

"아빠 저도 서울대학교에 갈 수 있을까요?"

"그럼! 갈 수 있지. 그 누나는 고3 때에 그렇게 성적이 엉망이었는데도 서울대, 그것도 가장 어려운 영문학과에 갔잖아!"

"나는 공부를 잘하지 못하는데...."

"아냐. 너 1학년 때 반에서 12등을 했는데, 앞으로 5년이나 남아 있잖아. 열심히 하면 갈 수 있어! 아까 그 누나를 봐라. 얼마나 힘들었으면 교무실에 와서 펑펑 울며 하소연을 했겠니? 그래도 마음을 다잡고 서울대를 목표로 공부했는데, 다섯 달 만에 서울대에 합격했어. 그것도 문과에서 가장 어렵다고 하는 영문학과를..."

아들은 말이 없었다. 내가 늘어뜨린 낚시를 문 고기가 된 것이다. 나는 아들의 표정에서 서울대에 대한 야망을 품었다는 것을 느낄 수 있었다. 나는 제자를 통해서 내 아들에게 서울대학교를 보여준 것이다. 나는 그때부터 간간이 서울대에 관한 이야기를 해주거나 관련 정보가 있을 때는 그것들을 모아서 아들의 책상 위에 말없이 놓아두었다.

지금 생각하면 그때 큰아들에게 내 제자를 만나 그 이야기를 들을 기회를 만든 것을 무척 다행으로 생각한다. 만약 그때를 놓쳐버렸다면 내 아들은 커다란 목표를 갖지도 않았을 것이고, 그러면 열심히 공부하지 않았을지도 모른다. 서울대를 목표로 했기에 열심히 공부해서 성적이 놀랍게 향상되었고, 성적이 향상되었기에 큰 이상을 가지게 되었다. 그때 제자의 연락을 받았을 때, 나 혼자만 가서 제자를 만나고 들어왔더라면 큰아들이 서울대를 바라보는 일은 없었을 것이다.

역사든 인간사든 사소한 일로 그 운명이 달라지는 것을 우리는 안다. 클레오파트라의 코를 말하지 않더라도, 중국 한의 통일 과정에서 항우가 한신을 알아보았더라면, 한신을 중용하지 않으려면 범증의 말대로 차라리 한신을 죽여버렸더라면, 그리고 수많은 기회에서 단 한 번만이라도 그 기회를 안 놓쳤더라면, 유방은 중국을 통일하지 못했을 것이다. 유방의 한나라가 중국을 통일하지 못했더라면 우리의 고대사도 달라졌을 것이다.

만약 이성계의 위화도 회군이 없이 힘의 공백상태에 있었던 만주 진격을 단행했더라면, 오늘날 우리가 만주 땅을 회복하고 동아시아의 강자로 군림했을지도 모른다.

브라질에서 한 마리 나비의 날갯짓이 미국의 텍사스에서 토

네이도를 발생시킬 수가 있다. 역사에 가정이 없지만, 그러나 역사를 돌이켜보며 역사에서 교훈을 얻어 미래사회에 적용하는 것이 인간의 지혜다.

예를 들어보자. 태백산맥 정상에 빗방울 하나가 떨어졌다 치자. 그 빗방울은 약간의 바람에 의해 정상에서 동쪽으로 기울어진 곳에 떨어질 수도 있고 서쪽으로 기울어진 땅에 떨어질 수도 있다. 불과 1~2센티의 차이로 동쪽으로 흐르게 되면 동해로 갈 것이고, 서쪽으로 흐르게 되면 한강을 따라 서해로 흐를 것이다. 결국 그 한 자락 바람결이 그 물방울을 동해로 흐르게 할 것인가, 서해로 흐르게 할 것인가를 결정한 것이다.

그처럼 우리 인간사에서 어떤 경험은 그 사람의 미래를 바꾸어놓을 수 있다. 지금 내가 무슨 말을 하고 있는 것인가? 요행을 바라는 것일까? 아니다. 그 기회는 자기가 만들어가고, 자기가 놓치지 않아야 한다는 것을 강조하고 있다. 우리는 살아가면서 자식을 가르칠 좋은 기회를 수없이 만난다. 그런데 그것을 대부분 놓쳐버린다. 때문에 부모된 사람은 늘 아이를 감동적으로 가르칠 수 있는 기회를 엿보며 살자는 것이다.

앨빈 토플러가 한국에 와서 독자와의 만남의 시간을 가졌을 때 말했다. "젊은 날의 매력은 결국 꿈을 위해 무엇을 저지르는 것이다"라고. 그렇다. 다소 무모하더라도 모험을 하게 해야 한다. 비록 미지의 세계이지만, 알지 못하는 세상으로 내딛는 발길은 얼마나 긴장되고 가슴 떨리는 일인가? 그 발길이 무엇을 저지르는 일이 될 수도 있다. 그러나 젊은 날의 실패는 좋은 경험과 깨달음을 얻게 한다. 치열하게 도전해서 실패해 본 사람과 아무것에도 도전해보지 않아서 실패한 적이 없는 사람 중에서 누가 더 성공적인 삶을 산 것일까? 아무것에도 도전하지 않은 사람은 인생 전체를 포기한 사람이 아닐까?

부모는 자식을 멀리 내다보고 키워야 한다. 코앞만 보면 부모가 자식의 모든 일을 거들어주게 된다. 그것은 거름을 주고 북돋아 주는 것이 아니라, 너무 많은 비료를 주어 말라 죽게 하는 일이 될 수도 있다. 매사 부모의 영향력으로 자신의 일을 감당해나가게 한다면, 결국 나약한 온상의 꽃이 될 수밖에 없다. 온상에서 애지중지 키워 상품으로 내보낼 수는 있어도, 세상 풍파를 이겨내며 스스로 자라고, 스스로 꽃 피우고, 스스로 열매를 맺는 생명력은 기대할 수 없게 된다.

여러분은 자식을 한해살이 꽃으로 키우고 싶지는 않을 것이다. 여러해살이꽃이 되어 올해도, 내년에도 언제까지나 꽃을 피우며 열매를 풍성하게 맺게 하고 싶을 것이다. 그렇다면 집밖으로 내보내라. 여행을 많이 하게 하고, 많은 체험을 하게 하라. 그리고 견디게 하라.

새가 새끼에게 나는 것을 가르칠 때 어미새는 그냥 여기서 저기로 후루룩 날아간다. 새끼 새가 따라서 난다. 날다가 떨어지면 다시 난다. 못 날았다고 어미 새가 꾸중하지도 않는다. 시행착오는 고통이다. 어미 새는 그 고통을 잠잠히 바라본다. 그래야 아기 새의 고통이 된다. 앞서 말했듯이 자식교육에 필요한 것은 '아름다운 방황'과 '따뜻한 방목'이다.

그런데 부모는 거기서 그 고통을 바라보고 있지 못하고 직접 나서서 그 고통을 없애주려고 한다. 자녀에게 수갑을 채우고 사육하려 한다. 그런 교육은 아무리 잘해도 남의 아이와 비슷한 아이밖에 되지 않는다. 실패와 고통이야말로 교육과 성장의 관건이다.

바람 부는 들판에서
비가 오는 들판에서
들풀처럼 자라라
들꽃처럼 피우라
이름 없는 이 풀 저 풀은
이름 없어 정겹고

바람 불면 흔들리다 드러누워
지나가는 소나기로 흠뻑 목욕하고
뭉게구름 피어오른 파란 하늘에
쓴 냄새 풀 냄새 꽃 냄새도 향기롭게

무성하면 무성한 대로
여위면 여윈 대로
질기게 자라다 꽃씨를 맺으며
누가 보면 보는 대로
안 보면 안 보는 대로
다툼 없이 어우러져

밤엔 별님들 이야기에
풀벌레 노래 번갈아 들으며

잎마다 이슬 모아 방울방울 머금었다가
아침이면 햇빛 받아 영롱하게 반짝이고

바람 부는 들판에서
비가 오는 들판에서
봄에는 꽃향기
가을에는 꽃씨 날리며
들풀처럼 자라라
들꽃처럼 피우라
- 필자의 시 〈바람 부는 들판에서〉 전문

인생이든, 입시든, 100미터 단거리 경주가 아니다. 마라톤이다. 지금 몇 발짝 앞서고 뒤서는 것은 큰 문제가 되지 않는다. 참고, 또 참으면서 멀리 달려야 한다. 게다가 홀로 멀찍이 앞서가는 것은 좋은 일이 아니다. 경쟁자나 협력자가 있어야 한다. 갈대도 대나무도 무리 지어 함께 자란다. 홀로는 서 있을 수 없음을 아는 까닭이다. 생각이나 의식이 없는 갈대나 대나무도 아는 것을 우리 인간이 몰라서야 되겠는가? 멀리 함께 달려야 한다. 우리는.

부모는 자식의 크기를 제한하지 않아야 한다. 우리는 에디슨의 선생님처럼 내 자식의 크기를 미리 제한하고 있는지도 모른다. 나는 한동안 어린이들을 가르쳤다. 독서논술을 지도하면서 글쓰기를 시키면, 초등학교 1, 2학년의 글은 깜짝 놀랄 정도의 기상천외한 글을 쓴다. 어른들은 결코 생각해낼 수 없는 상상을 하는 것이다.

그런데 3, 4학년이 되면 차츰 어떤 틀에 갇힌 생각을 하게 되고, 5, 6학년이 되면 모범적인 생각, 답이 정해진 생각만 하는 것을 보았다. 무한한 상상력을 가졌던 아이가 익숙해진 생각과 모범답안을 찾아내는 아이로 변해가는 것을 뼈저리게 보아왔다.

참으로 마음이 아팠다. 아이들이 자라면서 그 상상력과 탐구력이 확장되는 것이 아니라, 어른들이 가르치는 모범답안이라는 틀에 갇혀가고 있는 것이었다. 그래서 나는 이렇게 생각하게 되었다. '어린아이들은 모두 천재다. 그런데 그 부모나 교사에 의해 범재가 되어 간다.'라고.

부모가 깨어야 한다. 부모가 열려야 한다. 적어도 부모는 우리의 아이들의 천재성을 확장시켜 주지는 못할지라도 그대로 유지하며 성장하도록 배려해야 한다. 그렇게만 해주어도 훌륭한 부모라고 생각한다. 내 아이가 지금은 비록 미약하게 보일지라도 훗날 창대하게 될지 어찌 알겠는가? 아이의 크기는 키가 아니라 상상력의 크기다.

벼룩 이야기와 비슷하지만, 약간은 다른 이야기를 해보자. 코이라는 물고기는 작은 어항에다 기르면 5~8㎝밖에 자라지 않지만, 수족관이나 연못에 넣어두면 15~25㎝까지 크고, 강물에 방류하면 90~120㎝까지 성장한다. 우리는 이것을 '코이의 법칙'이라고 한다. 마음껏 성장할 수 있도록 정신세계와 환경을 확장시켜 주는 것만으로도 훌륭한 부모가 된다. 그래서 밖으로 내보내야 하고, 높은 곳에 올라가서 넓은 동서남북을 바라보게 해야 한다.

또 하나, 실패하고 상처받을 것을 염려하지 마라. 어린아이가 일어서기까지는 수없이 넘어져야 한다. 부모는 자녀가 넘어지는 것을 아파하지 말고 일어서는 것을 기뻐하라. 실패해도 괜찮다. 울어도 괜찮다. 상처는 금방 나을 것이고, 그 상처가 내 아이를 더욱 강하게 만들어줄 것이다. 실수와 실패를 했다면 거기서 교훈과 깨달음을 얻을 것이다. 지혜는 그렇게 해서 생겨나는 것이다. 그것이 최고의 공부다.

이 공부는 다른 사람에게서 지식으로 배우는 것이 아니라, 자기에게서 체험으로 배우는 공부이기에 오래도록 잊을 수 없는 공부가 되는 것이다. 그러므로 한두 번의 실패로 포기할 일이 아니다. 랜디포시는 "절대 포기하지 마라. 장벽에 부딪히거든, 그것이 절실함을 나에게 물어보는 장치에 불과하다는 것을 잊지 마라."라고 말했다.

나는 프로야구를 즐겨 본다. 타자가 들어설 때마다 해설자는 타율을 말해준다. 타율만 보면 못 칠 확률이 높다. 그러나 그전 타석에서 안타를 못 쳤다면 그 타자가 확률상 안타를 칠 가능성은 그만큼 높아진다. 그리고 그 타석에서도 안타를 못 친다면, 다음 타석에서 안타를 칠 가능성은 더 높아진다. 나는 그것을 보면서 결코 포기할 일이 아니라는 것을 깨닫는다. 세상에 극복할 수 없는 것은 없다.

만년설이 뒤덮인 히말라야 고산지역의 에베레스트를 올라가기 위해서는 '셰르파'의 도움이 절대로 필요하다. 셰르파는 흔히 등반가의 짐을 날라주는 단순 보조인으로 생각하는 경우가 있는데, 천만의 말씀이다. 셰르파는 짐꾼을 뜻하는 것이 아니라, 네팔 고산 지대에 거주하는 소수민족의 이름이다. 아무리 험하고 가파른 곳이라도 그들이 가면 길이 열린다. 셰르파들은 오늘도 꿋꿋이 험한 길을 뚫고 설산을 오르고 또 오른다. 그들의 위대한 불굴의 정신 앞에 에베레스트 설산도 머리를 숙이는 것이다.

* 길이 이끄는 대로 가지 마라.
길이 없는 곳으로 가서 발자국을 남겨라.
\- 랄프 왈도 에머슨 -

9. 모델/ 큰 바위 얼굴을 바라보게 하라

굳이 해바라기를 들먹이지 않더라도 대개의 식물은 태양을 바라보며 자란다. 햇볕을 받아야 하기 때문이다.

나다니엘 호오돈의 소설 「큰 바위 얼굴」의 주인공 어니스트는 어머니로부터 큰 바위 얼굴을 닮은 사람이 나타나면 이 마을이 행복해진다는 전설을 듣고, 큰 바위 얼굴을 기다리며 살았다. 대기업가 게더 골드가 고향으로 돌아왔을 때, 사람들은 그야말로 큰 바위 얼굴이라고 환호했다. 그러나 마을은 달라지지 않았다. 다시 출세한 정치가가 돌아왔다. 이번엔 큰 바위 얼굴이 틀림이 없다고 환호했다. 그러나 그 역시 큰 바위 얼굴이 아니었다. 세월이 흐른 뒤 전쟁에서 승리한 블러드앤드선더 장군이 돌아왔다. 마을 사람들은 다시 외쳤다. 저 사람이야말로 큰 바위 얼굴이라고. 그러나 사람들은 알게 되었다. 그도 큰 바위 얼굴이 아니란 것을.

그리고 노을이 비치던 어느 날 시인은 평범한 농부인 어니스트의 얼굴을 바라보았다. 그런데 그 얼굴에는 큰 바위 얼굴이 가지고 있는 기품, 신비, 자애로움을 띠고 있었다. 어니스트의 뒤로는 큰 바위 얼굴이 비치고 있었는데, 두 얼굴은 닮아 있었다. 그때서야 큰 바위 얼굴은 바로 이 마을에서 자라서 이 마을 사람들을 섬기고 사랑하며 살아온 어니스트라는 것을 알게 되었다. 마을을 멀리 떠나서 큰 바위 얼굴을 바라보지도 않고 살아온 사람들이 큰 바위 얼굴을 닮을 수는 없었다. 날마다 큰 바위 얼굴을 올려다보며 큰 바위 얼굴을 지닌 인물을 기다리며 살아간 사람은 어니스트였다. 부부도 오래 살면 서로 얼굴을 닮는다고 하지 않는가? 바로 그것이다. 늘 바라보면 닮는다. 존경하면 닮는다. 사랑하면 닮는다.

그런데 어니스트의 얼굴에서 큰 바위 얼굴을 발견한 사람은 시인이었다. 이웃들은 날마다 어니스트와 살아왔지만, 어니스트가 큰 바위 얼굴이라는 것을 알아낸 사람은 아무도 없었다. 그들은 어니스트에 대해서 너무 익숙해져 있었기 때문이었다. 익숙해져 있다는 것은 무엇인가? 고정관념을 가졌다는 말이다. 그들에게 어니스트는 아주 평범한 촌부에 지나지 않는다는 고정관념, 그것이 어니스트를 알아보지 못하게 한 것이다. 오직 모든 사물을 예리한 눈으로 바라볼 줄 아는 시인만이 어니스트의 참모습을 발견한 것이다. 우리 부모들은 익숙해진 눈으로 자녀들을 보기 쉽다. 그러나 시인의 눈으로 자녀를 바라보아야 한다. 그래야 자녀의 참모습을 보게 된다.

우리의 자녀에게도 큰 바위 얼굴이 있어야 한다. 모델이 있어야 한다. 닮고 싶은 사람이 있는 사람은 늘 닮고 싶은 사람처럼 살아가기 마련이다. 날마다 그렇게 살면 그 사람을 닮아가는 것은 정한 이치가 아니겠는가?

미국의 러쉬모어 산에는 네 명(워싱턴 제퍼슨 루스벨트 링컨)

의 대통령 얼굴을 새긴 커다란 조각상이 있다. 미국 사람들은 그 얼굴들을 바라보며 그들처럼 살아야겠다고 다짐하곤 한다.

나는 아이에게는 세 명의 모델이 있어야 한다고 생각한다. 첫 모델은 아버지나 어머니의 얼굴이다. 자식은 부모를 사랑하고 존경해야 한다. 자식이 부모를 멸시하면 어떻게 가정교육이 이루어지며, 그 자녀가 어떻게 착하게 자라겠는가? 부모는 자식의 삶과 행동의 실제적인 교과서다. 자녀 앞에서 말과 행동을 조심해야 한다. 자식을 함부로 대해서는 안 된다. 거짓말을 해서도 안 되고, 부부간에 작은 일로 다투어서도 안 된다. 서로 사랑하고 섬기는 모습을 보여야 한다. 힘든 일을 하며 살더라도 꿈을 가지고 있어야 하고, 가난하더라도 인색하지 않아야 하고, 정직하고 부지런하게 살아야 한다. 이웃들과 더불어 좋은 관계를 유지해야 한다. 부모를 존경하는 아이가 잘못될 수 없다.

다음은 고3 때 학교 기숙사에서 생활하는 큰아들이 나에게 보내온 편지다.

"(전략) 아버지, 언젠가 아버지의 일생을 소설로 쓰고 싶다는 생각을 가져 보았습니다. 당신의 생애를 읽혀서 많은 이들을 감동시키고 싶습니다. 그만큼 아버지는 나의 우상입니다. 아버지가 안 계신다면 제가 어떻게 하나님을 아버지라 부르면서 감동을 느낄 수 있겠습니까? 인간을 인간에게서 태어나게 하신 이유를 깨닫습니다. 그것은 육의 아버지를 통해 영의 아버지에 대한 갈망과 그 인자하심에 대한 신뢰감을 우리에게 심어주시려는 것일 것입니다. 그만큼 당신은 영적으로, 육적으로 저의 귀감과 위로가 되었습니다.

지금은 새벽 1시, 이 시간 기도합니다. 아버지를 주신 것에 대해, 제가 그의 아들인 것에 대해....(후략)"

나는 이 편지를 받고 울었다. 그리고 이런 아들을 주신 하나님께 감사했다. 그리고 나는 이 아들은 훌륭한 인물이 될 것이라는 확신을 가지게 되었다.

나도 내 아버지를 존경했다. 내가 가장 존경하는 인물은 이순신 장군이었고, 아버지를 이순신 장군만큼이나 존경했다. 아버지의 이야기는 나에겐 전설 같았다. 아버지는 매우 영리한 분이셨고, 언변이 놀라울 정도로 확연하셔서 고을에서는 천재로 알려져 있었다. 아버지는 초등학교 교문을 밟아본 적도 없었지만, 셈법이 특출하셨을 뿐만 아니라, 누구보다도 세상 이치를 잘 아셨고, 그 행동에 흠결이 없어서 마을 사람들에게 대단한 권위가 있었다. 나는 학생시절에 학년 초에 기초조사를 하는 문서의 존경하는 인물 칸에는 항상 아버지의 이름을 적어내곤 했다. 신상조사서에 존경하는 사람의 이름을 적어내도록 하는 데는 이유가 있었을 것이다. 존경하는 인물이 그 학생의 성장에 어떤 영향을 주기 때문이 아니었을까?

한 컷짜리 만화 같은 이야기 하나를 해보자. 온종일 지친 어떤 엄마가 퇴근하여 집으로 들어왔을 때, 아빠와 아들이 TV 앞에 앉아 미인대회를 얼빠지게 쳐다보고 있는 것을 보았다. 엄마는 어이없다는 생각이 들어 한숨을 쉬었다. 그때 아들이 아빠에게 물었다.

"아빠. 미인대회가 뭐야?"

아빠는 당황해서 얼버무리며 대답했다.

"아! 그, 그거는 가장 예쁘고 착한 여자를 뽑아서 상을 주는 대회야."

그러자 아들은 이번에는 엄마를 보면서 물었다.

"엄마! 그럼 엄마는 왜 저기에 안 나갔어?"

그 말에 엄마는 피곤함에 지친 표정이 단번에 사라지고 함박웃음을 지으며 아들을 끌어안았다. 이 아들의 눈에는 엄마가 세상에서 가장 예뻤던 것이다. 엄마를 사랑하기 때문에 아들의 눈에 콩깍지가 낀 것이다. 이 아들은 자기 엄마를 세상에서 가장 예쁘고 착한 여자라고 생각했다. 그만큼 엄마를 존경하고 좋아한 것이다. 아들의 눈에 비친 엄마, 아빠의 모습은 이처럼 아름다워야 하지 않을까?

나도 그런 적이 있었다. 어린 내 눈에는 막내 고모가 무척이나 예뻤다. 세상에서 제일 예쁜 것 같았다. 그런데 내가 커서 보니까 그것이 아니었다. 얼굴은 납작했고, 코는 너무 낮았다. 그런 고모가 왜 그렇게 예쁘게 보였을까? 그것은 엄마 없이 크는 내가 불쌍해서 고모가 사랑으로 나를 보살펴 주었기 때문이었다. 엄마들이여, 세상에서 가장 착하고 아름다운 여자가 되고 싶지 않는가? 그렇다면 자식에게 사랑과 존경을 받는 엄마가 되라.

뉴욕 리버티 섬의 '자유의 여신상'은 프랑스가 미국이 독립된 지 100주년을 축하하며 선물한 것으로, 이 조각은 프랑스

조각가 프레데릭 오귀스트 바르톨디의 작품이다. 그는 많은 고심 끝에 자기 어머니의 얼굴을 본 따서 조각했다. 미국의 자유와 민주주의를 상징하는 얼굴은 아름다운 비너스의 얼굴이나 조국을 구한 잔 다르크의 얼굴이 아닌 수수하고 따뜻한 미소가 깃든 어머니의 얼굴이다. 조각가 바르톨디의 존경과 사랑을 받은 그의 어머니는 세계를 선도해가는 미국의 자유를 상징하는 얼굴이 된 것이다.

어떤 형태로든 자녀는 반드시 부모를 닮는다. 부모는 자녀에게 젖만 주는 것이 아니다. 자기도 모르게 자기의 인격과 정신을 전해 준다. 부모가 자녀 앞에서 특히 주의해야 할 것이 말이다.

옛 고사를 살펴보자. 공자의 제자인 증자의 아내가 시장에 가려고 하자 어린 아들이 따라가겠다고 보챘다. 증자의 아내는 무심코 시장에 갔다 와서 돼지를 잡아 맛있는 요리를 해주겠다고 말해서 아들을 달래 놓고 시장엘 갔다. 시장에서 돌아와 보니 증자가 진짜로 돼지를 잡고 있었다. 아내는 깜짝 놀라 증자에게 왜 돼지를 잡느냐고 묻자, 증자는 정색하고 아내에게 말했다. 아이들은 부모에게 배우게 마련인데 실없는 말을 해서는 어떻게 아이를 가르치겠냐고.

무릇 부모 된 자는 자식 앞에서 말을 신중하게 해야 자식이 부모를 우러르게 될 것이다. 엄마가 옆으로 기어가면서 자녀에게는 똑바로 걸어가라고 하는 게가 되면 안 된다. 엄마가 게처럼 걸으면 자녀도 게처럼 옆으로만 걸을 것이다.

두 번째 모델은 선생님이다. 부모는 자식이 선생님을 존경하게 해야 한다. 선생님의 말씀에 순종하도록 하고, 선생님을 신뢰하게 해야 한다. 선생님에 대한 험담은 자식의 장래를 망치게 한다. 요즘 세상은 어떤가? 교사들은 '을'이 되어 있다. 학생도 학부모도 선생님을 선생님답게 대하지 않는다. 그래 가지고야 자녀가 무엇을 배우겠는가? 그럴수록 선생님을 깍듯이 대하라. 나는 나의 선생님에게 조그만 선물을 드릴 때도 아이들이 보는 가운데 떳떳하게 정성을 다해 드렸다. 그래서 선생님께 감사하고 선생님을 섬기는 모습을 보여주었다.

내가 고등학교 교사였을 때 이런 일이 있었다. 이○윤이라 학생이 자꾸 비뚤어진 행동을 했다. 그 학생은 모든 것을 비뚤어지게 받아들이는 반항적인 학생이었다. 나는 고민하던 끝에 아버지를 모시고 오라고 했다. 그런데 아버지는 국립중앙도서관장(차관급)이라는 높은 지위에 있었고, 서울에서 거주하고 있었다. 그런 아버지를 호출한 것이다. 주말 밤에 그 아버지가 학생을 데리고 우리 집을 찾아왔다. 나는 그때 한옥의 좁고 누추한 상하방에서 일곱 식구가 구물구물 살고 있을 때였다. 학생의 아버지는 방에 들어오자마자 나에게 엎드려 큰절을 했다. 나는 깜짝 놀아 맞절을 했다. 그 다음 이야기는 생략한다.

그 학생은 아버지가 높은 사람인데도 셋방살이 평교사에게 큰절을 하는 모습을 보고 충격을 받았을 것이다. 얼마나 지혜로운 아버지인가? 얼마나 겸손한 아버지인가? 얼마나 자식을 사랑하는 아버지인가? 체면도 생각하지 않았다. 자존심도 버렸다. 그 후 그 학생은 전혀 다른 학생이 되었다. 영리해서인지 성적도 놀랍게 향상되었다.

다른 경우도 있었다. 고3 담임으로 날마다 밤늦게까지 자율학습 감독을 하던 때였다. 한 학생의 아버지는 직업 군인으로 계급은 중사였다. 그는 자율학습이 끝날 무렵엔 딸을 데리러 와서 교무실에 들어와 기다리곤 했다. 그런데 선생님을 지칭할 때 '님'자를 붙이지 않았다. 교사를 함부로 평하고 학교에 대해서 자주 불평했다. 참다못한 나는 어느 날 그분을 불러서 교육(?)했다. 딸의 교육을 위해서라도 그러시면 안 된다고 논리적이면서도 정서적으로 차분하게 설복시켰다. 그분은 얼굴이 붉어졌지만, 아무 말도 대꾸하지 못했다. 그리고 다시는 그런 태도를 취하지 않았다. 교무실에 있던 선생님들이 나에게 학부모교육 담당 교사를 해야겠다고 하면서 웃었다. 훗날 실제로 나는 학부모교육 프로그램을 담당하는 교사가 되었다.

나에게도 존경하는 선생님이 계셨다. 초등학교 6학년 때 담임선생님이셨다. 선생님은 헌신적이고 열정적으로 가르치셨지만, 내가 그 선생님을 존경한 것은 그것 때문만은 아니었다. 그분은 나를 깊이 신뢰하고 계셨다. 내가 졸업을 한 후, 숙부님이 외출 중에 그 선생님을 만난 적이 있는데, 선생님은 내 근황을 물으시며 "그 앤 틀림없이 훌륭한 인물이 될 것입니다."라고 말씀하시더라는 것이었다. 나는 평생을 그 말씀을 가슴에 안고 살았다.

한 번은 이런 일이 있었다. 어느 날 교무실 복도를 지나가게 되었다. 창문이 열려 있었다. 나는 수줍음을 많이 타는 아이였기 때문에 빠른 걸음으로 지나쳤다. 그런데 등 뒤에서 급히 나를 부르는 소리가 들려왔다. 선생님이었다. 선생님은 뛰어나와 말없이 내 손에 찐 알밤 세 알을 쥐어주셨다.

나는 믿을 수 없었다. 꿈 같았다. 교무실에서 찐 밤을 자시던 선생님은 얼핏 지나가는 나를 부르시고 뛰어나오셔서 나에게 그 밤을 주신 것이다. 나는 그 밤을 먹어버릴 수가 없었다. 수업이 끝나도록 주머니에 넣어놓고 만지작거렸다. 그 다음 수업시간에도 줄곧 주머니 속의 밤만을 만졌고, 가슴은 벌떡거리고 있었다. 집에 도착할 때까지 십 리 길을 가는 동안 나는 그 밤알을 꺼내 보면서 좋아했다. 잠자리에 들어서도 나는 주머니 속의 밤알을 만지작거렸다. 며칠을 그랬는지 모른다.

그 밤알들은 마침내 마르고 썩어서 못 먹게 되었지만, 나는 그 감격을 잊을 수가 없었다. 한동안 나는 그 밤알 세 톨 때문에 행복했었다. 아니 지금도 행복하다.

오늘날 아무리 선생님이 왜소해졌을지라도, 아직도 선생님의 말씀 한마디는 아이의 장래에 커다란 영향을 미친다. 나는 초등학교 1학년을 다니지 않고 바로 2학년으로 편입학했다.

아버지는 수업 중이었던 어떤 선생님을 불러내서 뭔가를 말씀하셨다. 선생님은 나를 불러 세우더니 즉석에서 시험을 치렀다. 수업하시느라 들고 있던 책을 펴보이며 읽어보라고 했다. 도덕책인지 국어책인지는 모르지만, 내 기억으로는 '17과 이순신 장군'이었다. 나는 그 책을 읽어 내려갔다. 선생님은 나를 중단시키고 손바닥을 내밀면서 말씀하셨다. 손바닥에 '123'을 쓰라고 말씀하셨다. 나는 123을 썼다. 선생님은 아버지에게 됐다고 말하고 나를 데리고 가서 어떤 교실에 넣어주었다.

그 교실 선생님은 수업 중이었기 때문에 나에 대해 물어보지도 않고 나를 제일 뒷자리에 앉혀놓고는 수업을 계속하셨다. 음악시간이었다. 아이들은 풍금소리에 맞춰 노래를 불렀다. 나는 그 노래를 알지 못했다. 처음 듣는 노래였다. 나는 얼떨떨해서 얼굴이 빨개졌다. 선생님이 그런 나를 돌아보셨다. 그리고 말했다.

"야, 금방 들어온 놈! 이 노래 계명으로 읽어봐."

나는 무슨 말씀인지 전혀 알아들을 수 없었다. '계명'이라니? 생전 처음 들어본 소리였다. 나는 아무 말도 못 하고 덜덜 떨고 서 있었다.

"이 바보 같은 놈! 그것도 몰라? ...... 앉아, 임마!" 그때부터 나는 바보가 되었다.

지금 생각해보면, 아버지는 내가 유별나게 여린 데다 학교길까지 멀어서 아홉 살이 되어서야 2학년으로 편입학시켰는데, 선생님은 나를 전입생으로 생각하셨던 것 같다. 바보 같은 놈이 전학을 왔으니 학급 평균을 깎아 먹을 것이고, 그것이 언짢았을 것이다.

어쨌든 나는 맨 처음 등교한 날 선생님에게 벼락을 맞았다. 다른 과목을 그런대로 따라갈 수 있었지만, 음악 시간만 되면 가슴이 떨려와서 뭐가 뭔지 알 수 없었다. 그래서 음악 성적은 항상 '양'을 맞거나 잘해 봐야 '미'를 맞았다.

나는 지금도 계명을 읽지 못한다. 그 흔한 노래방에도 가지 않는다. 그렇다고 해서 내가 천부적으로 노래를 못할 사람으로 태어난 것 같지는 않다. 계명은 몰라도 학교에서 배운 가요나 찬송가는 썩 잘 부르기도 하고, 교회의 가족 찬양 경연대회에서 우리 가족은 매년 1등을 했다. 그냥 음악을 좋아하지 않을 뿐이다.

중학교 2학년 미술 시간이었다. 그날 미술 선생님은 하얀 석고상들을 가지고 오셔서 분단 별로 그리게 했다. 애들은 떠들고 장난을 쳤지만, 나는 평소처럼 조용히 앉아 열심히 그렸다. 원뿔, 정육면체, 삼각뿔, 원통 등의 석고를 잘 살펴보고 연필로 명암을 그려냈다. 끝날 무렵에 선생님은 교실을 한 바퀴 돌아보시다가 내 앞에서 걸음을 멈추셨다.

"너, 그림을 배웠냐?"

"아니요!"

"그럼, 이 석고를 여러 번 그려봤냐?"

"아닙니다. 처음 그렸습니다."

"야! 그림에 재주가 있구나. 너, 미술부에 들어와라!"

그래서 나는 그날로 미술부에 들어갔고, 고등학교 땐 미술 특기 장학생이 되었으며, 화가가 될 꿈을 가지게 되었다.

이처럼 선생님의 한마디는 아이를 꺾어버리기도 하고 키우기도 한다. 나는 첫 담임선생님의 말 한마디에 음악을 영원히 못하는 학생이 되었고, 미술 선생님의 말씀 한마디에 화가가 될 꿈을 가지게 되었다.

"혀를 다스리는 건 나지만, 내뱉어진 말은 나를 다스린다. 함부로 말하지 말고 한번 말한 것은 책임져야 한다. 입술의 30초가 마음의 30년이 된다. 나의 말 한마디가 누군가의 인생을 바꿀 수도 있다."

개그맨 유재석이 한 말이다. 말로 먹고 사는 유재석은 남보다 훨씬 많은 말을 하고 살았고, 그의 말은 언제나 공개적으로 퍼져 나갔다. 그런 그가 한 이 말은 참으로 설득력이 있다. 유재석, 그는 단순한 개그맨이 아니라 참으로 지혜로운 사람이다. 그래서 오래도록 국민의 사랑을 받는 개그맨이 되었을 것이다.

영등포 산업체고등학교에서 쓴 신경숙의 반성문을 읽은 최홍이 선생님은 신경숙에게 소설을 쓰라고 권장했고, 훗날 신경숙은 「엄마를 부탁해」 등 우리나라에서 가장 많이 읽히는 소설을 쓰는 소설가가 되었다.

스승은 아니지만, 스승의 역할을 해주는 경우도 있다. 헨리 포드가 토머스 에디슨이 세운 회사의 직공으로 있을 때였다. 당시 석유는 등유로 정제하여 보일러에 사용하였고, 등유를 정제하는 과정의 부산물인 휘발유는 쓸모가 없을 때였다.

포드는 버려지는 휘발유가 아까웠다. 휘발유로 움직이는 자동차를 만들어내고 싶었다. 그러나 주변의 모든 사람은 말도 안 되는 생각이라고 고개를 돌렸다. 포드는 발명왕 에디슨에게 질문했다.

"휘발유로 기계를 돌릴 수 있을까요?"

에디슨은 두말하지 않고 대답했다.

"자네는 참 멋진 생각을 해냈군. 자네 생각대로 휘발유 자동차를 만들어보게."

포드는 에디슨의 말에 확신을 가졌다. 그리고 13년이라는 긴 세월 끝에 결국 휘발유를 사용하는 자동차 엔진을 만들어 내고야 말았다. 자동차 왕이 된 헨리 포드는 에디슨을 '나를 믿어준 유일한 사람'이라고 평생 존경하였다.

포드는 에디슨이 숨을 거둘 때, 마지막 숨을 병에 담아 자신에게 달라고 요청했다. 포드가 에디슨을 얼마나 존경하는지 알고 있는 에디슨의 가족들은 그 부탁을 들어주었다. 포드는 에디슨의 마지막 숨을 담은 그 병을 자신이 죽을 때까지 소중히 간직했고, 지금은 미시간주에 있는 헨리 포드 기념관에 보관되고 있다. 발명왕 에디슨의 한 마디에 자동차왕 포드가 탄생한 것이다.

세 번째 사회적 역사적으로 좋아하고 존경하는 모델이다. 우리나라가 단군 이래 최대의 위기라고 말할 정도로 우리가 일찍이 겪어보지 못한 경제적 파국에 절망과 공포 속에서 허덕일 때였다.

골프선수 박세리가 신발을 벗고 바짓가랭이를 걷어 올리고 들어가 웅덩이에 빠진 공을 쳐 내면서 우승하는 장면이 온 국민의 가슴을 요동치게 했다. 우리 국민은 거기서 희망을 얻었다. 용기를 얻었다. 그리고 3년이 채 못 가서 외환위기를 극복해냈다.

그때 박세리를 보고 골프를 배운 어린이들이 많았다. 오늘날 세계 여자 골프는 한국선수들이 석권하고 있다. 박세리 키즈들이 자라서 세계 골프를 정복한 것이다. 축구에선 박지성 키즈, 스케이트에선 김연아 키즈들이 쑥쑥 자라났고, 요즘엔 트로트의 어린 정동원, 전유진 키즈가 여기저기서 나타나고 있다. 비단 스포츠나 연예 분야뿐만이 아니다. 예술, 과학 등 다른 분야에서도 이 같은 일은 오뉴월 비 온 뒤 죽순 올라오듯 한다.

부모는 자녀를 잘 살펴서 흥미와 재능을 가진 분야에 대한 모델을 제시해줄 필요가 있다. 동의보감을 지은 허준이 한때 우리나라에서 존경하는 인물 3위에 오른 적이 있었다. 허준에 대한 드라마가 방영되었을 때였다. 내가 즐겨보는 드라마를 옆에서 지켜본 셋째아들은 훗날 의사가 되었다. 독서도 좋다. 취미생활도 좋다. 무언가에 미칠 정도로 좋아하는 것이 있다면 거기서 길을 찾게 해야 한다. 아이의 길은 바로 그 분야다. 부모가 좋아하는 것과 아이가 좋아하는 것은 다르다.

* 척 피니는 나의 영웅이고, 빌 게이츠의 영웅이다.
그는 모두의 영웅이어야 한다.
\- 워런 버핏 -

10. 강인(强忍)/ 땅바닥에서 키워라.

1) 가지치기

나는 학생을 때리는 것에 대해서 찬성하지는 않는다. 그러나 다른 교육적 수단으로는 학생의 행동 수정이 불가능할 때, 교육을 포기하는 것보다는 회초리를 들어야 할 때가 있다는 것을 인정한다.

김○름이라는 학생이 있었다. 홀어머니가 식당에 나가 힘겹게 일해서 두 자녀를 양육하는 상황이었다. 그런데 이 학생은 무단결석과 조퇴를 일삼았다. 집에도 들어가지 않고 친구집에서 자고 다니기 일쑤였다. 학교에 오고 싶을 때 오고, 가고 싶을 때 갔다. 동급생들을 겁박하여 언니라고 부르며 말을 올리게 하고 행패를 부렸다. 아무리 타일러도 소용이 없었다. 한번은 장기결석 중인 그 학생이 머무는 곳을 알아내서 붙잡아왔다. 그리고 급히 어머니를 호출했다. 나는 그 애에게 학교를 다닐 것인가? 아니면 자퇴할 것인가? 어머니 앞에서 선택하도록 했다.

"너는 그동안 너무나 나쁜 짓을 하면서 엄마와 나의 마음을 아프게 한 죄를 지었다. 그러므로 네가 학교에 다닌다면 너는 매를 맞아야 한다. 그러나 매가 싫어 학교를 그만둔다면 지금 바로 엄마와 돌아가도 좋다."

그 학생은 매를 맞고 학교 다니겠다고 말했다. 나는 그 학생의 잘못을 통렬히 책망하면서 매를 때리기 시작했다. 그 학생은 처음에는 맞은 곳이 아파서 울었다. 어머니 앞에서 자식을 때리는 내 마음도 아팠다. 내 눈에서도 눈물이 흘러내렸다. 나는 울면서 아이를 때렸다. 어머니도 더는 참지 못하고 펑펑 울었다. 마침내 그 학생은 자기의 잘못을 통절하게 느끼기 시작했다. 그 학생과 어머니와 나는 서로 손을 얹고 통곡하며 기도를 하였다. 그 후 학생은 생활이 달라졌다. 청소도 먼저 했고, 학교 일과도 잘 지켰다. 나와 약속한 것을 지키려고 애를 썼다.

그러나 사람이 하루아침에 달라진다는 것이 얼마나 어려운 것인가? 이듬해 담임을 맡은 선생님은 엄격한 선생님이었다. 그 학생의 생활태도를 하나하나 꼬집었고, 마침내 그 학생은 견디지 못했다. 그 선생님은 나의 제자이기도 했다. 나는 그 선생님에게 그 아이의 이야기를 해주면서 융통성 있게 지도하도록 권했다. 그렇게 해서 그 학생은 졸업을 할 수 있게 되었다. 그 후 어머니는 딸을 사람 만들어주었다고 몇 차례 감사의 편지를 보내왔다.

나의 큰아들이 중학교 1학년 때 일이었다. 집에서 학교까지의 거리는 3㎞ 정도 되는 거리였다. 버스를 타고 다녔다. 토요일이었다. 해가 질 무렵이었는데 큰아들이 돌아오지 않았다. 마음이 답답하고 불안해졌다. 큰아들은 어두워질 무렵에야 돌아왔다.

"왜 이렇게 늦었냐?"

"선생님 일을 도와드리고 왔어요."

"무슨 일을 시켰는데?"

"우체국에 편지를 부치고 오라고 했어요."

"정말이냐? 거짓말이 아니지?"

"네"

"선생님께 여쭤본다? 거짓말이면, 지금 거짓말이라고 말해!"

"참말이에요."

토요일 오후는 우체국의 업무시간이 아니었기 때문에 거짓말이 틀림없었다. 나는 선생님의 전화번호를 몰랐다. 그러나 나는 전화기를 끌어다가 무작정 다이얼을 돌렸다. 몇 개의 번호를 돌렸을 때, 갑자기 큰아들이 내 손을 꽉 붙잡으며 말했다.

"아빠, 잘못했어요. 용서해 주세요!"

"뭘 용서해? 너는 선생님의 심부름을 하느라고 늦었으니까, 칭찬을 받아야지!"

"사실은 학교 앞에서 전자오락을 하다가 늦었어요."

사정은 이러했다. 큰아들은 다른 친구들이 학교 앞 문방구점에서 전자오락을 하고 있을 때, 용돈이 없어 옆에서 구경만 하곤 했단다. 그러다가 학교에서 집까지 걸어다니면서 버스비를 아껴서 모았다가 토요일에 전자오락을 했다는 것이었다. 나는 생활이 어려워서 아이들에게 용돈을 주지 못했었다. 가슴이 미어지게 아팠다. 그러나 이대로 넘어가서는 안 되겠다는 생각이 들었다. 나는 큰아들의 등짝을 몇 대 때려서 집 밖으로 내쫓았다.

“너 같은 아들은 필요 없다. 나는 사실대로 말할 기회를 주었는데, 너는 계속 거짓말을 했다. 더구나 네 아버지가 선생인데도 너는 선생님을 빙자해서 거짓말을 했다. 거짓말도 아주 나쁜 거짓말을 했기 때문에 도저히 용서할 수 없다.”

나는 대문을 걸어 잠가 버렸다. 그날따라 가을비가 내리기 시작했다. 사방이 어두워졌고, 아들은 비를 맞지 않으려고 대문에 붙어서서 용서해달라고 빌었다. 나는 대문 밖을 슬며시 내다보면서도 대꾸조차 하지 않았다. 아들은 추위에 떨면서 서 있었다. 그 사이 몇 번인가 아내가 사정했지만, 나는 들은 척도 하지 않았다. 나는 차츰 아이가 어디로 가버릴까 염려가 되었다. 두세 시간이 지난 다음에야 대문을 열어주었다. 그 뒤로 모르긴 해도 내가 아는 한 큰아들은 거짓말을 하지 않았다.

부모는 자식을 사랑으로 양육해야 한다. 그러나 때로는 아무리 마음이 아파도 준엄하게 책망해야 할 때가 있다. 책망해야 할 때 책망하지 않으면 그 영혼이 썩는다. 실한 과일을 많이 맺게 하기 위해서는 가지치기가 필요하다. 가지를 잘라내는 것이 아깝지만, 잘라내야 한다. 자식의 잘못된 생각과 행위는 바로잡아 주어야 한다. 그러나 잊어서는 안 될 것이 있다. 나무란 다음에는 왜 나무랐는지, 나무라는 부모의 마음이 얼마나 아팠었는지를 깨닫게 해주어야 한다. 그것을 말로 하는 것은 현명치 못하다. 솔직한 태도로 자기의 아픈 마음과 사랑을 ‘보여’주어야 한다.

생각하면 나는 참 독한 사람이다. 독자들도 그렇게 생각할 것이다. 그러나 나는 누구보다도 눈물이 많은 사람이다. 텔레

비전이나 책을 보다가도 울고, 정동원의 '눈물비'나 정수연의 '엄마'라는 노래를 들으면서도 운다. 민우혁이 '여로'를 부를 때도 울었다. 그러나 나는 아무리 마음이 아프고 안쓰러워도 아이들이 고생하는 것을 말리지 않았다. 초등학교 6학년이던 둘째아들은 한겨울 새벽마다 무거운 신문을 들고 이 집 저 집을 다니면서 신문을 배달했다. 뿐만 아니라, 그 동생들도 주유 아르바이트, 전단지 배부, 과외지도 같은 일을 하며 용돈을 벌기도 했다. 나는 자식을 땅바닥에 내려놓고 길렀다. 그래서 내 자식들은 땅에 뿌리를 내리고 튼튼하게 자란 것이다. 자식을 요람에서만 키울 수 없지 않겠는가?

2) 아름다운 고통

생명이 생존하는 데는 고통이 따른다. 부피 성장을 하는 나무들은 겨울을 지나면 빛깔이 진하고 단단한 나이테를 두르면서 한 겹 더 굵어지지만, 부피 성장을 하지 않는 대나무는 나이테가 없다. 죽순으로 올라오기 시작하면 며칠 사이에 다 커버린다. 그러나 다 컸다고 바로 베어서 쓸 수는 없다. 그런 대나무는 마르면서 쭈글쭈글 해져버리기 때문이다. 대나무는 한겨울의 추위를 겪은 뒤라야 단단해져서 쓸모가 있게 된다.

인생 역시 마찬가지다. 하늘은 사람을 쓰려면 먼저 시련과 역경을 주어 그 사람을 단련시킨다. 김대중은 일찍부터 대통령을 꿈꾸었지만, 인간으로서 견딜 수 없는 죽음의 위협과 고통과 인내의 터널을 지나고 나서야 대통령이 되었다. 그래서 그는 화해와 용서를 통해 국민을 하나 되게 하고, 외환위기의 국난을 극복하는 위대한 대통령이 되었다. 이처럼 위인들은 모두 시련을 통해서 단련을 받은 후에야 인류를 위한 사명을 감당했다. 그러므로 진정 내 자식을 훌륭한 인물로 키우려거든 고생을 시켜야 한다. 어렸을 때 고생한 사람이라야 어른이 되어 겪는 시련과 위기도 잘 극복할 수 있기 때문이다.

어떤 딸이 아버지에게 문자를 보냈다.

'아빠, 그동안 감사했어요. 미안해요.' 11/16 23 : 35.

11월 16일 밤 23시 35분.... 짐작이 가는가? 죽음 앞에서 자기를 길러준 아빠에게 감사하고 미안해서 보낸 마지막 문자다. 딸은 왜 이런 문자를 보냈는가? 이 딸은 최선을 다했을 것이다. 문자를 보낸 것을 보면 감사할 줄도 알고, 미안해할 줄도 아는 착한 딸이었을 것이다. 꿈도 컸을 것으로 짐작된다. 그러나 이 딸은 단 한 번의 시험에 실패했다고 삶을 포기해버린 것이다.

왜 그랬을까? 나약하게 키웠기 때문이다. 이 얼마나 가슴아픈 일인가? 수능시험만 끝나면 여기저기서 이런 소식이 들려온다. 다시 한번 말한다. 자녀가 어떤 시련과 고난과 실패에도 굴하지 않고 마침내 승리하게 되기를 원한다면 고생을 시키고 훈련을 시켜야 한다. 실패도 약이 된다. 가장 좋은 교육은 훈련이고, 가장 필요한 것은 어렸을 때 고생을 체험하는 것이다. 그것은 예방접종이기 때문이다.

한국 가정의 큰 문제점은 고생을 자녀에게 전수하지 않는 것이다. 고난 없이 자란 아이가 무얼 할 수 있겠는가? 인간에게 가장 확실하게 가르침을 주는 것은 고통과 실패다. 그런데 우리의 부모들은 자기가 한 고생을 절대로 자식들은 겪지 않게 하겠다고 다짐한다. 농사를 짓는 이들은 내 자식만큼은 절대 손에 흙을 묻히지 않겠다고 다짐한다. 공장에서 기계를 만지는 이들은 내 자식만큼은 절대 손에 기름때를 묻히지 않겠다고 맹세한다. 나무랄 수 없는 좋은 생각이다. 그러나 누구나 성장하면서 고생을 경험해야 한다. 그것은 그 인생을 강하게 해주는 필요요건이기 때문이다. 고생하다가 쓰러질 수도 있다. 상처를 받을 수도 있다. 실패할 수도 있다. 그러나 가슴이 패이고 나서야 정자나무는 거목이 되어 넓은 그늘을 드리운다. 부러지지 않은 분재는 없고, 휘어지고 옹이가 돋아나지 않은 분재도 없다. 그것이 살아가는 이치다.

마음 같아서야 온실에서만 키우고 싶다. 비바람과 눈보라를 다 막아주고 싶다. 거름도 주고 벌레도 잡아주면서 곱게만 키우고 싶다. 그러나 온실 속에서 자란 꽃은 생명력이 약하다. 부드러운 재를 깐 시루에서 자란 콩은 콩나물이 되는 것으로 끝나지만, 들판에 심어진 콩은 무성하게 자라서 많은 열매를 맺는다. 그것이 세상 이치요, 삶의 법칙이다. 실패는 넘어지는 것이 아니고, 넘어졌다고 낙망하여 일어나지 않는 것이다.

3) 결핍의 힘

세계 역사를 보거나 위인들의 이야기를 보면 공통점이 하나 있다. 성공한 사람들은 모두 대단한 역경을 헤쳐 나간 사람들이라는 것이다.

덴마크가 낳은 세계 최고의 동화작가 한스 크리스티안 안데르센은 가난한 구두 수선공의 아들로 태어났는데, 아버지마저 갑작스럽게 돌아가셔서 학교도 제대로 다니지 못했다. 얼굴이 못생겨서 외톨이로 지낸데다 발음마저 이상해서 되고 싶은 배우가 될 수 없었다. 글을 써 보냈지만, 맞춤법조차 익히지 못한 그의 원고를 받아주는 출판사는 없었다. 그러나 안데르센은 좌절하지 않았다. 라틴어 학교에 들어가서 공부한 후 자신의 인생을 바탕으로 동화를 썼다. 안데르센이 실연을 당해 가슴 아팠던 경험은 '인어공주'의 이야기가 되었으며, 아버지가 돌아가시고 가난한 환경과 학대받았던 경험은 '성냥팔이 소녀'가 되었다. 그리고 친구도 없이 혼자 지내던 경험은 '잠자는 숲속의 공주'가 되었으며, 친구들로부터 못생겼다고 놀림을 받았던 경험은 '미운 오리 새끼'가 되었다. 훗날 안테르센은 자신이 겪었던 역경의 시간은 오히려 축복이었다고 말했다.

나는 가난을 부끄러워하지 않는다. 다섯 아이들을 키웠지만, 유치원이나 어린이집에 보낸 아이는 없었다. 나는 아이들의 양말에 구멍이 나면 내가 기워서 신겼다. 그러다 보니 나는 바느질에 익숙해서 지금도 아내의 떨어진 옷을 기워주곤 한다.

한번은 셋째아들이 학교에 지각했다. 선생님은 지각생들의 무릎을 꿇려놓고 발바닥을 회초리로 때리셨다. 그런데 내 아들 차례에 와서는 차마 매를 때리지 못하셨다. 내 아들의 양말 바닥에 구멍이 났는데, 기운 자리가 닳아서 다시 구멍이 난 것을 보신 것이다. 옷은 형의 옷을 내리 동생들에게 입혔다. 참고서와 문제집을 사줄 돈이 없었다. 그래서 나는 우리 학교 선생님들에게 교사용 지도서를 얻어다 주었다. 지도서에는 학습문제의 정답이 표기되어 있었다. 나는 일일이 화이트로 정답을 모두 지웠다. 아이들도 좋아서 웃어대며 함께 화이트를 덮어씌워 정답이 안 보이게 하곤 했다. 그런 가난 속에서 살았기 때문에 학원을 보낼 수도 없었지만, 아이들도 굳이 학원에 다니려 하지도 않았다.

가난은 삶을 불편하고 안타깝게도 하지만, 우리에게 많은 것을 주기도 한다. 나는 '결핍의 힘'을 믿는다. 목마른 사람이 샘을 파는 것과 그렇지 않은 사람이 샘을 파는 것은 다르다. 지금은 별로 사용하지 않지만, '개천에서 용이 난다'라는 말이 있다. 용은 넓고 깊은 물에서 산다. 얕고 좁은 개천에서 날 리 없다. 그러면 무슨 말인가? 가난한 사람은 가난의 설움과 불편을 알기 때문에 잘살아야겠다는 꿈을 더욱 강렬하게 갖게 된다. 남보다 더 열심히 노력한다. 더 끈질기게 도전한다. 성공할 힘은 바로 거기서 나온다. 다시 말하면 성공할 수 있는 힘은 '결핍'으로부터 나온다. 결핍은 강력한 엔진이 되어 차를 힘차게 달리게 한다.

나는 결혼해서 살다가 처음으로 밥솥을 샀을 때, 그 밥솥을 어루만지며 닦았던 때의 감격을 잊지 못한다. 살림을 하나씩 장만해가는 그 재미, 그 행복과 보람을 한꺼번에 부족함 없이 혼숫감을 준비해간 사람들은 모른다. 작은 것에도 기뻐하고 감사하는 것이야말로 행복의 비결이 아닌가? 그래서 더 열심히 산다. 하나하나의 성취가 한없이 기쁘고 보람차기 때문이다.

이런 글을 읽는 독자들은 내가 엄청나게 가난하고 불행한 삶을 살았을 것으로 생각할 것이다. 그러나 나는 빚보증을 잘못 섰다가 고생을 한 적은 있어도, 한 번도 빚을 져보거나 돈을 꾸러 다닌 적이 없다. 돌아보면 나는 넘치는 축복을 받은 사람이다. 나는 성격적으로 외상을 싫어한다. 할부도 싫어한다. '외상이나 할부를 하지 않는다.'는 것이 나의 삶의 기본자세다. 돌이켜보면 넉넉하지는 않았지만, 정작 필요한 것은 다 채워졌다. 그래서 나는 넘치도록 복된 삶을 살아간다고 생각한다.

나는 어느 날 차 속을 돌아다니면서 물건을 파는 사람에게서도 지혜를 배웠다. 차 속을 한 바퀴 돌며 풍성한 입담으로 상품을 선전하는 장사꾼이 있었다. 그 장사꾼은 겨우 한 봉지의 칫솔밖에 팔지 못했다. 그런데 그가 차에서 내리기 전에 뜻밖의 말을 하는 것이었다.

"나는 이 차에서 얼마를 벌었을까요? 이거 하나를 겨우 2,000원 받고 팔았으니, 600원을 벌었네요. 그럼 내가 실망했을까요? 아닙니다. 다음 차가 들어오고 있으니까요! 안녕히 가십시오."

나는 안 해도 될 뒷말을 남기고 차에서 내려간 장사꾼에게서 대단히 중요한 가르침을 받았다. '그렇다. 다음 차가 들어오고 있다. 기회는 다시 온다. 포기하지 않는 것이 중요하다.

4) 무엇이 천한 것인가?

어느 날 백악관을 방문한 비서관이 대통령실로 들어가려는 찰나 복도 한쪽에서 쪼그리고 앉아 있는 한 사람을 발견했다. 대통령이었다. 그렇지 않아도 대통령을 헐뜯는 사람들로부터 대통령은 시골뜨기라는 소리를 듣고 있던 터라 비서관은 대통령에게 말했다.

"대통령의 신분으로 구두를 닦는 모습은 다른 사람들에게 구설수를 듣게 되니까 좋지 않게 생각됩니다."

그러자 대통령은 잔잔한 미소를 지으며 말했다.

"자기의 구두를 닦는 게 어디 부끄러운 일인가? 세상에는 천한 일은 없네. 다만, 천한 마음을 가진 사람이 있을 뿐이네"

세상에 남을 해치는 일이 아니면 천한 일이 따로 없다. 그런데 우리나라 사람들은 유난히 직업에 대한 편견을 가지고 있다. 사무직을 선호하고 육체노동을 천시한다. 그것은 체면을 중시하는 문화와 관계가 깊을 것이다. 또 우리나라 사람들은 권력과 명예를 중시한다. 세계 최고의 대학진학률은 바로 이러한 문화에서 비롯되었고, 그로 인해 우리나라 사람들은 실제적인 삶에 필요 없는 지식을 공부하느라고 돈과 정력과 시간을 낭비하고 있다. 사법고시에 합격하기 위해 40, 50이 다 되도록 법률공부만 하던 나라였다. 이제 우리는 변해야 한다. 우리가 추구하는 가치도 다양해졌고, 우리가 선택하는 직업도 다양해졌으며 우리가 즐거움과 보람을 느끼며 할 수 있는 일도 다양해졌다. 한 가지만 잘해도 그 분야에서 전문적 기능과 조예를 가지면 얼마든지 성공적인 삶을 살 수 있다. 이제는 내가 잘할 수 있는 일이 최고로 존귀한 일이다.

5) 다시 일어서는 자가 강한 사람이다.

철강왕 앤드류 카네기의 방에는 서투른 그림 하나가 걸려 있다. 그 그림에는 썰물로 바닥이 드러난 쓸쓸한 해변에 초라한 나룻배 한 척이 쓰러질 듯 놓여 있는 모습이 그려져 있다.

그런데 그 그림 밑에 아래와 같이 짧은 글귀가 있다.

'반드시 밀물 때는 온다. 바로 그날, 나는 바다로 나갈 것이다.'

그는 고난과 시련이 닥쳐올 때마다 그 그림을 바라보며 때를 기다렸다. 준비된 자에게 반드시 기회는 온다. 아니 준비된 자만이 그 기회를 놓치지 않는다.

티무르제국을 건설한 티무르는 침상에서 지낸 시간보다 말 위에서 산 시간이 더 많았다고 한다. 그 역시 정복자로서 많은 사람의 피를 흘리긴 했으나 그가 좌절을 극복한 점만은 모든 사람의 귀감이 된다.

그가 전투에서 처참하게 패배하여 쫓기다가 어느 성벽에 기대어 쉬고 있을 때였다. 무너진 성벽에 무엇인가가 어른거리는 것을 보았다. 개미 한 마리가 자기 몸보다 더 큰 먹잇감을 물고 그 성벽을 넘어가려다가 바닥으로 떨어지고 떨어지길 반복했다. 티무르는 그 개미의 행동을 물끄러미 쳐다보고 있었다. 그런데 올라가다가 수없이 떨어지던 개미는 어찌어찌하다가 결국 그 성벽을 넘어가는 것이었다.

티무르는 무릎을 치고 일어났다. '개미 같은 미물도 포기하지 않고 절벽을 넘어가는데 천하의 이 티무르가 여기서 포기할 수는 없다. 다시 한 번 싸우자.' 그는 일어섰다. 그리고 인도와 중앙아시아와 서남아시아에 이르는 대제국을 건설했다.

그렇다. 사람은 당연히 개미보다 나아야 한다. 티무르만이 아니라 우리 아들딸들도 당연히 개미보다 나아야 한다.

넘어지는 것을 두려워하지 않게 해야 한다. 내 아들딸은 이미 수없이 넘어지고 일어나고 넘어지고 일어났다. 그래서 설 수도 있고 달릴 수도 있었다. 그런데 몸은 다시 일어섰는데 마음은 못 일어나서야 되겠는가? 몸이 그랬던 것처럼 마음도 수없이 넘어지더라도 수없이 다시 일어나야 한다. 포기하는 순간 그의 인생은 끝나는 것이기 때문이다.

6) 무엇이 강한 것인가?

소나무는 많은 눈이 내리거나 폭풍이 불면 가지가 부러진다. 그러나 대나무는 아무리 폭설이 내리고 폭풍이 불어도 결코 부러지지 않는다. 다만, 휘어졌다가 다시 일어설 뿐이다. 소나무는 딱딱해서 융통성이 없는데 대나무는 유연해서 곧잘 흔들리기 때문이다. 총알은 이불을 뚫지 못한다. 칼은 얼음은 잘라도 물은 자르지 못한다. 주먹으로는 한두 사람을 굴복시킬 수는 있지만, 선비의 글은 만인을 감동시킬 수 있다. 강함으로 부드러움을 이길 수 없는 것이 자연의 이치인데 사람들은 그것을 모른다.

굳어진 흙덩어리는 돌멩이와 같다. 거기선 곡식이 자라지 못한다. 그래서 농부는 밭과 논을 갈아 흙을 부드럽게 하고 써레질로 옥토가 되게 한 뒤에 씨앗을 뿌린다. 자녀의 마음이 미움, 원망, 좌절, 슬픔으로 엉키지 않게 해야 한다. 성적표가 중요한 것이 아니다. 내 아들딸의 마음밭이 부드러운 흙덩이가 되도록 골라졌는가, 아니면 돌덩이처럼 뭉쳐 있느냐가 중요하다. 뭉쳐진 흙덩이는 잘게 부수어 부드러운 흙이 되게 해야 한다. 옥토에서만 풍년이 들 수 있다.

내 아들딸의 삶이 풍성하고 알찬 열매를 맺게 하고 싶거든 그 마음을 강퍅하게 하지 마라. 겸손한 마음만이 배울 수 있다. 겸손한 사람만이 사람을 얻을 수 있다. 겸손한 사람만이 다른 사람의 강퍅한 마음을 부드럽게 할 수 있다. 겸손한 자에게는 적이 없다. 적이 없는 사람이 승리한다. 그것은 너무나 자연스러운 것이다. 강한 아들딸을 만들고 싶은가? 겸손을 가르치라. 물과 같이, 바람과 같이, 또는 손수건과 같이 부드럽게 하고, 함께 어울리게 하고, 감싸게 하라.

분은 해가 넘도록 품지 말라고 했다. 그날 일은 그날 매듭을 짓는 것이 좋다. 그래야 편안한 잠을 잘 수가 있다. 우리는 직장에서도 크고 작은 갈등과 경쟁관계에 있는 경우가 많다.

나와 함께 근무하던 선배 선생님 한 분은 말끝마다 남의 가슴을 찔러댔다. 내게도 그랬다. 그리고 험담으로 난처하게 만들었다. 나는 하루는 더 이상 참을 수 없어서 조용한 곳에서 큰맘을 먹고 따졌다. 당연히 목소리가 높아지는 다툼이 일어날 수밖에 없었다. 나는 감정을 다스리면서 예의를 다해 해명하고 설득했지만, 그분은 막무가내로 자기주장을 펼쳤다. 나는 말로는 상대방을 굴복시킬 수 없다는 것을 깨닫고 그냥 집으로 돌아왔다. 분해서 잠을 잘 수가 없었다. 그날 밤 나는 그분에게 전화를 걸었다. 그리고 아무것도 따지지 않고, 무조건 내가 부족해서 그런 것이니 용서해 달라고 사과를 했다. 그러자 그분이 갑자기 자기 잘못을 인정했다. 그리고 그 후 그분과 나는 좋은 관계를 유지할 수 있었다.

또 성격이 아주 꼬장꼬장하고 따지기를 좋아하는 체육 선생님이 있었다. 그분이 장기 두는 것을 지켜보고 있다가 한마디 훈수를 한 것이 화근이 되어 갑자기 화를 내면서 나에 대한 인신공격을 했다. 나는 임기응변에 서툴러서 아무말도 못하고 당했다. 나는 잠시 후 그분을 조용한 상담실로 모시고 가서 무조건 사과했다. 그분도 마음이 가라앉은 상태여서인지, 자기가 너무 심했음을 사과했다. 그리고 그 후부터는 나를 무척 조심해주었다. 억울함을 참는다는 것은 참으로 어렵다. 그러나 나는 그때마다 해가 지도록 분을 품지 말라는 성경 말씀을 생각하곤 한다. 해가 지도록 분을 품었다면 어찌 편한 잠을 잘 수 있겠는가? 분해서 이리 뒤척이고 저리 뒤척이면서 괴로운 불면의 밤을 지내야 할 것이다. 우선 나를 위해서라도 해가 지기 전에 풀라는 것이다. 나는 지는 것이 이기는 것이라는 것을 수없이 많이 경험했다. 바람이 불면 풀은 드러눕지만, 아무리 세찬 폭풍이 불어와도 결코 부러지지 않는다. 그것이 강한 것이다.

* 가장 잘 견디는 자가 무엇이든지 가장 잘 할 수 있는 사람이다.
 - 밀턴 -

11. 덕/ 자녀들이 복 받을 일을 하라.

나의 아버지는 평범한 농부였다. 한국전쟁이 일어나자 아버지는 지주 출신은 아니었지만, 마을 이장 일을 보셨기 때문에 반란군의 표적이 되었다. 아버지는 우리 가족과 함께 장성 읍내로 피난을 갔다. 낮엔 국군이 지배하고 밤엔 반란군이 지배했기 때문에 서로 죽이고 죽은 피해자가 많았다. 경찰들은 반란군을 소탕하면서 40호가 약간 넘는 우리 마을 집들을 모두 불태워버렸다.

장성읍내로 피난온 우리 가족은 굶주리게 되었다. 아버지가 친지들에게서 양식을 구해왔으나 어머니는 아버지와 할머니의 진지를 챙겨드리고 나면 먹을 것이 없어서 숭늉으로 때우곤 하셨다. 그나마도 굶는 날이 많았으니 젖이 날 리 없었다. 갓 돌이 지난 나는 배가 고파 쉴 새 없이 울어대다가 지치면 잠이 들곤 했다. 마침 가을이었기 때문에 집에는 농사를 지어 놓은 곡식이 있었다. 어머니는 이십 리가량 떨어진 우리 마을로 곡식을 가지러 가셨다. 그리고 영영 돌아오시지 못했다.

아버지는 나에게 동냥젖을 얻어 먹이기도 했고, 때로는 개구리를 잡아 그 뒷다리를 고아서 뽀얀 즙을 젖 대신 먹이기도

했다. 그때 작은 어머니에겐 나보다 한 살 어린 아들이 있었다. 나는 작은 어머니에게서 동생의 젖을 나누어 먹기도 했다. 그러나 그것으로 주린 배를 채울 수는 없었다.

십 리 밖에는 고모가 살고 있었다. 고모에겐 젖먹이 딸이 있었다. 유난히도 정이 많은 고모는 딸에게 젖을 먹일 때마다 배고파 울고 있을 친정의 조카가 생각이 났다. 딸이 빨아먹는 젖보다도 고모의 눈에서 나오는 눈물이 더 많았다. 고모는 젖을 불리기 시작했다. 딸이 배고파 울어도 동여맨 가슴을 풀지 않았다. 젖이 새어 나오기 시작하면 고모는 친정으로 달려왔다. 숨을 벌떡거리며 달려왔다. 온몸이 땀과 젖으로 젖었다. 고모는 울고 있는 조카를 보듬고 가슴을 열었다. 그리고 흘러내리는 젖을 조카에게 먹였다. 조카는 정신없이 젖을 빨았다. 흐르던 눈물이 눈가에서 말라갈 때쯤 배가 불러오면 잠이 들었다. 고모는 그런 조카를 뉘어놓고 눈물 젖은 손으로 조카의 이마를 쓰다듬었다.

그렇게 가을이 가고 겨울이 갔다. 조카는 죽지 않고 살았지만, 고모의 딸은 죽었다. 배가 고파 죽은 것은 아니었지만, 고모는 하늘이 무너진 것처럼 울었다. 맘껏 젖을 먹이지 못한 것이 한이 되어 울었다. 젖을 먹이지 못해 죽은 것처럼 가슴이 아프고 미안했다. 자신의 매정함이 그 딸을 죽게 한 것처럼 평생을 죄진 마음으로 살았다.

아버지는 자식들이 복을 받게 하려면 덕을 많이 베풀어야 한다고 생각하셨다. 그리고 가장 큰 덕은 죽을 사람을 살리는 것이라는 생각을 하시기에 이르렀다. 아버지는 산속에서 죽어가는 반란군들을 살려내기로 작정하셨다. 아들이 반란군이 되어 산속으로 들어간 집을 찾아가 그 부모들을 설득하기 시작했다. 아버지는 자신이 보증을 서서 책임지고 죽지 않게 하겠다고 약속하면서 자수하고 전향해서 함께 살자고 했다.

어느 날 밤 추위과 굶주림에 죽어가던 한 반란군이 어차피 죽을 바엔 자기 어머니가 차려준 밥이나 한 그릇 배불리 먹고 죽어야겠다고 생각하고 깊은 밤중에 자기 집으로 내려왔다. 방안에는 아직 불이 켜져 있었고, 말소리가 들려왔다. 나의 아버지의 말소리였다. 그는 문 뒤에서 엿들었다. 아버지가 집으로 돌아오신 후, 그는 자기 집으로 들어가 밥을 먹었다. 그는 날이 새기 전에 산속으로 돌아가야 했다. 산속으로 들어간다는 것은 곧 죽음을 의미했다. 아버지의 말소리가 귓가에 맴돌았다. 그 사람은 결국 아버지를 찾아왔다. 아버지는 지서에 가서 지서장을 설득했다.

"전쟁은 끝났고, 이제 남은 사람들을 살아야 하는 것이 아니냐. 나도 아내가 반란군에게 죽임을 당했지만, 이제는 사람 죽이는 일은 끝내야 한다. 내가 저 사람들을 전향시켜 자유 대한민국의 착실한 국민으로 살게 할 테니까 저 사람들에게 살길을 열어달라. 수백 년 한 마을에서 조상 대대로 함께 살아온 사람들이 아니냐?"

아버지는 그 사람에 대한 신원보증서를 써주었다. 지서장은 그런 아버지의 설득에 감복했던 모양이다. 그 반란군은 자기 집으로 돌아갔다. 그렇게 해서 밤이면 반란군들은 줄지어 아버지를 찾아왔고, 그때마다 아버지는 모두 보증을 서서 살려주셨다. 그렇게 되자, 인근 마을의 반란군들은 물론 순창, 고창 지역의 반란군들까지 아버지를 찾아와 자수하였다. 그 수가 118명이었다고 한다.(이 이야기는 진실·화해를 위한 과거사 정리위원회의 『진실규명 결정서』와 장성군과 장성문화원의 『장성지역과거사 구술 채록 사업』에 수록되어 있음)

아버지는 마음이 따뜻한 분이셨다. 보따리 장사나 지나가는 길손을 보면 그냥 보내지 않았고, 끼니를 굶고 있는 이웃을 모른 체하지 않으셨다. 내가 어렸을 때 본 일이지만, 논에서 일을 마치고 집으로 돌아오는 저녁때가 되면 집집마다 저녁밥을 짓는 연기가 피어올랐다. 우리 집 뒤에는 가난한 분이 살고 계셨는데(그 집은 방 한 칸 부엌 한 칸의 작은 집이었지만, 그집도 아버지가 지어주신 것이었다.) 저녁연기가 오르지 않는 날이 많았다. 그럴 때면 아버지는 어김없이 나를 시켜 뒷집 아저씨를 불러와 함께 저녁밥을 들곤 하셨다.

그런 아버지였지만, 귀한 자식일수록 엄하게 키워야 한다고 생각하셨다. 아버지는 우리 남매에게 매우 엄격하셨고, 우리와는 살가운 대화를 하시는 일이 없었다. 나는 아버지가 무서웠다. 그러나 나는 아버지에게 매를 맞거나 야단을 맞은 기억이 없다.

돌이켜보면 나는 말할 수 없는 축복 속에서 살았다. 겁이 많고 나약했지만, 이상하게도 나를 괴롭히는 친구들은 없었다. 선생님과 마을 어른들도 나를 귀여워해 주셨다. 평생을 가난하게 살았지만, 굶거나 빚을 지고 살아본 적도 없었다. 높은 지위에 오른 적도 없지만 어떤 사람도 나를 함부로 대하지 않았다. 신앙생활은 고등학교를 졸업하고 나서부터 시작했지만,

서른 살에 장로가 되어 교회를 섬기면서 교우들로부터 사랑을 받아왔다. 둘만 낳아 잘 기르자는 세상에서 다섯 명의 아이들을 낳아 키웠다. 모두가 잘 자라서 내 마음을 행복하게 해주었다. 나는 평생을 감사하며 살았다. 내가 똑똑하거나 잘한 것은 없었지만, 알 수 없는 손이 나를 보호하고 인도해주었다. 그것은 아버지가 드리워주신 그늘이었음을 나는 믿는다. 아버지의 그늘 안에서 나는 복을 누리고 살아온 것이다.

무엇으로 자식들이 복을 받게 할 것인가? 그것은 부모가 덕을 베푸는 일이다. 세상은 순간적으로 불공평한 것 같지만, 멀리 보면 공평하다. 이웃에게 베푼 덕은 흐르고 흘러 결국 자기의 자식에게 돌아온다. 그것이 삶의 이치요, 정의이다.

조선시대의 일개 역관이었던 홍순언은 명나라에 사신의 일행으로 들어갔다가 아버지의 장례비를 마련하기 위해 팔려 나온 기생을 구해 준 일이 있었다. 그는 돌아와 공금 횡령으로 옥에 갇혀 죽게 되었지만, 때마침 역관들에게 목숨을 걸고 종계변무 문제(명나라의 대명회전에 이성계의 아버지가 고려의 권신이었던 이인임의 아들로 잘못 기록된 문제)를 해결하라는 선조의 엄명이 떨어졌고, 죽음이 두려운 역관들은 감옥에서 죽음을 기다리고 있는 홍순언을 천거하여 다시 명나라에 가게 되었다. 그런데 그가 명나라에 도착하자 예부시랑 부부가 홍역관을 마중 나와 있었다. 홍순언이 구해준 기생이 예부시랑 석성의 부인이 되어 있었던 것이다. 훗날 병부상서가 된 석성이 적극적으로 나서서 대명회전을 고쳤을 뿐만 아니라, 임진

왜란 때 모두가 반대하는 상황에서 석성 홀로 강력하게 주장하여 우리 조선에 군사를 파병해줌으로써 나라와 민족까지 구할 수 있었다. 이처럼 덕은 썩지 않고 움이 트고 꽃을 피워 열매를 맺는다. 자식을 사랑하거든 선하게 살아야 한다. 자식이 복을 받게 하고 싶거든 베풀며 살아야 한다.

자식은 무엇으로 기르는가? 눈물과 기도다. 나는 나를 위한 기도보다는 자식을 위한 기도를 훨씬 더 많이 했다. 새벽기도가 끝나면 집으로 돌아오는 길에 아이들이 다니는 학교로 갔다. 다섯 아이들의 학교 교문을 붙잡고 내 자식과 자식들의 친구와 선생님을 위해 기도했다.

밤이 깊어 아이들이 잠들면 그 방에 들어가 아이들의 이마에 손을 얹고 기도했다. 내 기도의 제목은 '이 아이가 한국을 대표하는 믿음과 사랑의 명가(名家)를 이루게 하소서'였다. 한 번은 기도하던 내 눈물이 아들의 얼굴 위로 떨어졌던 모양이었다. 아들이 물방울이 떨어지는 것에 놀라 잠을 깨는 바람에, 자기를 위해 울먹이며 기도하는 아버지의 나지막한 기도 소리를 듣게 되었다. 그 아들이 어떤 마음으로 받아들였을지 상상해보기 바란다.

부모는 기독교인이든 불교인이든, 아니면 종교를 가지고 있지 않든, 자식을 위해 기도해야 한다. 기도하는 마음으로 키워야 한다. 기도에는 삿됨이 없기 때문이다. 기도는 하늘 마음을 움직이기 때문이다.

자식은 무엇으로 키우는가 돈으로 키우는가? 아니다. 지식으로 키우는가? 그것도 아니다. 자식은 사랑으로 키우고 눈물로 키우고 기도로 키운다. 그리고 덕을 베풂으로 그 앞길을 열어준다.

내가 마흔 살이 되어갈 무렵 가장 좋아하던 친구가 죽었다. 우리나라 제1호 도시계획학 박사였던 친구, 그토록 자신만만하게 살던 친구, 겨울에도 런닝셔츠 바람으로 살던 건강한 친구, 맛있는 것이 생기면 꼭 나를 찾던 친구, 그 친구가 갑자기 암으로 하늘나라로 갔다. 마흔의 나이에. 나는 그의 죽음을 바라보며 인생에 대해 심각한 회의에 빠진 적이 있었다. 하루하루의 삶에 쫓겨 무의미하게 세월을 보내고 있다는 생각이 나를 괴롭게 했다. 이젠 내가 무엇이 되기엔 너무 늦었다. 그런 생각이 나를 엄습해왔다. 그래서인지 잠을 자다가 꾸는 꿈도 달라졌다. 전에는 수퍼맨처럼 하늘을 날아가는 꿈을 자주 꾸었다. 무엇엔가 쫓기는데 나는 날아서 도망을 갔다. 그런데 날아가는 것이 너무 힘들어 자꾸 땅바닥으로 추락하려고 했다. 그러다가 뾰족한 첨탑이나 산이 나타나면 죽을힘을 다해서 날개를 퍼득여서 간신히 넘어가곤 했다. 그런데 그 후부터는 하늘을 날아가는 꿈은 사라져버렸다. 알 수도 없고, 기억도 나지 않는 잡꿈만 꾸었다.

나는 내가 이룰 수 있는 꿈이 무엇인가를 생각해보았다. 그래서 생각해낸 것이 글을 쓰는 것이었다. 가슴 따뜻한 이야기들을 써서 아담한 한 권의 책을 내고 싶었다. 나를 아는 사람들이 읽으면서 "그래! 이 친구는 이렇게 살았지. 괜찮은 사람이었어."라고 회상할 수 있는 책을 쓰고 싶었다. 그리고 아이들의 방에 기도하러 들어갔다가 깨달은 것이 있었다. 나는 내 아이들의 얼굴을 그려가고 있다는 것을.

아버님의 소원을 저버리고
화가를 꿈꾸다
세상 바뀌고 길 바뀌어
아빠가 되고 반백(半白)이 되어 사는 동안
나는 무엇을 그려 왔는가

이름 큰 친구의 그림 앞에
초라한 화분 하나 내밀고
방명록 구석에 작은 내 이름을 쓰며
속으로 울었다

젊은 날 스케치하던 산사(山寺)를 서성이며
어두워지는 황혼을 뒤로하고
또 울었다
늦은 밤 지친 아빠를
반기는 아이들을 보며
문득 깨달았다
내 모습 어딘가가 담겨진
조화롭고 어여쁜
자식들의 얼굴을
그려가고 있다는 것을
- 필자의 시 〈아빠의 그림〉

그렇다. 나는 내 아이들의 얼굴을 그리고 있다. 기왕에 그릴 거라면 아름답게, 건강하게, 멋지게 그려보자. 오랜 세월이 흘러도 모든 사람이 도취할 수 있는 명화를 그리자. 인생을 살아가며 가장 아름다운 가치를 지닌 사람의 얼굴을 그리자. 사랑의 명가(名家)를 이루어내는 얼굴을 그리자.

그 후부터 나의 기도의 제목이 정해졌던 것이다. 미국의 록펠러 가문, 카네기 가문처럼 한국을 대표하는 믿음과 사랑의 명가를 이루자. 나의 기도는 점점 간절해져 갔다. 나의 기도는 점점 형상화되어 갔다. 그리고 나의 기도는 점점 믿음으로 변했다. 나는 그 기도를 하면서 그렇게 될 것을 믿는다.

나는 가진 것이 없지만 시작하기로 했다. 무엇인가 착한 일을. 우리는 가끔 신문이나 방송에서 추운 겨울 눈 오는 날 자기의 외투를 벗어 노숙자에게 입혀주는 사진이나, 비가 쏟아지는 날 폐지를 싣고 가는 할머니 할아버지의 리어카를 밀어주는 사진, 연말이면 이름도 없이 같은 장소에 쌀이나 돈을 갖다 놓는 기부천사들의 이야기를 들을 때마다 따뜻하면서도 살맛 나는 세상임을 느끼곤 한다.

나는 어느 날 뙤약볕이 쨍쨍 내리쬐는 날 아내를 데리고 병원에 갔다 오다가 리어커에 폐지를 힘겹게 싣고 가는 할머니를 보고 달려가 10만 원을 드리며 하루라도 편히 쉬시라고 휴가비를 드린 적이 있다. 영문도 모르고 받아야 할지, 말아야 할지를 망설이는 할머니에게 내 뜻을 자세히 설명을 드렸다. 할머니는 너무나 엉뚱한 일이라 얼떨떨한 표정이더니 나의 뜻을 알아듣고는 몇 번이나 고개를 숙였다.

그날 나는 내 작은 행위로 인해 진한 행복감을 느꼈다. 그분이 내가 드린 돈 때문에 쉬시지는 않을 것 같다. 그러나 마음만은 무척 따뜻했으리라 생각했다. (그 후 아들이 개척한 교회의 교인들은 편지봉투에 10만 원을 넣어 가지고 다니다가 폐지 할머니 할아버지를 보면 달려가 휴가비로 쓰시라고 하는 편지가 든 봉투를 전해드리는 구제사업을 매년 지속하고 있다.)

나는 오늘날 무너져버린 아버지와 선생님의 권위를 슬퍼한다. 그것은 아버지나 선생님을 위한 것이 아니라 자식, 학생을 위한 것이다. 아버지와 선생님의 권위는 아버지와 선생님을 위해서도 필요하지만, 자식과 학생을 위해서도 꼭 필요한 것이기 때문이다. 교육은 가르치는 자의 권위가 있을 때만 실효가 있다. 권위 없는 자의 가르침은 싹이 나지 않는다. 아버지와 선생님의 권위가 사라진 책임은 아버지와 선생님들에게도 있지만, 우리에게 불행한 일임에 틀림이 없다. 나는 그것이 너무 안타깝다. 그래서 나를 위해 모든 것을 베풀어주시고 내 앞길을 열어주신 나의 아버지를 생각하며 이 시를 썼다.

세월이 무너지도록
두 팔 벌리고
들판을 지키는
아버지

가진 것
자식들에게 다 베풀고 나서

허름한 옷에
찢어진 모자

무서리에 젖어
긴 가을밤을 새우고
훠어이 훠어이
시린 손을 휘저으며
자리를 지키는

아버지, 아버지
이제는
영악해진 참새마저 깔보는
우리 아버지
- 필자의 시 〈허수아비〉 전문

* 부모님이 우리의 어린 시절을 아름답게 꾸며주셨으니 이제는 우리가 부모님의 여생을 아름답게 꾸며드려야 한다.
– 생텍쥐페리 –

12. 행복한 가정/ 아버지 어머니가 최고의 스승이다.

모든 것은 가정에서 시작되고, 가정에서 이루어진다. 인생의 출발도 가정이고, 마지막도 가정이다. 그리고 그 과정에서 이루어지는 모든 일이 가정을 벗어나지 않는다. 인간의 희로애락과 성공과 실패, 행복과 불행, 이 모든 것이 가정에서 비롯된다. 가정은 인생의 종합세트다.

가정은 부부가 중심축이다. 부부는 서로 다른 반쪽들이 만나서 하나를 이룬다. 원래 한 몸이었던 것을 둘로 나누었다가 다시 붙인 것이 아니라, 모양도 색깔도 성질도 다른 두 개체가 만나서 하나가 된 것이다. 그러므로 부부관계는 다름에서 출발한다. 그 다름을 연결시켜서 원만함에 이르게 하는 것이 사랑이고, 이해와 섬김이고, 신뢰와 인내다. 그렇게 할 때 부부는 행복에 이를 수 있다.

살다 보면 부부관계도 순탄할 수만은 없다. 오래도록 함께 걸어가야 하기 때문이다. 내가 군대에서 행군할 때 가장 견디기 어려운 것은 군장의 무게가 아니었다. 구두 속에 들어간 작은 모래알이었다. 그 작은 모래알이 발바닥을 파고드는 아픔이었다. 한 발자국을 뗄 때마다 그 작은 모래알이 찌르는 아픔이란 참으로 견디기 어려웠다. 불행한 가정에서는 배우자가 구두 속의 모래알이다. 일생을 가장 가까이서 밀접하게 함께 해야 하는 불편한 존재이기 때문이다. 그러므로 상대방의 결점은 비록 그것이 작은 것일지라도 배우자를 무척 힘들게 한다. 구두 속의 모래알은 끄집어내 버릴 수가 있지만, 배우자의 단점은 배우자의 자체 속에 박혀 있는 것을 어찌하겠는가?

다툼은 지지 않으려는 것이고, 나는 옳고 당신은 그르니, 당신이 변해야 한다는 것이다. 자기는 놔두고 상대방을 변화시키려는 것, 그것이 부부싸움이다. 그러나 세 살 버릇 여든까지 가는 것이 인생이다. 이미 굳어버린 성격과 습관이 배우자 때문에 달라지는 것은 아니다. 내가 변하고, 내가 맞춰 살아야 한다. 부부싸움은 이기고 지는 싸움이 아니라 모두가 지는 싸움이다.

다음은 웨스트민스터의 어느 묘비에 새겨진 글이다.

내가 젊고 자유로워 상상력의 한계가 없을 때
나는 세상을 변화시키겠다는 꿈을 가졌었다

좀 더 나이가 들고 지혜를 얻었을 때
나는 세상이 변하지 않으리라는 것을 알았다

그래서 시야를 약간 좁혀서
내가 사는 나라를 변화시키겠다고 결심했다.
그러나 그것 역시 불가능한 일이었다.

황혼의 나이가 되었을 때
나와 가까운 내 가족을 변화시키겠다고 마음먹었다
그러나 아무도 달라지지 않았다.

이제 죽음을 맞이하기 위해
누운 자리에서 깨닫는다

만일 나 자신을 먼저 변화시켰더라면
그것을 보고 내 가족이 변화되었을 것을

또한 그것에 용기를 얻어
내 나라를 더 좋은 곳으로 바꿀 수 있었을 것을...
그리고 누가 아는가
세상이 변화했을지도.....

그렇다. 내가 변화하는 길밖에 없다. 그것이 부부관계의 철칙이다. 남편이 가장(家長)이란 말은 옛말이 되었다. 이제는 서로 동등한 위치에서 존중하고 사랑해야 한다. 상대방의 자존심을 세워주면서 서로의 마음을 헤아려 주어야 한다. 배우자는 내가 끝까지 함께 걸어가야 할 동무이고 힘이다. 동시에 내가 끝까지 지고 가야 하는 짐이며, 십자가다. 서로의 모서리가 상대방에게 상처와 아픔을 줄 수 있지만, 그렇게 굴러가면서 모서리는 닳고 닳아 둥그렇게 변할 것이고, 부딪혀도 상처를 주지 않는 원만함에 이를 것이다. 파도가 밀려왔다 밀려가는 광경을 생각해보라. 그때마다 몽돌들이 사그락거리는 소리는 얼마나 맑고 정겨운가?

'집을 지을 때 주춧돌 위에 기둥을 세우는데 주춧돌을 반듯하게 깎기는 어렵다. 그래서 울퉁불퉁한 주춧돌의 모양에 맞춰 기둥의 밑동을 파내는데, 그것을 그렝이질이라 한다. 습기가 차거나 벌레가 들어가 기둥이 썩지 않게 하는 것이다. 집을 짓는데 그렝이질이 필요하다면, 가정을 세우는데도 그랭이질이 필요한 것은 너무나 당연하다. 그러나 사람들은 집을 짓기 위해서 그렝이질을 하면서도 가정을 세우기 위한 그렝이질은 관심이 없다. 나도 그랬다. 나는 나대로 아내는 아내대로 자기 모습의 변화는 없이 상대방이 달라져야 한다고 생각했다.

(중략) 그러나 그런 나는 변해 갔다. 병 든 아내가 불쌍하다고 생각하는 마음과 그동안 잘해 주지 못한 죄책감이 나를 엄습해왔다. 오랜 갈등과 연단 끝에 나는 나를 포기하기로 마음을 먹었다. 내 의견, 내 성질, 내 자존심.... 모든 것을 버리기 시작했다. 옳고 그름이라든가, 무엇이 더 효율적이라든가, 어떤 게 더 이익이 된다든가 하는 것들이 중요하지 않다는 것을 깨닫게 되었다. 그런 것들보다는 '아내의 마음에 맞게 하는 것', '아내의 마음이 평안해지는 것'이 더 중요하다는 것을 알게 된 것이다.

나는 '따지는 것'을 포기했다. 그렇게 해서 나는 '나'로부터 자유로워졌다. 아내의 말이 떨어지면 달려가 아내가 원하는 대로 한다. 나는 이제 아내가 좋아하는 석류알을 까거나, 사과를 깎으면서 감사한다. 나는 쪼갠 사과를 그릇에 보기 좋게 담아주고 돌아서서 그 사과 깡치를 갉아먹는 것이 좋다. 아내가 내

곁에 있기 때문이다.' (후략)

- 필자의 수필 〈그렝이질을 하며〉 부분

누군가 재미있는 사람이
"'사람'의 네모 난 모서리를
깎고 깎으면
'사랑'이 된다"고 했다

사람은 사랑이 되어야 한다
사랑은 원래 둥근 것이니까
– 필자의 시 〈사람과 사랑〉 전문

부부가 사이좋게 오순도순 살아가는 것처럼 자녀에게 좋은 영향을 미치는 것은 없다. 서로 사랑하고 신뢰하며, 서로를 섬기며 즐겁게 살아가는 아버지와 어머니의 모습, 생각만 해도 참 아름다운 그림이다. 그 그림을 바라보며 자라는 자녀들은 얼마나 좋을까? 부모는 알게, 모르게 자녀들에게 커다란 영향을 준다. 부모는 자신들의 삶을 통해서 자녀들에게 복을 주기도 하고 독을 주기도 한다.

나는 아내와 서로 말을 올린다. 내 다섯 자녀들에게도 부부가 되면 서로 말을 올리게 했다. 말을 올리는 것이 상대방을 존중하는 출발점이 되기 때문이다. 화가 나도 말을 올리고, 언쟁할 때도 말을 올리면, 최악의 상태까지 가지 않게 된다. 그것이 말 올림의 마력이다. 부모가 말을 올리는 모습은 자녀들에게도 좋은 교육이 된다. 자녀들 간에도 눈에 보이지 않는 질서가 세워진다.

부모는 말을 할 때 조심해야 한다. 악한 말, 저질적인 말, 거짓말을 하지 말아야 한다. 가능하면 선의의 거짓말도 삼가는 것이 좋다. 옳은 말, 필요한 말, 덕을 세우는 말이 아니면 하지 말아야 한다. 말엔 품격이 담겨 있다. 말엔 힘이 있다. 말로써 상대방을 죽일 수도 있고, 말로써 상대방을 살릴 수도 있다. 말 한마디로 천 냥 빚을 갚기도 하고 원수를 만들기도 한다. 말은 날개가 있어 어디든지 날아다니면서 뭉게구름처럼 부풀고, 아무렇게나 던져도 과녁을 정확히 맞춘다. 말의 위력은 그만큼 대단하다. 그러므로 부모는 자녀 앞에서 말을 조심해야 한다. 타인과 전화를 주고받을 때도 자녀 앞에서는 특별히 주의해야 한다.

말에 어떤 힘이 있는가를 살펴보자. 1920년대, 뉴욕의 어느 추운 겨울이었다. 한 노인이 '나는 시각 장애인입니다'라고 적힌 푯말을 앞에 놓고 사람이 많이 다니는 공원에서 깡통을 놓고 구걸하고 있었다. 하지만 사람들은 무심하게 지나쳐갈 뿐이었다. 그때 그 앞을 지나가던 앙드레 불턴이라는 시인이 푯말을 고쳐놓았다. 그러자 지나가던 사람마다 호주머니를 뒤져 동전이나 지폐를 놓고 갔다. 푯말은 이렇게 고쳐져 있었다.

'봄이 곧 옵니다. 그런데 저는 그 봄을 볼 수 없답니다.'

(Spring is coming soon, but I can't see it)

그럴듯하지 않는가? 이처럼 같은 말이라도 약간만 다르게 표현하면 사람의 마음을 움직이는 것이다. 하물며 자기를 인정해 주고, 믿어 주는 말 앞에서 어찌 감동하지 않겠는가?

그대에게 묻는다

창자가 찢어지도록 허리를 비틀어
눈물을 짜내 본 적이 있는가
갈기갈기 찢어진 몸으로
더러운 것을 닦아준 적이 있는가

나처럼 천하게 살아본 적이 있는가
나처럼 더럽게 살아본 적이 있는가

다시 묻는다
나처럼 깨끗하게 살아본 적이 있는가
나처럼 거룩하게 살아본 적이 있는가
- 필자의 시 〈걸레〉 전문

앞 장에서 나는 아버지를 그리기 위해 '허수아비'라는 시를 썼다. 그런데 여자는 한 송이의 아름답고 향기로운 꽃이지만, 어머니는 '걸레'다. 모양도 빛깔도 없다. 구석진 곳에 숨어 있는 걸레다. 찢어지고 더러운 때가 묻어도 상관이 없다. 자신을 빨고 빨아 청결하게 있다가 언제 어디서나 자식이 더러운 자국을 흘려놓으면 달려가서 지워내는 걸레다. 자신 때문에 더러워진 걸레를 보았는가? 걸레는 결코 자신 때문에 더러워지지 않는다. 더러운 방바닥이나 유리창을 닦아서 그것들을 깨끗하게 해놓고 자신은 더러워진 것이다. 어머니의 찢어진 속살로 자식의 고통과 눈물을 닦아주는 손수건이다. 추위를 감싸

주는 목도리이며, 바람을 막아주는 스카프다. 어머니처럼 중요한 단어는 없다. 이 세상에 태어나서 가장 처음으로 배운 말이 엄마가 아니던가? 마지막 눈을 감기 전에 보고 싶은 얼굴이 어머니의 얼굴이 아니겠는가? 어머니는 그렇게 중요하다. 그런 만큼 어머니는 좋은 어머니가 되어야 한다.

어머니에겐 비밀이 많다. 자식에 대한 비밀이다. 남몰래 베푼 사랑, 남몰래 흘린 눈물, 남몰래 드린 정성과 기도, 그것이 엄마의 비밀이다. 엄마에겐 자식의 실수와 상처까지도 아무도 몰래 품고 가야 할 비밀이다. 그 비밀이 크고 많을수록 훌륭한 어머니다. 그 비밀이 크고 많을수록 그 자녀는 크고 튼튼한 거목으로 자란다. 아내의 샘은 말라도, 엄마의 샘은 결코 마르지 않는다. 늙어갈수록 끝없이 솟아나는 것이 엄마의 샘물이다. 자식은 그 비밀 속에서 성장하고 그 샘물을 마시며 기운을 얻는다.

그런데 요즘 어머니들이 달라졌다. 그런 어머니의 모습들이 아니다. 돈 벌기에 너무 바쁘고, 밖으로 돌기에 너무 바쁘다. 자식을 학교와 학원과 과외 선생에게 맡겨놓고 자기 일에 빠져 있다. 사람마다 자아실현을 위해 노력하는 것이야 나무랄 일이 아니지만, 적어도 자녀교육을 위해서는 불행한 일이다. 교육비를 많이 지출한다고 해서 자녀가 훌륭하게 되는 것은 아니다. 자녀에게 필요한 것은 어머니다. 어머니의 눈빛이요, 어머니의 품이요, 어머니의 손길이요, 어머니의 따스한 말이다. 가정은 경제적인 필요를 채워주는 것만이 아니라 심리적 안정과 정서적 건강을 가꾸어주어야 하고, 아이들은 꿈을 꾸고 몸과 마음을 닦으며 무럭무럭 자라나야 한다.

부모들은 크로노스의 시간을 흘려보내고 있을지 몰라도, 자식에겐 순간마다 카이로스의 사진들이 찍혀서 두고두고 가슴에 남아 자녀의 삶에 영향을 준다. 가족 간에도 오락과 휴식과 여행의 시간이 필요하다. 온 가족이 함께 보내는 시간, 그것이야말로 우리가 누릴 수 있는 최고의 행복이다. 돈을 버는 것도 중요하고 출세하는 것도 중요하다. 그러나 돌이켜보면 사랑하는 가족과 함께 즐기는 것만큼 우리를 행복하게 해주는 것은 없다. 그것이 하찮은 놀이일지라도, 그것이 경제적으로 아무런 이득이 없을지라도, 그것이 시간과 돈을 낭비하는 것 같을지라도, 그것만큼 우리를 행복하게 해주는 것은 없다. 링컨의 말대로 사람은 행복하기로 마음먹은 만큼 행복한 것이 아니겠는가.

사람 흔한 세상에
다섯을 낳아
일곱 식구가 살았지

아빤 교단에서 학생들을 가르치고
엄만 선교원에서 어린애들을 돌보았지
아침마다 일곱 개 도시락을 싸면서
성경말씀 또박또박 쓴 쪽지
도시락 위에 올려놓고
주일 새벽엔 자식들 학교마다 찾아가
교문 붙잡고 눈물로 기도했지

큰아들 이삭은 정의로운 사회 만든다고
서울 법대 가고
큰딸 한나는 아빠 뒤잇는다고
전남대 사범대학 가고
둘째 아들 요한인 노벨상 받는 과학자 된다고
광주과학고 가고
셋째아들 한길인 형들에 뒤질세라
열심히 공부하고
막내딸 은혜는 아직 철모르지만
이제는 중학생

뜻 담아 아이들 이름 지어주고
이름 값하여 명성과 칭찬을 받는
믿음의 명문 가정 이루길 기도하네

필요한 것은 많은 재산이 아니라
부족한 것도 나눌 수 있는 사랑이요
작은 일일지라도 최선을 다하면
충분하다는 것을 아는 우리 가족

작은 상 하나에
다붙여 둘러앉은 식사 때는
세상 사람 모두 같이 배부를 날 기도하며
「사랑의 빵」그릇에 동전 하나씩 떨구고
오늘도 집을 나서면

어디서 누굴 만나든 미소를 짓네
- 필자의 시 〈우리 집〉 전문

* 행복에 이르는 길은 욕심을 채울 때가 아니라 비울 때 열린다.
  - 에피쿠로스 -

13. 긍정과 감사/ 행복의 문을 여는 열쇠

1) 긍정

넘어야만 하는 산,
발을 아프게 하는 모든 돌,
모든 피와 땀과 더러움,
휘몰아치는 폭풍과 찌는 듯한 더위,
내 마음은 이 모두에 대해 오직 감사의 노래만 부르리.
이것들은 나를 강하게 만들어주는 것이므로
(작자 미상?)

이 글을 보면 주어진 현실을 직시하고 있다. 그 현실은 힘들고 아프고 불편한 것이다. 그럼에도 현실을 그대로 긍정하고 수용한다. 먼저는 갈 길이 멀다는 현실이다. 산을 넘어야만 하는 것이다. 그 산이 야트막하고 순한 길이라면 '넘어야만 하는 산'이라고 하지 않았을 것이다. 상당히 높고 험한 산임을 짐작할 수 있다. 그런데 지금 걸어가야 하는 길은 발바닥을 아프게 하는 자갈밭이다. 신발이 편하고 좋은 신발은 아니기 때문에 아프다고 말하고 있다. 게다가 상처가 나서 피를 흘리기도 하고 땀과 땟국물이 흐르고 있으며, 때로는 폭풍이, 때로는 뙤약볕이 내려쪼이는 악조건이 반복되고 있다. 그런데 시인은 그 모든 것을 긍정의 눈으로 바라보고 있다. 무엇 때문에 이 같은 악조건을 긍정하는가? 그것은 그 악조건이 자기를 강하게 만들어주는 것이라는 생각 때문이다.

부정은 안 될 이유를 찾는다. 반대로 긍정은 될 이유를 찾는다. 그러므로 사람은 먼저 긍정의 마음자세를 가져야 한다. 오늘날 학교교육에서 비판정신을 민주시민의 중요한 덕목으로 가르치고 있다. 그러나 한 사람을 온전한 사회인으로 세우려면 긍정의 정신을 먼저 가르쳐야 한다. 사물과 현상을 긍정의 눈으로 보면 감사하는 마음이 생기고, 그 사물과 현상을 사랑하게 되며, 그 사물과 현상 위에 자기의 힘을 보태게 된다. 그러나 비판정신을 먼저 배우게 되면, 불만이 앞서게 되고, 그 사물과 현상을 사랑하기보다는 부정적으로 바라보게 된다. 고치려는 마음을 가질 수도 있지만, 버리거나 포기하려는 태도를 갖기 쉬워진다. 협조하기보다는 불평하게 된다.

오늘날 한국사회가 극도의 대립과 갈등으로 혼란을 겪는 이유 가운데 하나가 지나친 비판정신과 관련이 있다고 생각한다. 그렇다면 필자는 비판정신을 부정적으로 보는가? 아니다. 건전한 비판정신은 사회를 건강하게 한다. 건설적인 대안을 제시하게 한다. 필자가 말하는 것은 비판정신이 나쁜 것이기 때문이 아니라, 가르치는 순서에 있어서 긍정이 우선이라는 것이다. 그래야 긍정을 바탕으로 건설적인 비판을 하게 된다는 뜻이다. 비판정신이 투철한 것만이 민주시민이라는 오해가 많고, 그래서 우리 사회가 너무 비판적으로 기울어진 것을 지적한 말이다.(비판이 곧 부정이라는 말은 아니다. 또 비판정신이 긍정과 반대의 개념이란 이야기도 아니다. 비판과 부정은 속성상 같은 흐름이며, 긍정과는 다른 방향으로 흐른다는 것을 지적한 필자의 의도를 잘 살펴주기 바란다.)

어느 날 공자가 조카 공멸을 만나 물었다.

"네가 벼슬을 얻은 후 얻은 것은 무엇이며, 잃은 것은 무엇이냐?"

공멸은 시큰둥하게 대답했다.

"얻은 것은 없고, 잃은 것만 세 가지입니다

첫째, 나랏일을 하다 보니 공부할 시간을 뺏겼으며

둘째, 녹봉이 적어 부모님을 봉양하기 어려워졌으며

셋째, 바쁘게 일하다 보니 친구들과 멀어졌습니다."

이번엔 같은 벼슬을 하고 있는 제자에게 물었다.

제자는 활짝 웃으며 대답했다

"잃은 것은 없고, 얻은 것은 세 가지입니다.

첫째, 글로만 읽던 말씀대로 실천해볼 수 있어서 진정한 지혜를 얻었고

둘째, 녹봉을 받아 부모님과 가족을 봉양했으며

셋째, 바쁜 중에도 시간을 내서 우정을 나누니 벗들과 더욱 가까워졌습니다."

두 사람은 같은 일을 하면서도 하나는 부정의 눈을, 하나는 긍정의 눈을 뜨고 살았다. 그 대답이 보는 바와 같으니 누가 성장하고 누가 행복했겠는가? 불을 보듯이 훤하지 않는가?.

불황에 빠진 어떤 회사의 사장이 한가운데 검은 오물이 묻은 하얀 손수건을 펴보이며 무엇이 보이냐고 물었다. 직원들은 이구동성으로 대답했다. 더러운 오물이 보인다고. 그러자 사장이 말했다. 오물이 묻은 것 말고는 온통 하얀 손수건이라고. 그리고 우리가 겪고 있는 어려움도 이 손수건에 묻은 오물 하나에 지나지 않는다고.

손수건에 묻은 오물은 빨면 된다. 오물이 묻었다고 손수건을 버리는 것은 어리석은 일이다. 더구나 한낱 손수건이 아니라, 수많은 사람의 생계가 달린 회사의 운명이 달려 있지 않는가?

부탄같이 가난한 나라는 국민소득이나 문명의 발달 정도에서 보면 5, 60년대 한국사회와 비슷하지만, 그들의 행복지수는 세계에서 가장 높다는 것이 이런 사실을 설명해주고 있다. 가난해도 좋다는 말이 아니다. 같은 가난이라도 불행하게 사는 사람들이 있고 행복하게 사는 사람이 있을 때, 어느 쪽을 선택해야 하는가 하는 질문을 던지는 것이다.

개인도 마찬가지다. 같은 악조건 속에서도 긍정의 눈을 가지게 되면 그 긍정을 바탕으로 일어설 수가 있다. 그러나 부정의 눈으로 보면 일어설 수 없게 된다. 길고 긴 인생길을 가야 할 내 자녀에게는 긍정의 눈을 띄워주어야 한다. 자신의 소중함에 대한 긍정, 자신의 능력에 대한 긍정, 자신의 환경에 대한 긍정, 자신의 가능성에 대한 긍정을 가져야 한다. 그것이 불굴의 정신을 낳게 되고, 어려운 현실을 견디어내게 하고, 성공으로 가는 길을 찾게 한다. 너는 세상에 가장 존귀하고 유일한 존재라고 말하라. 인정하고, 칭찬하라. 격려하라. 너는 할 수 있다고.

자기를 긍정적으로 보는 사람은 다른 사람에 대해서도 긍정적으로 본다. 그래서 상대방을 인정하고 존중하게 된다. 사회생활에서 상대방을 인정하고 존중하는 일은 대단히 중요하다. 그래야 상대방도 나를 인정하고 존중해주기 때문이다. 인정하고 존중하기란 결코 쉬운 일은 아니다. 상대방이 가진 특징과 장점을 잘 알아야 한다. 그 장점을 인정하는 것이 상대방을 인정하는 것이고, 그래야 존중할 수 있기 때문이다. 남아프리카에는 지금도 수렵과 채취로 생활하는 '바벰바'라는 부족이 있다. 그 부족은 범죄자를 재판할 때는 마을 사람들이 그 범인을 둘러싸고 돌아가며 범인의 선행을 이야기하는 칭찬 릴레이를 한다. 그리고 그 사람이 새사람이 되었다는 것을 선언한다. 그러면 범죄자는 이웃의 사랑에 보답하겠다는 결심을 한다. 그래서 바벰바 부족사회는 범죄 발생률이 지극히 낮다.

2) 만족

인간은 누구나 행복을 추구한다. 그러나 다 행복한 것은 아니다. 현실을 살펴보면 불행하게 살아가는 사람들이 더 많은 듯하다. 사방에서 들려오는 소리는 신음소리요, 불평불만이요, 이대로는 안 된다는 아우성이다. 이게 나라냐고 물었다. 그리고 새로운 정권이 들어섰다. 그러자 이번에는 정권을 빼앗긴 쪽에서 외친다. 이게 나라냐고? 이처럼 우리 사회에는 불평과 불만의 소리로 가득 차 있다. 그 불평불만이 사회적인 것이 되었든, 가정적인 것이 되었든, 아니면 자기 자신에 대한 것이었든, 우리에게 불행한 마음을 갖도록 하는 것은 마찬가지다.

인간을 행복하게 하는 조건은 무엇일까? 인간은 건강, 재물, 명예, 권력, 지식과 같은 가치들을 추구한다. 그것을 가져야만 내 목표가 이루어지는 것이고, 그 목표가 이루어질 때 행복해진다고 생각한다. 환경이 좋아야만 행복해질 수 있다고 생각한다. 즉, 건강, 재물, 명예, 권력, 지식 같은 가치들이 행복의 전제 조건이라는 것이다.

그러나 인간의 욕망은 끝이 없다. 목표했던 만큼 도달하면 더 높은 곳을 바라본다. 욕망은 결코 채워지지 않는다. 우리 시대의 어른 김형석 교수는 백 세가 넘었다. 그는 백 년을 살고 보니 절대로 행복할 수 없는 두 부류의 사람들이 있더라고 했다.

"그 하나는 정신적 가치를 모르는 사람이다. 돈, 권력, 명예에 대한 욕망은 소유욕으로 가지면 가질수록 배가 고픈 것으로 결코 만족을 얻을 수 없다. 만족은 행복의 필요조건인데, 정신적 가치를 가진 사람만이 느낀다.

두 번째 이기주의자다. 이기주의자는 자신만을 위해 살기 때문에 인격을 갖지 못한다. 인간관계에서 나오는 선한 가치를 가질 수 없다. 인격의 크기가 자기 그릇의 크기인데, 행복은 그 그릇에 담는 것이다. 작은 그릇에 큰 행복을 담을 수 없다."

게다가 우리가 원하는 돈, 권력, 명예라는 가치는 희소하다.

뿐만 아니라, 우리가 만족하지 못하는 것은 타인이 가진 것과 내가 가진 것을 비교하는 비교의식 때문이다. 비교의식의 측면에서 보면 좀 더 다양해진다. 남의 손에 든 감이 더 커 보이고, 맛있게 보이고, 멋지게 보인다.

내가 고등학교 교사로 근무할 때 진학지도를 위해 보충수업이 있었다. 정규수업 시간 외로 하는 수업이라서 수당이 책정되어 나왔다. 그 보충수업 시간 수당이 25,000원일 때 선생님들은 그것이 너무 적다고 불평들을 했다. 나는 그 의견에 동의할 수 없었다. 당시 공공근로자의 일당이 20,000원 안팎이었다. 공공근로자들이 아무리 일을 쉬엄쉬엄한다 하더라도 교사들의 시간수당이 그보다 더 많은 것을 지적하며 만족하자고 설득한 적이 있었다. 봉급도 마찬가지였다. 대기업 직원들의 봉급이나 연말 특별수당을 들먹이며 너무 적다고 흥분하는 교사들이 있었으나, 나는 수긍할 수 없었다. 단순히 봉급만 가지고 비교할 수는 없는 다른 부분들이 많이 있었기 때문이다. 만족하지 못하면 불평이 나오고, 만족하면 감사가 나온다.

아무도 찾아오지 않아도
나 여기 뿌리를 뻗고
여윈 몸을 부대끼며 살아온 이 땅
이 터가 좋아

여린 뿌리 뻗을 한 뼘 터가 있어
모양새 가리지 않고 그냥 꽃 피우고

씨를 맺어 이 터에 다시 떨구며
우리끼리 어우러져 살아가면 되니까
때때로 산들바람이 불어와
푸른 향기를 날려 보내고
그 바람을 따라 드러누우면
두 눈 가득 담기는 푸른 하늘

나는 이 땅이 좋아
누구도 탐내지 않고
누구도 불평하지 않는
메마른 이 땅이 좋아
- 필자의 시 〈잡초의 땅〉 전문

만족은 참 묘한 것이다. 같은 상황에서 만족할 수도 있고 불만을 가질 수도 있다. 그 상황을 긍정의 눈으로 보느냐, 아니면 부정의 눈으로 보느냐에 따라 그 경계선이 달라진다. 긍정의 눈으로 보는 사람은 어떤 상황에서도 만족을 느낀다. 그러나 부정의 눈으로 보는 사람은 어떤 상황에서도 결코 만족하지 못한다. 그러므로 긍정의 눈이야말로 만족을 얻는 필요조건이요, 감사와 행복으로 들어가는 첫 번째 문의 열쇠다. 그런데 만족감이나 행복감이란 것은 휘발유 같은 것이어서 시간이 흐르면 어느새 증발해버리고 만다. 한 순간 벅차게 품고 있던 만족과 감사가 어느새 증발하고 나면 앙상한 뼈만 남은 사람처럼 불만과 불평을 하기 시작한다. 그것은 자연스러운 현상이다. 그럴 때마다 자신을 만족과 감사. 행복으로 방향을 돌려주는 것이 바로 긍정의 눈이다.

3) 감사

「잡초의 땅」이라는 필자의 시처럼 좋지 않은 조건 속에서도 만족하며 살아가는 사람은 의외로 꽤 있다. 그들은 주어진 현실을 긍정하고, 그것에 대해 감사한다.

성경에는 열 명의 나병환자의 이야기가 나온다. 예수님이 열 명의 나병환자를 낫게 하고 제사장에게 가서 보이라고 했다(나병환자들은 마을에서 쫓겨나서 살았는데, 나병이 나았음을 제사장이 선언하면 자기 집으로 돌아가 살 수 있었다.) 나병환자들은 돌아가다가 자기들의 몸이 나은 것을 보고 기뻐했다. 그중에 아홉은 제사장들에게 달려갔고, 하나만 예수님께 돌아와 감사했다. 그때 예수님은 묻는다. 아홉은 어디 있느냐고. 그리고 돌아와 감사하는 나병환자에게 축복한다. 육체적 질병뿐만 아니라, 영적 구원을 선언한 것이다.

자기가 받은 은혜에 감사하는 것은 너무나 당연하다. 은혜를 입으면 처음엔 누구나 다 감사한다. 그러나 사람에 따라 가슴 깊이 새겨놓고 두고두고 감사하는 사람이 있는가 하면, 돌아서서 잊어버리는 사람이 있다. 그래서 감사는 인격의 척도가 된다.

세지 마라
세지 마라 세지 마라

어리석은 부자는
돈을 꺼내놓고 밤새도록 세다가

다시 꼭꼭 감춰놓고 열쇠를 채워야 잠들지만
가난한 사람은
거친 음식도 맛있게 먹고 단잠을 잔다.

가진 것을 누리는 자는 언제나 행복하고
더 많이 가지려는 자는 언제나 불행하다
- 필자의 시 〈행복과 불행〉 전문

우리가 원하는 가치들이 충족되지 못했음에도 불구하고 주어진 것들에 대해 감사하고 만족하는 것은 행복의 첩경이 된다. 가난한 국가의 국민이 선진국 국민보다 행복지수가 더 높다는 것은 이것을 여실히 말해주고 있다. 우리에게 필요한 가치들이 부족해도 감사하는 마음이 있으면 우리는 행복할 수 있다. 앞서 말했듯이 우리가 원하는 가치들을 채워서 행복해질 가능성은 극히 희박하지만, 그 가치들을 대부분 채우지 못했음에도 행복해질 가능성은 열려 있다. 그것은 주어진 현실을 긍정적으로 바라보고, 그것을 감사하며 만족한 마음으로 살아갈 수 있기 때문이다.

이처럼 행복은 목푯점에 도달했을 때 얻는 것이 아니다. 목푯점을 향해서 달려가는 과정에서 감사하고 만족함으로써 얻는 것이다. 이 같은 우리의 마음자세, 그것이 행복의 문을 여는 열쇠이다. 그래서 유치원에서는 은혜에 대한 감사를 먼저 가르친다.

부모는 자녀에게 현실을 긍정적으로 바라보는 마음의 싹을 틔워주어야 한다. 현실에 대한 긍정은 자존감과 자신감을 낳게 되고 성공을 위해 끝까지 견뎌내게 한다. 그리고 그 긍정을 바탕으로 감사하는 마음과 만족하는 마음을 얻을 수 있으며, 마침내 어떤 상황 속에서도 행복을 누릴 수 있게 되는 것이다. 목표하는 것을 성취하기 어려운 세상에서 가장 값싸고 효과적인 내적 투자는 긍정과 감사와 만족함을 아는 것이요, 외적 투자는 그로부터 흘러나오는 친절과 미소다.

햇볕이 뙤약뙤약 비춰야 하늘이다
번개가 치고 천둥이 울어야 하늘이다
찬 바람이 몰아치고 눈이 쏟아져야 하늘이다
따사로운 봄볕을 쪼여주거나
고추잠자리가 나는 푸른 하늘만 하늘이 아니다

사과나무는 한겨울 발가벗은 채 떨고 있어도 사과나무요
새싹과 꽃을 피울 때도 사과나무요
무성한 잎새 사이로 열매를 키우면서
폭풍과 비바람에 가지가 찢어질 때도 사과나무요
빨간 사과를 주렁주렁 열고 있을 때도 사과나무다

살다 보면 온종일 지고 가는 짐에 짓눌리고
긴 겨울밤 배고픔에 서러울 때도 있는 것
피맺힌 한을 풀어놓을 이웃 하나 없고
맨손으로 눈물을 훔치며 사는 때도 있는 것
행복은 헐벗고 굶주림으로 시작한다

행복은 눈물로 크는 사과나무다
행복은 고통의 자랑스러운 아들이고 외로움의 예쁜 딸이다
사람의 가슴엔 누구나 행복의 비밀번호가 있다
다만
그 번호는 가슴 안쪽에 새겨져 있을 뿐
- 필자의 시 〈행복〉 전문

획 하나를 찍고 안 찍느냐에 따라 인생이 달라질 수 있다. 흔들리는 마음(心)에 신념의 막대기 하나만 꽂으면 반드시(必) 해낼 수 있다. '불가능하다(impossible)'고 여기는 일이라도 점 하나를 찍으면, '나는 할 수 있다(I'm possible)'가 된다. '빚'을 내야 했지만, 그 빚을 잘 이용하면 앞날을 밝혀주는 '빛'이 된다. 꿈은 어느 곳에도 없다고 (Dream is nowhere.) 생각되더라도 단 한 칸의 띄어쓰기만으로 '꿈은 바로 여기에 있다(Dream is now here.)'가 된다. 부정적인 상황에다 긍정의 점을 찍을 수 있는 것은 당신의 마음에 있다.

갑자기 비가 쏟아졌다. 비는 쉽게 그칠 것 같지 않았다. 어떤 엄마가 딸에게 줄 우산을 챙겨서 학원으로 달려갔다. 초라한 행색에 감수성이 예민한 딸이 부끄러워하지 않을까 염려된 엄마는 옆 건물에서 딸이 나오길 기다리기로 했다. 한참을 기다리며 3층을 올려다봤다. 마침 빗소리에 궁금했는지, 아니면 엄마가 온 걸 직감했는지 딸은 창가를 내려다보았고, 엄마와 눈이 마주쳤다.

반가운 마음에 딸을 향해 손을 흔들었지만, 엄마를 본 딸은 몸을 숨겼다가 다시 살짝 고개를 내밀고, 다시 숨기고 하는 것이었다. 엄마는 순간 딸이 초라한 본인의 모습 때문에 기다리는 것을 원치 않는 것 같이 느꼈다. 슬픔에 잠긴 엄마는 고개를 숙인 채 가게로 돌아왔다.

그로부터 한 달이 지났다. 미술학원으로부터 학생들의 작품을 전시한다는 초대장을 받았다. 자신을 피하던 딸의 모습이 생각나 가야 할지, 말아야 할지 한나절을 고민 끝에 엄마는 깨끗한 옷으로 갈아입고 미술학원으로 달려갔다. 학원에 도착한 엄마는 문 앞에서 망설이다가 문을 열고 들어가 벽에 그림을 감상하기 시작했다. 그러다가 엄마는 어떤 그림 앞에 멈춰서서 갑자기 눈물을 흘렸다.

「세상에서 가장 아름다운 모습」

밀가루 반죽이 묻은 작업복에 낡은 신발, 우산을 쓴 채 또 하나의 우산을 들고 누군가를 기다리고 있는 모습. 한 달 전 학원 앞에서 딸을 기다리던 자신의 모습이 고스란히 담겨 있었다. 딸의 눈에는 초라한 행색에 밀가루 반죽이 엉겨붙은 작업복을 입은 엄마의 모습이 세상에서 가장 아름다운 모습이었다.('따뜻한 하루'에서 발췌)

오랜 동안 가난에 시달려 찌든 얼굴, 초라한 행색, 일하다가 밀가루 반죽이 뒤범벅이 된 모습, 그런 엄마의 모습이 왜 세상에서 가장 아름다운 모습이었을까? 그것은 엄마의 사랑에 감사하는 마음이 있었기 때문이었다. 엄마의 헌신적이고 거룩한 사랑을 불편하게 생각하거나 수치스럽게 받아들인 사람의 눈으로 볼 수 없는 아름다움이었다. 감사하는 마음의 눈으로만 볼 수 있는 천사의 아름다움이었다. 그래서 남의 눈에는 초라한 엄마가 딸의 눈에는 세상에서 가장 아름다웠던 것이다.

엄마를 그렇게 바라본 딸은 어떻게 살았을까? 엄마를 위해서라도 열심히 그림을 그리며 열심히 공부하고, 착하게 살지 않았을까? 그런 딸이 잘못될 수 있을까? 그런 딸이 곁길로 갈까? 답은 너무나 명확하다.

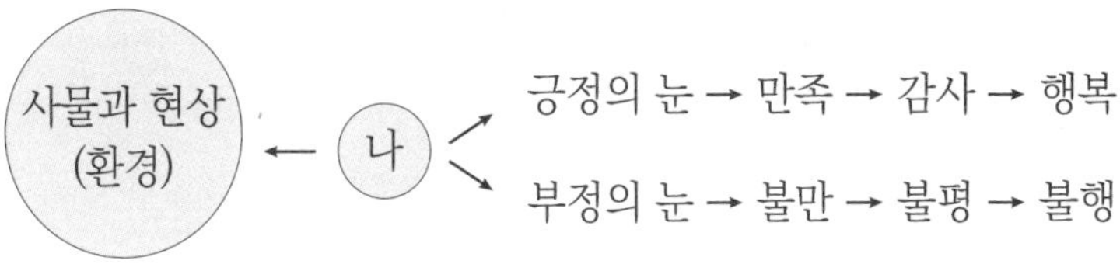

* 행복이란 내가 갖지 못한 것을 바라는 것이 아니라 내가 가진 것을 즐기는 것이다.
-린 피터스 -

* 감사는 고결한 영혼의 얼굴이다.
- T.제프슨 -

14. 성결/ 깨끗한 그릇, 빈 그릇만 쓰인다.

물에 젖을까 봐
물 위에서 사네

마음을 비우니 허우적거리지 않고
욕심을 비우니 옷깃도 젖지 않네

사는 날 동안
소금을 지고서

마음도 물에 띄워놓고
사랑도 물에 띄워놓고

물결도 잠이 든
물 위에서 사네
- 필자의 시 〈소금쟁이〉 전문

지금은 농약을 사용하는 통에 소금쟁이도 거의 사라졌지만,

내가 어렸을 때 모내기 철이 되면 가둬 놓은 논물에 떠 있는 소금쟁이를 보며 신기하게 생각한 적이 있었다. 소금쟁이는 물 위에 떠 있었지만, 물에 가라앉지도 않았고, 소금쟁이가 움직여도 물결이 일어나지 않았다. 마치 몸무게가 전혀 없는 것처럼, 유리 위에 있는 것처럼 물 위에 그냥 떠 있었다. 나는 물 위에 뜬 소금쟁이를 보며 욕심을 버리고 마음을 비우면 혼탁한 세상에 물들지 않고 고고하게 살아갈 수 있다는 것을 깨달았다.

오늘날 우리나라엔 인재(?)가 참으로 드물다. 장관이나 고위 공직자를 임명하기 위하여 대통령이 지명한 사람들에 대해서는 인사청문회를 하는데, 한결같이 흠결이 많아서 안 된다는 것이다. 실제로 유능하고 저명한 많은 사람이 낙마했다. 그러다 보니 흠결이 없는 사람을 구할 수 없어서 대통령이 고위 공직자를 임명하는데 여간 어려움을 겪는 것이 아니다.

나는 집권당을 비난하고 싶은 생각은 없다. 기준이 너무 엄격한 것도 문제요, 청문회가 능력 위주가 아니라, 도덕적 흠결을 찾아 침소봉대하는 방향으로 흐르는 것도 문제다. 정책 개발이나 주민의 삶의 질을 개선할 방법은 찾지 않고, 마치 카파라치처럼 상대방의 흠결을 꼬집어서 나팔을 불어대는 일을 본업으로 하는 국회의원도 있다.

여태까지 각 분야에서 능력을 발휘해 온 사람들이 청문회에만 나가면 만신창이 걸레가 되어버리는 것은 분명히 정상이 아니다. 요즘엔 그 좋은 자리를 마다하는 사람이 많은 까닭도 청문회에만 나가면 지금까지 지켜온 명예와 위신이 여지없이 짓밟혀버리기 때문이다. 우리는 여기서 어떻게 살아가야 할 것인가에 대한 답을 얻어야 한다. 만약 그가 평소에 편법만 사용하지 않았더라면, 표절만 하지 않았더라면, 말 한마디 조심했더라면, 오늘의 장관 자리가 날아가고 도지사 자리가 날아가지 않았을 것이다. 국민의 눈높이와 측정의 잣대가 갈수록 엄격해지는 것은 옳은 방향이다. 우리의 사회가 그만큼 투명해지고 민주적 수준이 높아지는 것을 의미하기 때문이다.

이제 우리는 적당히(?) 요령을 부리면서 살아서는 안 된다. 왕의 밥그릇이라도 깨지면 개밥그릇이 된다. 값비싼 금 그릇이라도 깨끗하지 않으면 밥을 담지 않는다. 그러나 항상 자신을 깨끗이 관리하면 언젠가 기회가 왔을 때, 아무 흠결 없이 영광스럽게 쓰일 것이다. 천하의 보물이라도 썩으면 소용없다. 하물며 사람은 더 말해서 무엇하겠는가?

줄기세포가 세상을 떠들썩하게 한 적이 있었다. 국민들의 자존심이 치솟고, 우리나라가 선진국의 위상을 확인한 것처럼 생각되었으며, 의학의 발달로 불치병 환자들에게 희망의 서광이 비치는 것처럼 보였다. 분명히 발군의 연구가 이루어졌음에도 불구하고, 그는 조급함이 앞서 연구 결과에 거짓을 끼워 넣었다. 그 하나 때문에 모든 것은 허사가 되어버렸다. 우리는 세상일이란 수학으로 계산할 수 없다는 것을 알았다. 100-1=99가 아니라, 100-1=0이 되어버린다는 것을 알았다. 그 하나가 정직하지 못한 것이거나, 성결하지 못할 때 나타나는 현상이다. 그 하나가 한 사람의 피땀 어린 성취를 아무 쓸모없게 만들어버리거나 수치스럽게 만들어버린다.

이름 높은 작가의 명작들이 성결치 못한 행동 때문에 교과서에서 지워졌다. 그 작은 실수들이 알려지기 전까지 그들은 영웅이었고, 우상이었다. 그러나 한순간의 실수 때문에 모든 것이 허물어져 버렸다. 두려운 일이다. 참으로 조심해야 할 일이다. 그것이 인간의 역사요, 정의다. 진실은 언제나 살아있다.

조선시대의 시인인 정수동은 두뇌가 명석하여 뜻이 깊고 어려운 문장도 한번 훑어보면 그 문장을 꿰뚫어 보았다. 그가 서당에 다닐 때, 하루는 날씨가 더웠던지 끄덕끄덕 졸았다. 그것을 본 훈장이 회초리로 때렸다. 며칠 후, 정수동은 훈장이 졸고 있는 모습을 보고 훈장에게 물었다.

"훈장님! 훈장님은 왜 주무십니까?"

"나는 잔 것이 아니라, 공자님께 여쭈어볼 것이 있어서 잠시 다녀온 것이다."

영특한 정수동은 그 거짓말을 듣고 훈장을 골려줄 생각을 했다. 다음날 정수동은 훈장이 보는 앞에서 또 끄덕끄덕 조는 척했다. 또다시 잠자는 모습을 본 훈장은 큰소리로 꾸중을 했다.

"이놈! 또 자는구나."

"아닙니다. 저도 여쭈어볼 것이 있어서 공자님을 뵈러 갔다 왔습니다."

"어린 놈이 공자님께 뭘 여쭤보았단 말이냐?"

"공자님께 며칠 전 훈장님이 다녀가셨냐고 여쭈어봤더니, 오신 적이 없다고 하셨습니다."

어린 제자에게 당한 훈장님의 얼굴이 어땠을까를 생각하면 내가 난감해진다. 교사는 학생 앞에서 권위와 자존심으로 사는 것인데 일시에 그것이 무너져버렸으니, 쥐구멍에라도 숨고 싶었을 것이다.

탈무드에 나오는 이야기다. 어떤 사람이 어느 날 상점에서 외투 한 벌을 샀다. 집에 돌아와서 다시 한번 입어보며 주머니에 손을 넣었는데, 놀랍게도 거기에 아주 귀한 보석이 들어 있었다. 순간 그 사람의 마음속에 두 가지의 생각이 싸우기 시작했다.

'보석이 누구의 것인지는 몰라도 내가 산 옷 주머니에 들어 있었잖아. 그러니 내가 가져도 될 거야.'

'그래도 이건 내 것이 아닌데, 돌려주는 게 맞지.'

두 생각으로 괴로워하던 그 사람은 지혜로운 현명한 분을 찾아가서 사실 이야기를 하자 현자가 말했다.

"당신이 산 것은 외투이지 보석이 아니지 않습니까? 그러니 당연히 돌려주는 게 맞습니다.

다만 상점에 가서 보석을 돌려줄 때는 꼭 자녀를 데리고 가십시오. 그리하면 어떤 보석보다 몇 배 귀중한 것을 당신의 자녀에게 주게 될 것입니다."

앞서 내가 기회를 놓치지 않고 아들에게 서울대의 꿈을 심어주었듯이 이 현자는 보석을 돌려줘야 할 순간을 놓치지 않고, 자녀교육의 기회로 사용하라고 권하고 있다. 그렇다. 현명한 부모는 자녀와는 아무런 상관이 없는 일이라도 자녀교육의 기회로 삼는다. 그러려면 부모는 일상의 생활 속에서 언제든지 '자녀를 어떻게 가르칠 것인가?'라는 생각을 염두에 두고 살아야 한다.

조선 말 당대를 주름잡던 민씨 집안에 처음으로 비누가 들어왔다. 민씨 집안의 초청을 받고 온 많은 대감들은 처음 보는 이 신기한 물건에 온 관심을 집중하였다. 손을 씻어보고, 세수하며 감탄을 연발하고 온갖 아첨을 떨었다.

그때, 그 자리에 있던 이상재 선생이 갑자기 비누를 씹어 먹기 시작했다. 대감들은 비누를 먹는 사람이 어디 있냐며 수군댔다. 그러자 그 사람은 매우 진중한 얼굴로 대답했다.

"당신들은 얼굴에 있는 때를 씻어내려고 하는 것이지만, 나는 배 속에 있는 때를 씻어내려고 비누를 먹고 있소이다. 무엇이 잘못됐소?"

해학에 뛰어난 기인이었던 이상재다운 말이다. 그러나 생각해보면 참으로 우리에게 주는 깨우침이 크다. 우리 사회의 외식적이고 위선적인 태도를 통렬하게 지적한 말이다. 우리가 성결하게 살려면 밖으로 나타난 행위뿐만 아니라, 내면적으로도 성결 해야 된다는 교훈을 주고 있다. 내면의 성결에 이르러서야 우리는 진정한 자유함을 얻을 것이다.

* 자녀를 정직하게 기르는 것이 교육의 시작이다.
  – 존 러스킨 –

* 의인은 향나무처럼 자기를 찍는 도끼에도 향기를 묻힌다.
  - 조르주 루오 -

15. 성실, 겸손/ 인생은 함께 걸어가는 긴 여행이다

1) 성실과 노력

우리 시대의 석학인 김형석 교수와 이어령 박사는 다같이 끊임없이 배우고 일하는 분들이다. 김형석 교수는 인격의 핵심은 성실이라고 말했다. 이어령 박사는 샘을 파는 것은 단지 물을 얻기 위한 것이 아니라. 미지에 대한 목마름, 도전이라고 했다. 그러면서 젊은이에게 '덮어놓고 살지 말라'고 말했다. 두 사람은 천재성을 가진 분들임에 틀림이 없다. 이어령의 번뜩이는 발상과 아무도 착안하지 못하는 핵심을 찔러내는 혜안은 천재성이 없어서는 안 될 일이다. 그러나 나는 두 사람의 천재성보다는 죽을 때까지 크는 나무처럼 끝없이 꿈을 실현하기 위한 끈기, 근면, 성실이 위대한 지성과 품격을 지닌 거인을 만들었다고 생각한다.

바둑으로 세계를 정복했던 돌부처 이창호는

"노력을 이기는 재능은 없고 노력을 외면하는 결과도 없다. 재능을 가진 상대를 넘어서는 방법은 노력뿐이다. 더 많이 집중하고 더 많이 생각하는 수밖에 없다."라고 말했다.

노벨 문학상을 수상한 윈스턴 처칠도 "끊임없이 노력하라.

체력이나 지능이 아니라, 노력이야말로 잠재력의 자물쇠를 푸는 열쇠다."라고 말했다. 노력할 때만이 자신이 가진 잠재력과 재능을 끌어내어 성공할 수 있다는 말이다. 그렇다. 아무리 뛰어난 천재성을 가지고 있어도 게으르다면 이창호처럼 될 수 없다. 노력은 아무리 강조해도 지나치지 않다. 그 노력과 동행하는 것은 성실과 의지다.

사람은 성실해야 한다. 나는 학창시절 별로 노력하지 않았지만, 성적이 좋은 편이었다. 그래서 공부도 대충 했다. 어떤 친구들은 쉬는 시간도 없이 영어단어를 외우고 수학문제를 풀었다. 그런 모습을 보면서 나는 속으로 비웃었다. 그렇게 열심히 하는 척을 해도 시험을 보면 그 친구의 성적이 나보다 뒤져 있었기 때문이다. 나는 은근히 내가 머리가 좋다는 우월감을 가지고 있었다. 이런 마음가짐이 중고등학교 시절을 지내는 동안 나의 성적은 결코 나아지지 않았다. 그런데 내가 멸시하던 친구, 쉬는 시간도 없이 단어를 외우고 수학문제를 풀던 학생은 어느새 성적이 향상되어 있었다. 결국 내가 진 것이다. 나는 그때서야 깨달았다. '세상에서 가장 미련한 인간은 지능지수가 낮은 사람이 아니라, 자기 머리를 믿고 게으름을 피우는 자이다.'라고

이쯤 해서 톨스토이의 세 가지 질문이 생각난다. 가장 중요한 때는 언제인가? 가장 중요한 사람은 누구인가? 가장 중요한 일은 무엇인가? 하도 유명한 말이라서 여러분은 이미 답을 알 것이다. 가장 중요한 때는 지금이고, 가장 중요한 사람

은 지금 나와 함께 있는 사람이고, 가장 중요한 일은 지금 내가 하고 있는 일이라고. 지금 내가 하고 있는 일을 가장 중요하게 생각한다면 그 사람은 언제나 최선을 다하는 성실한 사람이다. 언제나 최선을 다한다면 이루지 못할 것이 없을 것이다. 나날이 성장하고 발전할 것이다. 이솝우화의 토끼처럼 요령을 피우거나 임기응변으로 얼버무리지 않을 것이다. 바로 그것이다. 내 자녀는 그런 사람으로 키워야 한다. 그렇다고 여유와 낭만까지 버려야 한다는 뜻은 아니다. 바쁨 중에서도 여유와 낭만을 누린다면 그 사람은 지금이라는 시간을 지혜롭게 최선을 다해 보내고 있는 사람이다.

공터에는 잡초가 나기 마련이다. 아무리 부지런한 사람도 그 잡초를 말끔히 뽑아내기는 어렵다. 내일이면 다시 돋아나니까. 그 땅에 잡초가 없게 하려면 잡초를 뽑아내기보다는 차라리 그 땅을 갈아엎고 곡식을 심고 가꾸는 것이 낫다. 곡식이 무성하면 잡초가 자랄 수 없기 때문이다. 이처럼 성실함이란 잡초가 자라도록 빈 땅을 남겨두지 않는 것이다. 시간의 빈 땅, 기회의 빈 땅, 관계의 빈 땅, 양심의 빈 땅을 남겨두지 않고 부지런히 갈고 심어서 정성껏 가꾸는 것이다. 시간을 가꾸고, 기회를 가꾸고, 관계를 가꾸고, 양심을 가꾸면서 최선을 다해 살아가는 것이다.

2) IQ, EQ, AQ

IQ(intelligence quotient)는 지능지수를 나타내는 지표

로 오래전부터 활용되고 있다. IQ로 나타난 수치가 높을수록 삶의 문제를 헤쳐 나갈 능력이 뛰어난 것으로 판단했다. 하지만 인간의 능력을 IQ만으로 측정하는 데는 무리가 있었다. 그래서 찾아낸 지표가 EQ(emotional intelligence quotient)라는 감성지수다. EQ는 자기의 느낌을 솔직하게 인정하고 낙관적인 생각을 유지할 수 있는 능력, 남을 배려하고 공감할 수 있는 능력, 집단 속에서 조화와 협조를 중시하는 능력이다.

인간은 자연의 품속에서 자연과 더불어 살아간다. 자연의 아름다움과 그 변화를 감동적으로 바라보며 감사하고 즐기며 살아간다. 또한 자연은 인간에게 먹고, 입고, 살 수 있게 해준다. 이런 자연이기에 인간은 자연의 아름다움과 고마움을 노래하며 살아간다. 동시에 인간은 인간과 더불어 산다. 가정을 이루고, 마을을 이루고, 사회를 이루며, 그 안에 필요한 조직과 단체를 만들어 그 속에서 살아간다. 관계는 집과 같다. 관계의 집을 지어 대나무 뿌리처럼 서로 얽히고설킨 사랑을 하며 살아가는 것이다. 인간은 더불어 살아가기에 관계는 중요하다. 우리의 외로움이나 슬픔도 대부분 관계에서 비롯된다. 인간의 성공과 실패, 행복과 불행, 모두 관계에서 비롯된다. 관계가 본질이다. 그러므로 좋은 관계를 이루기 위한 덕목들을 갖추어야 한다. 친절, 예절, 신의, 배려, 책임, 존중, 자비, 섬김 모두 관계를 위한 덕목들이다. 이러한 관계에서 가장 중요한 핵심은 나의 이익, 나의 주장, 나의 자존심, 나의 입장 등 나를 중심으로 한 생각에서 벗어나 상대방의 이익, 상대방의 주장, 상대방의 자존심, 상대방의 입장을 함께 고려하는 것이다. 이것이 기본이다. 그래서 예수님은 남에게 대접받고자 하는 대로 너희도 남을 대접하라고 했다.

그런데 IQ와 EQ라는 지표를 가지고 측정할 수 없는 측면이 있다는 것을 알게 되었다. 공을 땅바닥에 내려치면 훌쩍 튀어 오른다. 이와 같이 공처럼 역경에 부딪히면 그것을 이겨내고 회복하는 힘을 '역경지수 AQ(Adversity Quotient)' 라고 한다. 아무리 지능지수(IQ)나 감성지수(EQ)가 높다고 해도 역경을 이겨내지 못하면 성장할 수 없다는 점에서 AQ는 중요하게 생각되고 있다. 그런데 AQ는 실패를 거듭할수록 높아진다. 실패를 많이 겪어 본 사람은 역경을 이겨내는 능력이 성장하여 그만큼 성공할 가능성도 커진다.

급변하고 불확실한 세상 속에서 우리에게 가장 필요한 것은 다시 일어서는 힘, 역경지수가 아닐까 싶다. 역경지수가 높은 사람일수록 어떤 상황에도 도전하려는 의지가 강하고 위험을 긍정적으로 감수한다. 성공이라는 산을 오르는 사람들에게 총명함과 따스함도 꼭 필요하지만, 역시 가장 중요한 것은 역경을 극복하는 의지다. 앤디 그로브의 말대로 역경은 우리에게 생각할 수 없는 것을 생각하게 할 용기를 준다.

한국전쟁에 참전하여 눈부신 성과를 보인 에티오피아 참전용사인 아베베 비킬라는 군인 마라톤 대회에서 두각을 나타내 마라톤을 시작했다. 그는 1960년 로마 올림픽에 대표선수로 선발되지 못했다. 그런데 대표선수 중 하나가 축구를 하다 발목을 다쳐 마라톤을 할 수 없게 되자, 그가 대신 올림픽에 출전하게 되었다. 그는 준비된 신발도 없었다. 그래서 맨발로 뛰었다. 그가 맨발로 42.195km를 달려 결승선인 콘스탄티누스

개선문을 통과하자 관중들이 모두 놀랐다. '2시간 15분 16초 2' 세계 신기록을 세우며 우승하여 '맨발의 아베베'라 불리었다. 그리고 아베베는 1964년 도쿄올림픽에서 2시간 12분 11초로 세계 신기록을 갱신하며 다시 한번 우승을 차지했다. 더구나 올림픽 5주 전, 맹장수술을 받은 몸으로 이룬 결과였다. 아무도 아베베의 우승을 예상하지 못해 에티오피아 국기와 국가도 준비해두지 않아서 시상식장에 국기도 내걸 수 없었다. 국가도 엉뚱한 나라의 기미가요가 울려 퍼졌다.

그러나 모든 것을 불굴의 정신으로 이겨낸 아베베에게도 감당할 수 없는 시련이 찾아왔다. 1969년 교통사고로 하반신 마비되었다. 하지만 그는 절망하지 않았다. 1970년 노르웨이 25Km 휠체어 눈썰매 크로스컨트리 대회에서 금메달을 땄고, 10Km 레이스에선 특별상도 받았다. 장애인올림픽에서는 양궁과 탁구선수로 참가하기도 했다. 그는 끝까지 불굴의 정신을 가진 맨발의 아베베였다. 그는 말했다.

"남과 경쟁하여 이기는 것보다 자신의 고통을 이겨내야 한다. 고통과 괴로움에 지지 않고 끝까지 달렸을 때, 그것은 승리로 연결되었다."

마라톤이 얼마나 힘든 경기인지는 다 알 것이다. 그러나 마라톤을 해본 사람이 아니면 '안다'는 말은 말이 안 된다. 마라톤을 완주하며 느끼는 고통을 경험하지 않고서는 그 고통의 정도를 알 수 없기 때문이다. 아베베가 맨발로 그 먼 길을 달려서 우승하기까지의 고통과 인내심을 우리는 짐작할 수도 없다는 말이다. 더욱이 불구자가 된 뒤에도 불굴의 정신으로 여러 장애인대회에서 우승했다는 것은 어떤 말로 칭찬해도 부족하다. 마라톤의 고통을 참아낸다면 못 이룰 것이 무엇이 있겠는가? 불구가 된 뒤에도 다시 새로운 도전을 통해서 우승할 수 있다면 그는 인생에서 승리한 사람이다.

그러나 인생은 마라톤이되 걸어가는 마라톤이다. 마라톤은 주변을 바라보지 않고 앞만 보고 달려야 한다. 주변이 아무리 아름다워도 그 아름다움을 느낄 시간도, 여유도 없다. 아무리 피곤해도 쓰러지기 전에는 쉬어 갈 수 없다. 경쟁자와 이야기를 나누며 손잡고 갈 수도 없다. 마라톤에는 여유라는 것이 없다.

그러나 삶에는 여유가 필요하다. 여유 있는 삶이라야 행복도 있고, 가치도 증폭된다. 꽃이 피면 그 꽃의 향기도 맡아보고, 곁에 있는 사람과 사랑의 대화도 나누어야 한다. 아름답거나 멋진 사람이 나타나면 사랑도 하고, 연애도 해야 한다. 산과 들의 나무와 풀이 열매를 맺어놓으면 따먹으며 즐거워해야 한다. 마라톤은 목적지를 향해 빨리 달리는 것이 목적이지만, 인생은 사는 날 동안 행복을 누리는 것이 목적이다. 마라톤은 상대적으로 1등을 해야 하는 시간의 문제다. 시간에 쫓기는 것이다. 아무리 멀어도 마라톤에는 끝이 있다. 그러나 인생은 과정이 중요하기에 그 과정 안에서 행복을 누리는 것이 중요하다. 마라톤은 혼자서만 우승을 할 수 있지만, 인생은 함께 행복할 수 있다. 아니 함께 행복해야 더 행복해질 수 있다.

우리는 우리의 자녀들이 행운을 좇도록 해서는 안 된다. 긴 인생에 행운만 겹칠 수는 없다. 고난과 시련이 나타날 것이다.

그러므로 우리는 내 자녀에게 중간에 포기하지 않고 달려갈 수 있는 근력을 길어주어야 한다. 젊어서 고생은 사서도 한다는 말은 오늘날에도 유효한 속담이다. 부모의 힘을 빌리지 않고 스스로의 의지와 힘으로 인생의 끝까지 완주할 수 있는 인내심과 성실한 자세를 갖도록 가르치고 훈련시켜야 한다. 마음 아파하거나 안쓰러워도 독한 마음을 먹어야 한다. 할 수만 있다면 육체적으로 힘든 아르바이트라도 시키는 것이 좋고, 불우한 이웃을 돕는 봉사활동을 시키는 것이 좋다.

3) 겸손

농부는 지혜롭다. 인생사를 농사에서 배운다면 실패하는 사람이 적을 것이다. 농부는 메마른 흙이 단단히 굳어 있는 밭에는 물을 주어도 물은 낮은 곳으로 흘러가 버린다는 것을 안다. 그래서 농부는 밭을 갈고 흙덩이를 부수어서 부드러운 흙으로 만든 뒤에 물을 댄다. 논농사도 마찬가지다. 논을 쟁기로 갈아엎고 써레질로 흙덩이를 부순 후에 모내기하는 것이다.

교만은 메마른 흙덩이와 같다. 몽테뉴는 "인간은 모든 피조물 중에서 가장 교만하다."라고 말했다. 솔로몬은 '교만은 패망의 선봉'이라고 했다. 교만한 사람에는 두 종류가 있다. 하나는 유식에서 오는 교만이다. 똑똑한 자는 교만하기 쉽다. 또 자기의 지식과 능력, 또는 도덕적 우위 때문에 교만해진다. 나는 너보다 낫다는 것이다. 이 사람은(사실은 자신에 대해서도 잘 모르는 사람이지만) 대체로 자신은 알면서 상대방을 모르는 사람이다. 또 하나는 무식에서 오는 교만이다. 눈에 보이는 것만 보고 자기가 가진 것이 상대방 것보다 많거나, 크거나, 강하다고 생각하는 데서 나오는 태도이다. 이 사람은 자신도 모르고 상대방도 모르는 사람이다.

누구나 교만한 사람을 싫어한다. 다만 그 앞에서 표현하지 않을 뿐이다. 당분간 그 교만은 위세를 부릴 수 있더라도, 준 것 없이 미운 사람이 되어 사람들로부터 멀어져 간다. 교만한 자에게는 사람이 생기지 않는다. 인간 세상에서 점차 홀로 된다면 멸망할 수밖에 없다. 내 자식을 교만하게 키워서는 안 된다.

반대로 겸손한 자는 당장에는 나약하게 보일지 모르나 갈수록 돋보이는 사람이 된다. 귀가 순하면 좋은 충고를 놓치지 않고 들을 수 있으며, 마음을 낮추면 지혜를 배울 수가 있다. 그 사람을 대해본 사람은 모두 좋아하게 되고, 그 곁으로 사람들이 모이게 된다. 우리는 역사나 우리 주변에서 수많은 사례를 보아왔다. 맹자는 '이 세상에서 가장 강한 사람은 도와주는 사람이 많은 사람이다.'라고 말했다. 인자무적(仁者無敵)이요, 덕불고(德不孤)다.

4) 약속과 신의

도산 안창호는 청소년 교육에 특별한 관심이 많았다. 흥사단을 창설하고 미래의 건강한 청년을 길러내려고 노력했다. 그런 그이기에 청소년을 사랑했다. 중국에서 독립운동을 할 때였다. 어떤 아이에게 소년단 행사비를 도와주기로 약속했다. 그런데 그때 윤봉길 의사가 홍구공원에서 일본 대장에게

폭탄을 던진 날이어서 일본 경찰들의 감시가 삼엄한 매우 위험한 상황이었다. 그런데도 안창호는 아이와의 약속을 지키기 위해 나섰다가 체포되어 3년 반의 감옥살이를 하였다. 그는 그만큼 약속을 중요하게 생각했다.

인간관계에서 신의가 무너지면 모든 것이 무너진다. 그래서 옛 성인은 말했다. 국가를 위해 가장 중요한 것은 강한 군대보다도, 배불리 먹이는 것보다도, 신의라고.

나는 약속을 자주 하지는 않지만, 한번 한 약속을 철저히 지키려고 노력한다. 기억력이 특별이 좋지 않은 나는 약속을 잊지 않기 위해 항상 메모해 둔다. 약속 시간에 절대 늦지 않으려고 항상 여유를 두고 출발한다. 내가 가서 기다려야 한다. 그것이 시간 낭비일 수도 있지만, 나는 상대방을 기다리게 할 수는 없다. 앤드루 카네기는 약속은 아무리 보잘것없는 약속이라도 한 번 약속했으면 상대방이 감탄할 정도로 정확하게 지켜야 한다고 말했다. 상대방이 감탄할 정도로 말이다. 그것이 세상을 살아나가는 지혜다. 손해가 나더라도 약속을 지키는 모습은 한없이 아름답지 않는가?

5) 함께 가는 성지순례

기독교인이든, 이슬람교도이든, 불교인이든 신앙인이라면 누구라도 한 번쯤 성지순례를 다녀오고 싶을 것이다. 성지순례 때문에 십자군 전쟁이라는 국제전쟁이 일어난 일이 있지만, 지금도 매년 사우디아라비아의 메카나 로마, 예루살렘, 터키는 성지순례로 북적인다. 굳이 그곳까지는 못 가더라도 국내의 기독교 성지나 유서 깊은 불교 사찰을 찾는 것도 성지순례다. 우리는 그 길을 걸으면서 동행자와 손을 잡거나, 아니면 자신의 두 손을 모으면서 자신의 내면과 생활을 성찰한다. 그 성찰은 단순히 어떤 일을 놓고 생각하거나 반성하는 정도가 아니라, 삶과 죽음의 근본적인 문제를 놓고 기도하는 마음으로 되돌아보고, 다시 눈을 들어 미래를 내다보는 것이다. 그러기에 나는 한 번쯤 사랑하는 사람의 손을 잡고 먼 순례길을 떠나고 싶다.

그러나 생각하면 꼭 성지라고 특정된 곳을 가는 것만이 성지순례는 아닐 것이다. 일상 속에 있더라도 거룩한 마음으로 자신과 이웃과 인생을 돌아보면, 그것도 성지순례라 할 수 있을 것이다.

* 자기의 길을 걷는 사람은 누구나 다 영웅이다. 자기가 할 수 있는 일을 진실하게 수행하며 사는 사람은 누구나 다 영웅이다.
- 헤르만 헤세 -

16. 가장 값진 보배 3남 2녀

딸이 있는 집에는 날마다
웃음꽃이 핀다
딸이 있는 집에는 날마다
눈물꽃도 핀다

딸의 가슴속에선 아름다운 꽃이 피어나고
딸의 입술에선 향기가 풍겨난다
딸이 곁에 있으면 피곤이 스며들지 못하고
딸이 곁에 있으면 샘물처럼 즐거움이 솟는다

딸의 머릿결을 보라
딸의 얼굴을 보라
그리고 그 눈동자를 보라
누가 저렇게 예쁜 그림을 그릴 수 있으랴

딸은 어머니의 목에 걸린 진주목걸이요
딸은 아버지의 옷깃에 빛나는 훈장이다

딸을 키우는 아버지는 먼 길도 지치지 않고
딸이 있는 어머니의 황혼길은 찬란하다
자비로운 신은 날마다
딸이 있는 집 창가에
열두 가지 은총을 내리고
대문에 일곱 빛 무지개를 걸어준다
- 필자의 시 〈딸이 있는 집〉 전문

1) 나의 가장 귀한 보배

로마의 정치가 티베리우스 그라쿠스의 아내 코르넬리아는 지혜로운 여인이었다. 어느 날 코르넬리아의 집에서 정치가의 부인들이 모였을 때, 한 부인이 자기의 손을 내보이며 손가락에 끼고 있던 보석이 박힌 반지를 자랑하기 시작했다. 다른 부인들은 관심있게 그 보석을 들여다 보았다. 그리고 각각 자기의 반지, 목걸이, 귀걸이, 팔찌 등을 내보이며 자랑하기에 열을 올렸다.

그런데 코르넬리아는 조용히 구경만 하고 있었다. 그러자 다른 부인들이 코르넬리아에게 제일 값진 보석을 보여달라고 졸랐다. 처음엔 사양하던 코르넬리아는 그들의 성화에 못 이겨 자리에서 일어나 말없이 방으로 들어갔다. 모두 코르넬리아가 가지고 나올 보석에 대해 잔뜩 기대하고 있었다. 잠시 후 코르넬리아가 두 아들을 데리고 방에서 나왔다. 그리고 부인들을 둘러보며 말했다.

“이 아이들이 나의 가장 귀한 보석입니다.”

그렇다. 우리의 가장 귀한 보석은 우리의 자녀이다. 우리의 믿음도, 사랑도, 소망도, 행복도 모두 자녀에게 있다. 이 자녀로 인해 우리는 힘을 얻어 내일을 바라보며 오늘의 시련과 고통을 이겨나가고 있다. 이 자녀로 인해 즐겁고 행복하다. 우리의 아들 딸이 없는 가정을 상상해보라 얼마나 삭막한 곳이 되겠는가?

나도 그렇다. 나는 산촌의 작은 마을에서 농부의 아들로 태어났다. 나의 집안은 논밭에 기대어 사는 사람들 뿐이었고, 나는 부모님을 일찍 여의었다. 입학시험에 두 번이나 실패했으며, 일하면서 어렵게 야간대학을 다녔다. 결혼식마저 졸병 때 머리를 박박 깎은 채 군대 막사에서 올렸다. 신혼여행도 가지 못하고 여관에서 하룻밤을 지내고 돌아왔다. 교육자가 되었지만, 평교사로 근무하다가 은퇴하였다. 가난을 벗어나지 못하고 평생을 근근이 살았다. 나에겐 훌륭한 가문도, 재산도, 명예도, 권력도, 아무것도 없었다. 그러나 내겐 착하고 따뜻한 아내가 있었고, 그 아내가 낳아준 다섯 아들딸이 있었다. 나는 아내와 함께 힘겨운 삶 속에서도 이 아들딸들을 사랑하며, 내일을 바라보며 살았다. 나에게 기쁨과 희망과 행복을 가져다 준 것은 다름 아닌 내 아내와 아들딸들이었다. 가진 것 없는 내게는 아들딸들이야말로 가장 귀한 보석이었다.

나는 행복은 자녀의 수에 비례한다고 생각한다. 오늘날 한 자녀만 낳거나 아예 자녀를 낳지 않으려는 풍조가 있지만, 내가 살아본 삶은 자녀로 인한 행복이 가장 컸다. 여러 자녀를 키우는 것은 힘들고 어려운 것은 사실이지만, 그보다 훨씬 더 큰 행복이 함께 왔던 것도 사실이다. 아이들 스스로도 형제 자매와의 관계 속에서 소중한 가치를 배우고 경험하며 원만한 인격을 형성한다. 살다 보면 예기치 못한 어려움과 좌절을 겪게 된다. 그때마다 형제자매들은 서로를 부축하며 함께 해쳐 나갈 것이다. 인간의 행복은 결코 주판알을 굴리는 계산으로 결산할 수 있는 것은 아니었다.

2) 큰아들 이삭

나의 증조와 할아버지는 독자였고, 아버지는 3남 3녀의 장남이었다. 나의 두 작은 아버지는 4남 4녀와 2남 2녀의 자녀들을 두었지만, 아버지는 1남 1녀밖에 두지 못하셨다. 할머니는 유난히 나를 금이야 옥이야 애지중지하셨다. 어머니는 한국전쟁에서 반란군에게 학살당하셨고, 아버지는 나를 기르기 위해서 21살 새어머니와 재혼하셨다. 아버지는 일제 말기에 일본으로 징용을 가셔서 탄광, 조선소 등에서 일하시다가 약간의 돈을 모아 해방 직전에 귀국하셨다. 서른 마지기의 논을 사서 시집간 누나에게 세 마지기, 집안일을 맡아 고생한 동생에게 일곱 마지기를 나누어 주고, 스무 마지기의 논에 농사를 지었다. 부자는 아니었지만, 가난한 우리 마을에서는 잘 사는 편이었다고 할 수 있었다. 일본에서 고생을 많이 하신 탓에 질병으로 시달리셨는데, 특히 오랜 동안 중풍을 앓으셔서 새어머니가 고생이 많았다. 새어머니는 끝내 자녀를 두지 못하셨다. 내가 대학 2학년을 마치고 군대에 입대하였을 때, 아버지는 매우 위중하셨다. 결국 아버지의 성화에 못 이겨 군 복무 중에 1973년 결혼을 하였다. 아내는 임신하였으나, 아버지는 끝내 손자의 얼굴을 보시지 못하신 채 환갑을 겨우 넘기시고 눈을 감으셨다.

아내가 임신하자, 나는 태어날 아기의 이름을 지어야겠다는 생각이 들었다. 밤이면 아내의 배를 쓰다듬으며 이름짓기에 골몰했다.

내가 제대를 하였을 때 경제적으로 몹시 어려워졌다. 나는 조선대학교 법학과를 다니고 있었는데, 그 학교는 다행히 야간대학을 운영하고 있었다. 나는 야간으로 옮겨 낮에는 와이셔츠나 잠바, 바지 등을 만드는 일을 했다.

당시는 아침 일찍부터 가게 문을 열고 한밤중이 되어야 가게 문을 닫았기 때문에 새벽부터 밤늦게까지 일을 해야 했다. 공장에서 일하다가 강의 시간이 되면 자전거를 타고 대학으로 달려갔다. 강의실에 들어가면 교수님의 교탁 밑의 바로 앞자리에 자리를 잡았다. 졸지 않기 위해서였다. 그러나 그것은 마음뿐 강의를 시작하자마자 졸음이 쏟아졌다. 나는 고개를 떨구지 않으려고 손으로 턱을 받치고 강의를 들었다. 그러나 그것도 잠시뿐, 곧 눈이 감기곤 했다. 나는 그때 세상에서 가장 무거운 것이 눈꺼풀이라는 것을 알게 되었다. 교수님도 교탁 바로 앞에서 턱을 괴고 조는 나의 모습을 보면서 어처구니가 없었을 것이다. 그러나 내 사정을 알기에 꾸짖지는 않으셨다. 수업을 마치고 집에 돌아오면 자정이 가까워졌고, 나는 공장을 정리하고 저녁 밥상을 대하면 자정이 넘기가 일쑤였다. 나는 너무 힘들었다. 문득문득 '이렇게까지 힘들게 살아야 하나?' 하는 생각이 들었다. 나는 그때마다 아랫목에서 새근새근

잠들어 있는 아들을 보았다. 아들을 보는 순간 모든 피곤이 사라지는 것 같은 느낌이 들었다. 그리고 새로운 다짐으로 가슴이 벅차 올랐다.

'이삭아! 네가 있는데 내가 나약한 생각을 했구나. 오냐, 아빠는 이보다 열 배 백 배의 고생을 하더라도 너를 위해서 열심히 살겠다.'

내 아들 이삭은 그렇게 해서 내가 가장 힘겨웠을 때 나를 넘어지지 않게 세워주는 버팀목이 되어주었다. 내가 가장 연약해졌을 때, 새 희망과 용기를 심어준 사람은 바로 내 아들 이삭이었다.

내 아들 이삭은 무척 온순했다. 한번은 이삭을 안고 밥상을 대하게 되었는데, 뜨거운 국그릇을 엎질러서 아이와 내가 함께 종아리부터 발목까지 심한 화상을 입었다. 바로 물집이 부풀어 올랐고, 견디기 어려운 통증을 느꼈다. 지금 같으면 바로 병원으로 달려갔겠지만, 그때는 그런 생각도 못하고 약만 사다가 바르고 붕대로 싸맸다. 나도 무척 견디기 어려운 고통을 아들은 말없이 견디어냈다. 한번 눕혀놓으면 그 자세를 조심스럽게 유지하며 흐트러뜨리지 않았다. 그때 나는 아이가 참을성이 있고 신중한 아이라는 것을 알게 되었다.

대학을 졸업하자, 나는 옷 만드는 일을 그만두고 벌교라는 시골에 있는 고등학교 교사로 가게 되었다. 학교가 들판 한가운데 있어서 그 주변 언덕에 있는 셋방을 얻어 생활하게 되었다. 그러다 보니 이삭에게는 같이 놀아줄 아이가 없었다. 나는 주말이면 광주에 올라와 예배를 드리고 내려가면서 블록 장난감을 사다가 주었다. 이삭은 온종일 그 장난감으로 이 모양 저 모양을 조립하며 놀았다. 이삭이는 제법 멋진 모양을 조립하곤 했다. 이삭의 바로 밑으로 딸 한나가 태어났지만, 들판 외딴집에서 살았기 때문에 이웃이 없었다. 그래서 그런지 이삭은 말이 늦게 터졌다. 무척 어눌했다.

3년 후 나는 광주에 있는 고등학교로 옮겨왔다. 나는 지산동에 셋방을 얻어서 생활하였다. 이삭이 여섯 살이 되자, 초등학교에 입학시키기로 했다. 이삭과 동생 한나가 연년생이었다. 당시에는 대학입시가 어려워 재수하는 사례가 많았기 때문에 나는 큰아들이 대학입시에 실패할 경우를 대비해서 큰애를 한 해 앞서 학교에 보내기로 했다. 이삭은 유난히 어렸다. 말이 늦게 터진 데다 하나둘을 열까지도 세지 못했다. 글자를 쓰고 읽는 것은 생각지도 못했다. 나는 너무 형편이 어려워서 아이들을 한 명도 유치원이나 유아원에 보내지 못했다.

입학을 앞두고 나는 약간의 기초교육을 하기로 했다. 우선 하나둘 세는 것과 아라비아 숫자, 그리고 한글의 자음과 모음을 가르쳐주어야 학교에 가서 헤매지 않을 것 같았다. 나는 하나둘부터 가르쳤다. 손가락을 꼽아보기도 하고, 바둑돌을 놓아가기도 하면서 가르쳤다. 그러나 다섯을 넘어가면 혼란해지기 시작했다. 며칠을 밤새껏 노력해서 간신이 열까지 셀 수 있었지만, 자고 나면 다 까먹어서 다시 가르쳐야 했다. 아라비아 숫자나 한글 자모음은 시작할 수 없었다. 참으로 답답했다. 나는 혹시 이삭이가 저능아가 아닐까 하는 걱정이 들었다. 입학 날짜가 코앞에 다가오자 나는 다급해졌다. 고심 끝에 나는 이삭이를 유학을 보내기로 했다. 요즘 말로 치면 조기유학이었다.

그때 내 누님은 광주시 누문동에 살고 있었는데, 그 막내딸이 유치원에서 공부를 잘한다는 이야기를 들었다. 그래서 나는 이삭이를 광주광역시 동구 지산동에서 광주광역시 북구 누문동 고모 집으로 단기 유학을 보내기로 한 것이다. 동갑내기 누나와 같이 지내다 보면 머리가 트일까 해서였다. 이삭이는 고모 집에서 1주일을 지냈다. 내가 퇴근해서 집에 돌아오자 이삭이가 뛰어나와 안기며 인사도 없이 큰 소리로 외쳤다.

"아빠! 나, 아빠 이름 쓸 수 있어!"

"뭐? 아빠 이름을 쓴다고?"

"네, 아빠 이름도 쓰고, 엄마 이름도 쓰고, 동생들 이름도 쓰고, 다른 글자도 다 쓸 수 있어!"

"뭐라고?"

"그리고, 하나둘도 다 세고, 보태기 빼기도 할 수 있어!"

나는 공책을 펴놓고 이삭이가 글자를 쓰는 것을 들여다보았다. 가족들 이름을 모두 또박또박 써 내려갔다. 뿐만 아니라, 내가 부르는 대로 다 쓰는 것이었다. 더하기 빼기도 두 자리 숫자까지는 척척 계산해냈다. 나는 믿을 수가 없었다. 어떻게 일주일 사이에 이렇게 변할 수 있을까? 나는 나 자신을 돌아보았다. 그리고 비로소 내 교육 방법이 틀렸다는 것을 깨달았다.

지금까지 나의 교육 방법은 아이를 앉혀놓고 "지금부터 공부하자. 학교에 가서 공부를 못하면 선생님께 꾸중도 듣고 친구들이 바보라고 놀려대니까 잘해야 돼."라고 말하곤 했다. 은연중에 '공부'는 어려운 것이라는 생각을 심어준 것이다. 그런데 고모 집에 가서 동갑내기 누나와 소꿉놀이를 하면서 자연스럽게 하나둘과 셈법을 익힌 것이다. 세고, 더하고, 빼는 것을 놀이로 하니 자연스럽게 터득하고, 재미있게 공부하니까 한글까지도 손쉽게 익힐 수 있었다. 교사인 내가 공부는 재미로 해야 한다는 것을 몰랐던 것이다. 결국 이삭이 저능아가 아니라 아빠인 내가 저능한 아빠였다. 그렇게 해서 이삭의 조기 유학은 대단한 성공을 거두었다.

하지만 이삭이는 너무 어렸다. 한 살 차이는 생각보다 컸다. 키도 제일 작아 항상 맨 앞줄에 섰다. 나는 이삭이가 학교에 다녀오는 것만으로도 대견하게 생각했다. 준비물도 잘 챙기지 못해 일일이 엄마가 챙겨주어야 했다. 성적표는 다행히 꼴찌는 아니었지만, 별로였다.

나는 고등학교 일반사회과 교사였다. 그러나 정치경제 교과나 사회문화 교과보다는 역사와 지리, 그리고 문학을 더 좋아했다. 집에 돌아오면 밤 늦도록 독서를 즐겼다. 이삭이는 내 옆에서 학교의 도서관에서 빌려온 책이나 내 책을 읽었다. 차분한 성격을 지닌 애였기에 참으로 진득하게 많은 책을 읽었다. 나는 이따금 돈이 생기면 책을 몇 권씩 사다가 이삭이의 눈에 띄는 곳에 말없이 놓아두었다.

고학년에 이르자 성적이 약간 좋아지는 듯했다. 하루는 집에 들어갔더니, 캔트지 전지를 펴놓고 뭔가를 열심히 쓰고 있었다. 글자는 엉망이었고, 줄은 오른쪽이 올라가도록 비뚤어지게 쓰고 있었다. 내일 연구수업이 있는데 자기가 이것을 써서 발표하게 되었다는 것이었다. 다음날 학교에서 돌아온 이삭에게 잘 발표했냐고 물었다. 이삭이는 '수업이 끝난 뒤 교육청에서 오신 높은 선생님이 자기를 불러 머리를 쓰다듬어 주셨다'고 밝은 표정으로 말했다. 초등학교 시절은 그렇게 평범하게 지나갔다.

그때 나는 한옥의 상하방을 얻어 생활하고 있었다. 방이라고 해봐야 옛날 한옥이라서 아주 비좁았다. 부엌은 처마 밑에 까대기를 붙여 사용했는데, 그 앞에 조그만 연탄창고가 있었다. 나는 연탄을 처마 밑으로 옮기고 연탄창고에 연탄보일러를 넣은 방을 만들어서 이삭이 사용하도록 했다. 작은 앉은뱅이책상을 구해 주었는데, 잠을 자려면 책상 밑으로 다리를 넣어야 할 만큼 좁았지만, 이삭이는 제 방이 생겼다고 팔짝팔짝 뛰면서 좋아했다. 이삭이는 그 작은 연탄방에서 넓은 세상을 향한 꿈을 꾸며 자랐다. 훗날 이삭이는 목사가 되어 작은 개척교회를 하면서 주변의 가난한 집의 아이들에게 공부방을 만들어주기 운동(책상, 책장, 의자 등 구입하여 공부할 수 있도록 해주는 운동)을 하고있는 것은 그런 기억 때문인지도 모른다.

나는 이미 앞에서 큰아들 이삭이 어떻게 해서 서울대학교 법학과에 대한 꿈을 가지게 되었는지를 말했다. 나는 하루빨리 사법고시에 합격하기를 바라고 있었다. 나도 한때 사법고시 합격을 꿈꾼 적이 있었다. 그러나 나는 실력도 부족했지만, 가정을 책임져야 하는 입장에서 일하면서 야간 법학과를 다녀야 했기 때문에 사법고시를 작파할 수밖에 없었다. 그래서 이삭에 대한 나의 기대와 희망은 남다른 것이었다. 그러나 이삭이는 법학 공부에 전념하지 않은 것 같았다. 광주광역시와 전라남도가 서울로 진학한 대학생들을 위해 남도학숙이라는 기숙사를 만들게 되자, 그 기숙사에서 생활하면서 이삭이는 기숙사의 도서관을 만드는 일을 했다. 수해 피해지역 등 재난구

조를 위한 봉사활동도 다니곤 했다. 이삭이의 관심은 법학 공부로부터 멀어지고 있었다. 이때부터 나와 이삭의 갈등이 싹트게 되었다. 그러나 내가 공부를 하는 것이 아니라 아들이 하는 것을 내가 어떡하랴? 나 혼자 속을 썩이고 있었다.

그러다가 이삭이는 군 복무를 마치고 나서 사법시험 공부를 하겠다고 해서 또 한바탕 의견충돌이 있었다. 나는 군대 생활을 해 봤기 때문에 그것이 얼마나 힘들며, 군대를 마치고 돌아오면 철은 들지만, 머리가 쇠아버린다는 것을 잘 알고 있었다. 그래서 나는 사법고시를 마치고 나서 입대하라고 했지만, 이삭이는 기어이 입대하고 말았다. 다행히 카투사에서 복무한 것이 다소의 위안이 되었다. 군 복무를 마치고 대학을 마쳤다. 서울의 고시촌 쪽방에서 공부하느라고 몸은 비쩍 말라가고 건강은 나빠져 갔다. 사법시험의 결과가 발표되자 가족들이 한자리에 모였다. 그때 이삭이가 말했다.

"아버지, 저 드릴 말씀이 있습니다."

"..........."

"저 신학대학에 가서 목사가 되고 싶습니다. 사법고시를 준비하다가 시험 일자만 다가오면 이상하게 몸이 아파 닝겔을 맞고 시험장에 들어가곤 했습니다."

"뭐? 시험 때마다 아팠다고?"

"그리고, ... 저는 성직자가 되어 사람들을 섬기고 싶습니다."

그 순간 나는 깨달았다. '아! 그래서였구나.' 잠시 후 나는 대답했다.

"........ 네가 사법고시에 떨어진 것은 네 탓이 아니다. 아버지 탓이다."

가족들 모두 내 얼굴을 쳐다보았다. 나는 천천히, 차분하게 말했다.

"네 엄마한테도 말을 하지 않았다만, 사실은 네가 아주 어렸을 때, 네 동생 요한이가 태어나자 새벽기도회에 가서 간절히 서원기도를 한 적이 있다. 큰아들은 하나님의 복음을 전하는 목사가 되게 해주시고, 둘째아들은 교회를 잘 섬기는 장로가 되게 해주시라고. 그런데 20년이 훨씬 더 지났는데도 하나님은 그 기도를 정확히 기억하고 계시는구나. 그래 신학 공부를 해서 목사가 되어라."

그 순간 아내가 갑자기 손뼉을 치고 춤을 추며 좋아했다. 우리 집에서 목사님이 나오게 생겼다고. 나는 아내가 그렇게 좋아할 줄은 몰랐다. 아내까지 좋아하니 의견이 하나로 모아졌다. 그리고 우리 집에는 평화가 찾아왔다. 이삭이는 신학대학원을 마치고 목사가 되어 한국교회의 신선한 모델이 되고 있는 서울광염교회(세칭 감자탕교회, 조현삼 목사 시무)에서 부목사로 섬기다가 2016년에 고향 광주로 내려와 빛고을광염교회를 개척했다.

오늘날에는 7, 80년대와 달라서 전도 활동이 참 어렵다. 교회를 개척하는 것은 더욱 어렵다. 거리나 호구를 방문해서 전도지를 배포하거나 사람을 만나 전도하는 것이 여간 어렵다. 기독교에 대한 평판도 무척 나빠졌다. 나는 교회를 개척하기보다는 현실 교회를 개혁하여 기독교의 본질을 회복하고, 사회로부터 인정을 받도록 해야 한다고 생각한다. 그러나 아들은 그래도 개척을 해야 진정한 목회자의 마음을 가진 목사가 될 수 있다고 생각했다.

개척한 지 9년이 지난 지금 빛고을광염교회는 교인들이 60여 명 정도가 모이는 작은 교회다. 예배당도 상가의 50여 평밖에 안 된다. 그러나 형편이 어려운 집 학생들의 '공부방 만들어주기', 가난한 집의 '냉장고 채워드리기(냉채드)', 국내외적으로 재해를 당한 지역 '재해민들에게 구호물품 보내기', 중고등학생들에 대한 '은혜장학금 전달', '외국인 노동자 돌보기'. '아프리카에 장학금과 구호눌품 보내기', '후진국에 대한 의료봉사', '개척교회 돕기' 혹서기에 '폐휴지 줍는 할머니 할아버지 휴가 보내 드리기' 등 매주 교회의 주보엔 두세 건씩 이런 사업에 대한 보고가 지출내역서와 함께 자세히 올라온다. 개척 첫해부터 연간 구제비로 나가는 돈이 3,000만 원이 넘었는데, 갈수록 그 규모가 확장되고 있다. 교회는 작든 크든 교회가 해야 할 일을 해야 한다고 생각하면서 섬기고 있다. 그것이 내 아들 목사에게는 기쁨이요, 행복이다.

주변 사람들은 내게 말하지는 않지만, 속으로 의아하게 생각할 것이다. 내 아들이 그 어려운 서울대학교 법과대학을 졸업하고도 사법고시를 포기하고 목사가 되어 초라한 개척교회에서 고생하는 것을. 고지가 저 앞인데 포기하고 명예도, 권력도, 재물도, 거리가 먼 길로 가냐고. 내게도 그런 생각이 전혀 없다면 거짓말이다. 내가 이루지 못한 고시의 꿈을 내 큰아들이 이루어주길 바랐다. 아들 역시 그러겠다고 약속한 적이 있었다. 그러나 내가 이루지 못한 소원을 아들이 이루어주는 것보다 더 중요한 것은 하나님의 뜻을 이루어가는 것이고, 동시에 내 아들이 자기의 뜻을 이루어가는 것이다. 나는 안다. 내 아들이 어려운 선택을 해서 무척 귀한 일을 하고 있고, 또 행복하게 그 길을 가고 있다고. 그 길은 가장 고독한 길이고, 헐벗고 굶주릴 수 있으며, 무척이나 힘든 길이라는 것도 안다. 그러나 사람은 외형적 조건만으로 그 삶의 성공과 실패가 측정되는 것은 아니고, 인간의 행복 또한 그러하다는 것을 나는 안다. 나는 내 아들이 가는 길에 꽃을 뿌려주고 싶다. 개선장군이 가는 것처럼.

나도 3남 2녀의 자식을 키웠지만, 내 큰아들은 5남 1녀의 자식을 두어 잘 키우고 있다. 염려하는 기색도 보이지 않는다. 여섯 손주들이 어울려 지내는 모습은 참 행복하게만 보인다. 손주들은 과외는 물론 학원에도 별로 다니지 않는다. 나는 이 여섯 아이들을 보면 안쓰럽다. 내가 그랬던 것처럼 내 아들도 자식들에게 해주고 싶은 것을 못 해줄 것이다. 그러나 나는 알고 있다. 내가 그랬던 것처럼, 아들 역시 결코 학원이나 과외에 의지하지 않고 여섯 아이들을 잘 키워낼 것이라는 것을.

나는 가난해서 아무런 재산을 남겨주지 못했지만, 내 아이들은 보다 더 소중한 것을 유산으로 물려받았다고 생각한다. 그것은 일생 동안 하나님과 동행하게 했고, 이웃과 더불어 살게 했으며, 형제자매 간에 서로 아끼고 소중하게 생각하며 우애하게 했으며, 결핍의 힘을 심어주었다. 정직과 성실, 물질과 자연을 아끼고 사랑하는 마음, 인간관계의 소중함, 그리고 항상 만족과 감사로 살아가며 행복을 누리게 했다. 이만하면 세상을 살아가는데 충분하지 않을까?

내 큰아들도 가난하게 살 것이다. 이웃과 하나님을 섬기며 베푸는 삶을 살아갈 것이다. 본인은 스스로 그것을 행복으로 알고 살아가는 것이니까 어쩔 수 없지만, 나는 손주들이 결핍 속에서 살아갈 것을 생각하면 마음이 아프다.

다행히 큰아들에겐 참으로 좋은 배필이 있다. 큰며느리는 서울대학교 간호학과 출신으로 서울 삼성의료원에서 근무하다가 큰아들과 결혼했다. 착하고 따뜻하고 예절이 바르다. 요즘 사람이 아니다. 바보 같은 내 아들을 만나 사랑하고 결혼해서 바보같이 여섯 아이를 낳아 그 애들을 양육한다. 함께 낳았으니 함께 길러갈 것이다. 고생도 하지만, 행복도 누려가면서. 개척교회 목사의 부인으로서도 할 일이 많을 것이다. 그러나 그 일을 잘 감당하면서 서글서글한 미소를 잃지 않기에 나는 내 며느리를 믿는다. 신은 내 큰아들에게 천사를 붙여 주신 것이다. 내가 염려할 일이 아니다.

3) 큰딸 한나

큰딸 한나는 오빠와 연년생이었다. 어렸을 때부터 똘똘했다. 오빠는 어쩌다 돈이 생기면 동생 한나를 시켜 과자를 사 오게 했다. 한나가 야무지게 잘 사 왔기 때문이다.

아이들이 여럿이 되자 집안 살림이 더 어려워졌다. 아내는 화장품 외판원을 시작했다. 무거운 화장품 가방을 들고 가정집이며 아파트를 방문하였다. 그 사이 초등학교 3학년인 한나가 밥을 챙겨 먹이거나 청소와 빨래를 하며 세 동생을 돌보았다. 나는 그런 한나가 안쓰러웠으나 어쩔 수 없었다.

한나는 성격이 밝고 순박했다. 나중에 커서 아빠처럼 선생님이 되겠다고 했다. 그러나 한나는 오빠와 동생들이 공부를 잘하는 모습을 보며 마음이 아팠던 것 같다. 나는 그것을 눈치채지 못했다.

나는 가끔 가족회의를 하곤 했다. 아내와 아이들이 모두 함께 모여 자유롭게 각자의 생각이나 의견을 나누는 시간이었다. 그런데 한번은 한나가 말할 차례였다. 잠시 망설이던 한나가 심각하게 말했다.

"나는....., 죽고 싶었어요."

우리는 모두 놀랐다. 아무런 말도 못하고 한나의 기색을 살폈다. 한나가 눈물을 줄줄 흘리며 말했다.

"오빠나 동생들은 공부를 잘하는데 나는 못하잖아요. 그래서 엄마 아빠가 오빠나 동생들에게는 기대를 많이 하는데, 나한테는 아무런 기대를 하지 않는 것 같아서 죽고 싶었어요. 한번은 죽으려고 했는데....... 죽으려고 했는데, 죽을 방법을 찾을 수 없었어요."

그 말을 듣고 나는 가슴이 너무 아팠다. 나는 아무 말도 할 수가 없었다. 나는 편애를 하지 않으려고 애써 왔다. 아내는 아들들의 학교를 찾아가서 학부모 활동을 했지만, 이상하게도 딸의 학교는 찾아가지 않았다. 그래서 내가 찾아가 담임선생님도 뵙고 간단한 인사도 드렸다. 나도 아내도 학교 성적이나 공부를 놓고 간섭을 하거나 잔소리를 한 적은 없었다. 공부하라는 말을 해본 적도 없었다. 그러나 자식들의 공부에 대한 나의 태도를 한나는 은연중에 느끼고 있었던 것이다. 나는 사랑하는 딸이 죽음을 놓고 괴로워하고 있는데도 아빠란 사람이 그것을 눈치도 채지 못하고 있었다는 데 대해 한없는 자책감을 느꼈다. 우리 가족은 한나를 끌어안고 눈물범벅이 되도록 울었다. 미안해서 울었다. 불쌍해서 울었다. 그리고 큰딸을 위한 간절한 기도를 드렸다.

편애는 이렇게 자식의 영혼을 병들게 만든다. 편애는 비교의식의 결과물이다. 공부나 어떤 것을 놓고 비교하기 때문에 편애를 하게 된다. 나는 앞의 글에서 자식들을 비교하면 그 자식들을 망친다고 말했다. 그랬다. 내가 그랬다. 지금도 그 순간을 생각하면 아찔해진다. 만약 그때 한나가 그 말을 하지 않았더라면 어떤 극단적인 선택을 했을지 모른다. 나는 용기를 내서 그 말을 해준 한나에게 한없이 고맙다.

나는 한나를 납부금이 비싼 사립대학에 보낼 처지가 못 되었으므로 어떻게든 국공립대학에 진학시켜야 했다. 나는 한나를 전남대학교 사범대학에 보내고 싶었지만, 사범대학을 지원하기엔 점수가 많이 부족했다. 그러나 나는 진학지도의 경험이 있었기에 미리 학교장 추천서를 받아가지고 갔다. 접수창구에서 접수 마감까지 기다리며 경쟁률이 가장 낮은 학과를 노렸다. 그 결과 전남대학교 화학교육과에 합격하였다. 대학을 졸업한 후 교사 임용이 매우 힘들어 학원에서 강의하다가 영암여고에서 기간제 교사를 했다. 그리고 그 이듬해 울산에서 화학과 교사 임용시험에 합격하여 지금은 고등학교 화학교사로 제자들을 가르치고 있다. 아빠의 뒤를 이어 교사가 되겠다던 뜻을 이룬 것이다.

다음은 딸이 교사 자리를 얻지 못해 마음 고생을 하고 있을 때 내가 쓴 시다.

일 나간 엄마는 밤이 늦고
올망졸망 오빠 동생들 줄줄인데
초등학교 3학년 고사리손으로
빨래하고 밥을 짓던 한나야
막내 아이 네 손에서 자랄 때
공부 잘하는 오빠 동생에 치여
언제나 안으로 스며드는 눈물 있었지

남매들 재주 따라 제각기
꿈을 펼치러 멀리 떠나도
엄마 아빠 곁을 홀로 지키며
아빠 하신 일 내가 이으리라
교단에 서려는 착한 내 딸아

세상이 팍팍하여
네가 설 자리 하나 없구나
학교가 아니거든 학원으로 가거라
거기서 널 만나는 아이들
거기서 널 바라보는 눈동자들 있으리라
그 눈동자들이 네 별
진정 네 진주가 되리라
- 필자의 시 〈한나〉 전문

한나는 엄마에 대한 효성이 지극하다. 울산에서 교사로 근무하게 되자, 결혼이 문제가 되었다. 나는 딸의 눈치를 살폈다. 딸이 울산에서 다니고 있는 교회엔 사귀는 청년이 있었다. 그런데 지금은 사귀지 않는다는 것이었다. 그 이유는 그 청년이 경찰로 근무하고 있기 때문이었다. 우리 부부는 그 청년의 인품을 물었다. 다시없이 좋은 사람이라고 했다.

아내가 그 청년의 전화번호를 알아내서 전화를 걸었다. 그 청년은 마침 교회에서 기도를 마치고 나오다가 전화를 받았다. 아내가 무슨 기도를 했냐고 물었다. 청년은 4주간 작정기도를 했는데, 오늘이 그 기도를 마치는 날이라고 대답했다. 아내는 그 작정기도가 무엇이었냐고 물었다. 그 청년이 대답했다. 한나와 결혼하게 하든지, 아니면 한나를 잊을 수 있게 해달라고 하는 기도였다고 대답했다. 기도의 응답을 받았냐고 물었다. 아직 응답받지 못했다고 대답했다. 아내가 말했다. 그쪽이 남자니까 한 번 더 도전해 보라고. 그 청년은 천군만마 같은 원군을 얻어 한나에게 다가갔다. 한나가 마음의 문을 열어주자 그 청년은 얼마나 기뻤던지 한 다발의 꽃을 안고 울산에서 광주로 달려와 광주 버스터미널에서 내 아내에게 전달해주고 돌아갔다.

그렇게 해서 한나와 그 청년은 결혼하게 되었다. 결혼을 하게 되자 한나는 지금까지 봉급을 받아 모아둔 돈으로 우리의 낡은 아파트를 깨끗하게 리모델링을 했다. 그리고 신혼여행을 떠나면서 학교 교직원들이 모아준 축의금 봉투도 내 손에 쥐어주고 떠났다.

큰손녀 하은이를 낳았을 때 한나는 병원을 찾아간 엄마의 손을 붙잡고 마구 울었다.

"엄마, 엄마, 엄마... 엄마 미안해! 난 하나 낳는 것도 이렇게 아픈데, 엄만 어떻게 다섯이나 낳았어?"

"……."

"엄마 고마워, 날 낳아주고 키워주셔서. 엄마 미안해. 그런 엄마의 마음을 몰라줘서……"

그리고 다시는 아이를 낳지 않겠다던 한나는 하은이가 외로워 보이자 다시 아들 태은이를 낳아 잘 기르고 있다.

사위는 그 사람됨이 성실하고 정직하며 겸손하고 착하다. 나는 그런 사위가 참 좋다. 딸도 남편을 참 좋아하는 것 같다. 축구를 좋아하는 사위는 건강하고 가정적이다. 한나를 무척이나 아껴주는 모습을 보면 참 귀한 사위라는 생각이 든다.

4) 둘째아들 요한

요한이는 둘째 아들로 위로 형과 누나, 아래로 남동생과 여동생이 있으니 5남매 중 한중간에 있는 아이다. 그래서 그런지 균형이 잡힌 아이였다. 생각하는 것, 행동하는 것이 중용을 이루었다고 할 수 있다. 성인이 된 지금도 마찬가지다. 집안의 일을 균형 있게 중심을 잡아간다.

요한이는 다섯 살 때 집을 잃은 적이 있었다. 형을 따라 놀러 갔다가 형과 헤어져 길을 잃은 것이다. 학교에서 근무하고 있던 나에게 아내로부터 다급한 전화가 왔다. 요한이를 잃어버렸다는 것이었다. 그런데 어떤 사람이 전화해서 자기가 요한이를 보호하고 있는데, 지금은 일하는 중이라서 데려다 줄 수 없으니까 일을 마치고 집으로 데려다주겠다고 했단다. 나는 벌컥 겁이 났다. 혹시 유괴범이 아닌가 하는 생각이 들었다. 그때는 핸드폰이 없던 시절이라 유선전화밖에 연락수단이 없었다. 그 사람은 차에다 물건을 싣고 다니면서 물건을 파는 사람이라고 했다. 물건을 팔고 다니다가 어떤 아이가 울고 있는 것을 보고 집을 잃을 것 같아 자세히 물어보니 다행히 집 전화번호를 알고 있어서 전화를 했다는 것이다. 지금은 물건을 팔아야 하니까 저녁이 되면 데려다 주겠다고 했다. 서둘러 퇴근해서 기다렸으나 해가 지고 어두워질 때까지 요한이는 돌아오지 않았다. 우리 가족은 집 앞에 나와 안절부절하며 기다렸다. 바짝바짝 애가 타 들어갔다. 어두워 가로등이 켜질 무렵에야 어떤 화물차가 집 앞에 멈추더니 요한이를 내려놓았다. 나는 그 사람이 무척 고마웠으나 한편으로는 원망스럽기도 했다.

어쨌든 다섯 살짜리가 집의 전화번호를 알고 있었다는 것 때문에 집으로 돌아올 수 있었다. 드러나지는 않았지만, 요한이는 영특한 아이였다. 초등학교 시절엔 평범한 아이였다. 그러나 내가 사준 과학상자를 이용해서 만들어내는 조형물은 아무나 쉽게 생각할 수 있는 것이 아니었다. 그래서 나는 이따금 새 과학상자를 사주었다.

요한이가 초등학교 6학년 겨울이 다가올 무렵이었다. 하루는 요한이가 나에게 말했다.

"아빠 나 신문 돌리면 안 될까요?"

"왜?"

"친구가 사고를 쳐서 그 손해를 변상하기 위해 새벽에 신문 배달을 하려고 하는데 혼자 하기 힘드니까, 나에게 같이 하자고 했어요."

"그래? 새벽마다 힘들 텐데 네가 할 수 있겠냐?"

"네! 할 수 있어요."

"남자는 쉽게 포기하면 안 돼. 한번 시작하면 중학교에 입학할 때까지 적어도 석 달은 해야지!"

나는 다짐을 받아놓고야 허락을 했다. 나는 알람시계를 맞춰놓고 그 다음날부터 새벽 3시 45분이 되면 아들을 깨웠다. 새벽마다 아들은 신문을 배달하러 갔고, 나는 교회에 가서 새벽기도를 하였다. 요한이는 하루도 빠짐없이 150부의 무거운 신문을 돌리고 6시가 훌쩍 넘어서야 집으로 돌아왔다. 나는 며칠 하다가 포기하리라 생각했는데, 요한이는 의외로 잘 견디어냈다. 어떤 날은 눈이 내리기도 했고, 어떤 날은 차가운 바람으로 손발이 꽁꽁 얼어붙을 정도로 춥기도 했다. 그러나 요한이는 하루도 빠지지 않았다. 친구는 중간에 포기하고 말았지만, 요한이는 새벽 시간이면 어김없이 일어나곤 했다.

나는 새벽기도를 가면 졸음을 쫓아내는 것이 힘들었다. 그러나 둘째 아들이 신문을 돌리는 기간에는 졸리는 일이 없었다.. 어두운 골목과 아파트 계단을 오르내리며 신문을 넣고 돌아다닐 아들을 생각하면 눈물이 쏟아졌다.

"하나님! 저는 이렇게 따뜻한 예배당 안에서 편하게 기도하고 있지만, 제 아들 요한이는 지금 꽁꽁 언 손으로 무거운 신문뭉치를 들고 이 집 저 집 대문을 찾아다니면서 아침 소식을 배달하고 있습니다. 이 아들을 불쌍히 보시고 사랑해 주십시오!"

"하나님! 소득의 1/10은 하나님 것이라 했는데, 힘들게 번 돈이 얼마 되지 않더라도 우리 요한이가 하나님 것은 꼭 하나님께 드릴 믿음을 주십시오!"

나는 서른 살에 장로가 되어 교회와 하나님을 섬겨왔지만, 이때처럼 순수하고 간절하게 기도해본 적이 없었다. 정말 그때처럼 열심히 기도한 적도 없었다. 한 달이 넘었을 때, 아들이 신문배달로 받은 돈을 내놓았다. 봉투를 열어보니 65,000원이 들어있었다. 나는 그 봉투를 받아든 순간 가슴이 저려 왔다.

"그래! 고생했다. 그런데 요한아! 십일조는 해야지?"

"아니어요. 성경에 첫 열매는 다 하나님 것이라고 했어요. 이 돈은 제 첫 열매니까 모두 다 하나님께 드려야 하는데, 저는 어떻게 드려야 할지 모르니까 아빠가 갖다 드려 주세요!"

나는 가슴이 멎어버리는 것 같았다. 그리고 그 순간 내 가슴 속에선 뜨겁고 뭉클한 기도가 터져 나왔다.

"이 돈은 우리 요한이가 새벽잠을 못 자고 손가락을 호호 불어가면서 언 발로 집집마다 돌아다니며 신문을 돌려서 번 돈입니다. 생애 첫 소득인 만큼 얼마나 갖고 싶고, 쓰고 싶겠습니까? 아빠로부터 용돈 한번 받아본 적이 없는 이 아이가 얼마나 이 돈을 갖고 싶었겠습니까? 그런데 어린 마음에 이 돈을 모두 하나님께 드린답니다. 내가 무엇이기에 우리 가정에 이런 아들을 주셨습니까? 하나님 감사합니다."

나는 헌금함에 아들의 첫 열매 봉투를 넣는 순간부터 눈물이 쏟아졌다. 나는 이런 아들을 내게 주신 하나님의 은혜와 사랑에 대해 참을 수 없는 눈물을 쏟아내며 감사기도를 드렸다.

"하나님, 이 돈은 65,000원밖에 안 되지만, 내 아들이 이 추운 겨울 새벽마다 이 집 저 집을 돌며 신문을 돌려서 번 돈입니다. 기꺼이 하나님께 드리니 받으시고 내 아들을 축복해 주세요. 하나님은 사랑이신 줄 알고 있지만, 이런 아들을 사랑하시지 않는다면 어떤 사람을 사랑하시겠습니까? 하나님! 오늘부터 나는 이 아이의 장래에 대해서는 하나님께 맡기고 아무런 걱정도 하지 않겠습니다. 이제부터 이 아이의 일생은 하나님이 책임져 주세요!"

그 뒤로 나는 둘째아들에 대한 염려는 하지 않았다. 아니 이상하게 염려가 되지 않았다. 둘째 아들의 문제에 대해선 하나님이 알아서 가장 좋은 길로 해결해 주실 것이라는 믿음이 들었다. 나는 큰아들에 대해서는 많은 염려를 했지만, 둘째 아들에 대해선 아무런 걱정을 하지 않았다. 다른 아이들을 위해 기도할 때는 간절히 요청하는 기도를 드렸지만, 둘째 아들 차례가 오면 요청하는 기도가 아니라 이루어주실 것이라는 믿음이 생겨나서 감사하는 기도만 나왔다. 그리고 실제로 요한이는 안 될 것 같은 일, 어려운 일도 거침없이 통과하였다. 입시든, 자격증 시험이든, 취업이든, 시험만 보면 수월하게 합격했고, 앞길이 훤히 열리곤 했다.

중학교에 들어가자 요한이도 제 형처럼 상당히 좋은 성적을 나타냈고, 학년을 올라갈수록 더 좋아졌다. 일곱 식구가 상하방에 살았기 때문에 아이들이 사용할 공부방은 생각할 수 없었고 책상이나 책꽂이도 없었다. 다만 작은 연탄창고를 공부방으로 만들어준 형을 무척 부러워했다. 그러나 그 방은 너무 좁아 도저히 둘이 들어가 지낼 수는 없었다.

앞서 말했지만, 요한이는 과학자가 되고 싶어 했다. 나는 요한이를 과학고등학교에 보내고 싶었으나 과학고를 보낼 정도의 실력은 아니었다. 중학교 3학년 가을이 되자, 나는 생각 끝에 과학고등학교 기출문제집을 한 권 사다 주면서 과학고등학교에 도전해 보라고 권했다. 요한이가 말했다.

"안 돼요! 우리 학교에서 1등을 해도 광주과학고를 들어가기 어려운데...."

"너 1학기에 몇 등 했냐?"

"학년에서 8등이요!"

"그래도 한번 도전해봐라. 합격을 못 해도 네게 도움이 될 것이다. 그리고 사람이 살다 보면 실패할 때도 있고, 그 실패를 통해서 배우는 것도 있다."

요한이는 과학고에 간신히 합격했다. 120명 모집에 108등이었다. 때마침 광주과학고는 그해에 1학급을 증설하였었다.

과학고는 전교생이 기숙사 생활을 했다. 기숙사에는 공부방과 책걸상이며 사물함 등이 갖춰져 있어서 마음껏 공부할 수 있었다. 비좁은데다 책상 하나 없었던 우리 집에 비하면 천국이나 다름없었다. 게다가 집에서 먹는 것보다 훨씬 맛있는 식사와 간식이 주어졌고, 정기적으로 운동도 하게 되어 몸도 건강해졌다. 요한이는 기숙사에서 생활하면서 날개를 단 듯 성적이 올라갔다.

2학년 1학기가 끝나고 여름방학이 되자 집으로 돌아왔다.

요한이는 2학년 1학기 때까지의 내신성적이 20등 정도면 카이스트에 지망할 수 있는데 원서를 낼 것인가를 물었다. 요한이의 내신성적은 5등이었다. 108등을 입학 아이가 5위까지 오른 것이다. 요한이는 카이스트에 원서를 냈다. 그리고 합격했다.

그해 가을 카이스트에 합격했다는 통지가 오자 학교에서는 합격생들은 기숙사를 비우고 집으로 돌려보냈다. 학교에 가서 몇 시간의 수업을 마치면 일찍 집으로 돌아올 수 있었다. 요한이는 카이스트에 가서 쓸 컴퓨터가 필요했다. 그때는 컴퓨터가 몹시 비쌀 때였다. 아버지가 컴퓨터를 사주기 어렵다는 것을 안 요한이는 과외를 하고 싶다고 말했다. 나는 사랑방 신문에 '카이스트 합격생 과외받을 학생 구함'이라는 광고를 냈다. 얼마 되지 않아 연락이 왔다. 인문계고등학교 진학을 위한 연합고사 준비생과 대입 재수생이었다. 대입 재수생은 요한이보다 2살이나 더 많은 형이었다. 요한이는 2월까지 다섯 달 동안 과외를 해서 340만 원짜리 컴퓨터를 사고 학교생활에 필요한 것들을 준비했다. 내가 해준 것이라곤 고등학교 납부금 수준밖에 안 되는 카이스트 입학금이 전부였다.

카이스트의 생활환경은 과학고보다 더 좋았다. 매달 8만 원 정도의 용돈도 지급되었다. 마침 자전차포를 하는 친구가 있어서 카이스트 안에서 강의를 받기 위해 이동하는데 필요한 자전거를 사러 갔더니 그 친구는 자전거를 입학선물로 그냥 주었다. 요한이는 여름방학이 다가오자 미리 광고를 해서 과외를 구했다. 희망자들로 두 팀을 만들어졌다. 그 팀은 겨울방학에도, 그리고 그 다음해에도 미리 과외를 신청하였다. 요한이는 과외로 졸업할 때까지 모든 학비와 생활비를 마련할 수 있었다.

카이스트를 졸업하고 보성건설에 들어가서 나로도 우주개발센터의 터를 닦는 일로 군 복무를 대신했다. 그리고 3년 후엔 회사를 그만두고 영국에 어학연수를 갔다. 영국에 체류하는 동안 요한이는 금융이 세계 경제를 지배한다는 것을 보고 배웠다. 국내에 들어와 금융에 대한 공부를 몇 달간 했다. 금융에 관한 여러 가지 자격시험에는 모두 합격하였다. 이듬해 하나은행에 들어가 일하면서 경영을 배웠다.

그러다가 동생 한길이가 치과의사가 되어 매년 후진국에 의료봉사를 하는 것을 보고 느낀 바가 있어 치과전문대학원 입학 자격시험을 봤다. 5월에 하나은행을 그만두고 두세 달밖에 준비할 시간이 없었으나 합격했다. 그리고 전남대학교 치과전문대학에 합격을 했다. 치과전문대학에 합격한 일화도 신기하다. 시험 성적이 합격선 근처에 있었던 모양이었다. 이제 남은 것은 면접시험인데 시험관이 물었다.

"자넨 카이스트를 나온 사람이 학과 성적이 왜 이런가? 그리고 왜 우리 치과전문대학원에 지원했는가?"

"직장에 근무하느라고 시험 준비기간이 너무 짧았습니다. 저는 불쌍한 사람들을 돕고 싶은데 매년 의료봉사를 다녀오는 동생을 보니 치과의사가 되는 것이 좋을 것 같아서 지원했습니다."

"동생이 치과의사인가?"

"네 전남대학교 치과대학을 나온 치과의사입니다."

"그래? 동생 이름이 무엇인가?"

"박한길입니다."

"뭐? 한길이가 자네 동생이란 말인가?"

"네!"

그 다음은 더 이상 말하지 않겠다. 그 시험관은 동생 한길이를 가르친 교수로 한길이에 대한 인식이 매우 좋았던 모양이다. 요한이는 시험관과의 대화로 보아서 아마도 좋은 면접 점수를 받아 합격한 것 같다고 술회했다.

요한이는 졸업 후 누나가 살고 있는 울산으로 가서 치과를 차렸다. 치과에는 언제나 환자가 넘쳤다. 목사가 된 형이 서울에서 경제적으로 어렵게 사는 것을 본 요한이는 형의 가족이 함께 탈 수 있는 7인용 차를 사 주었다. 그러다가 형이 광주에 개척교회를 시작하자 주말마다 광주로 와서 빛고을광염교회에서 예배를 드렸다. 그리고 얼마 후 형과 같은 교회에서 신앙생활을 하기 위해 미련 없이 울산의 치과를 후배에게 넘겨주고 광주로 옮겨와서 수완지구에 치과를 열었다. 지금은 나주혁신도시로 옮겨 커다란 치과병원을 운영하고 있다.

요한이는 치과전문대학원을 다니면서 영리하고 맘씨가 착한 여학생을 만났다. 전남대학교 사범대학을 수석 졸업하고 서울대 대학원에서 박사과정을 밟은 수재였다. 지금은 결혼하여 1남 1녀를 키우고 있다. 며느리도 치과를 운영하다가 남편의 치과에 합류하였다. 나는 지금 며느리가 품위 유지를 위해 쓰라고 준 카드를 사용하고 있다. 물론 아껴 쓰지만, 나는 카드를 쓸 때마다 며느리가 자랑스럽다.

5) 셋째아들 한길

셋째아들 한길이는 두 형들보다 활동적이었다. 차분한 형들과는 달리 장난이 심하고 산만한 편이었다. 운동신경이 발달하여 여러 가지 운동을 잘했고, 어떤 놀이나 결코 지지 않으려고 했다. 그래서 바로 위 형인 요한이와 다투는 일도 많았다.

하루는 담임선생님으로부터 호출을 받았다. 교사인 내가 학부모로서 호출을 당하니 좀 머쓱했다. 담임선생님은 한길이가 장난이 심하고 짝꿍을 성가시게 하니 주의를 주어 그런 일이 없도록 해달라고 당부하였다. 아내도 몇 번 호출을 당했던 모양이다.

한길이는 학교에서 돌아오면 집에 들어오지 않고 책가방만 방에 던져놓고 밖에 나가 놀다가 해가 져야 들어왔다. 온 골목과 놀이터를 쓸고 다녔다. 그래서 내가 한길이와 어디를 다닐 때면 지나가는 크고 작은 아이들이 한길이의 이름을 불러대며 어디 가냐고 물었다. 그러면 한길이는 그 애들에 대한 설명을 끝없이 해댔으며, 눈에 보이는 가게들에 대한 설명, 심지어는 지나가는 개나 고양이의 주인에 대한 것도 모르는 것이 없었다. 흔히 말하는 개구쟁이였다.

그러니 학과 성적이 좋을 리 없었다. 그때 내가 근무하는 여자고등학교에서는 탁구선수를 육성하고 있었다. 탁구코치는 국가대표 선수를 지낸 사람이었다. 한길이가 초등학교 6학년 때였다. 마침 우리 학교에서 광주시 탁구선수 선발전이 있었다. 나는 탁구코치에게 한길이의 경기 장면을 보여주면서 탁구선수로 기르는 것이 어떻겠느냐고 물어보았다. 그때 한길이가 경기하는 모습은 감동적이었다. 경기는 근소한 차이로 지고 있었다. 그러나 한길이는 조금도 기가 죽지 않고 파이팅을 외쳐가며 죽을힘을 다해 집중하고 있었다. 그 경기를 유심히 관찰한 탁구코치는 학과 성적을 물어보았다. 그러면서 재능과 기질이 있지만, 아직 어리니 공부하는 것을 좀 더 두고 보면서 만약 공부가 신통치 않으면 데려오라고 말했다.

한길이가 중학생이 되었다. 그런데 갑자기 공부에 열중하기 시작했다. 나는 한길이가 밤늦도록 공부하는 모습이 신기했다. 하루 이틀 그러다 말겠지 하고 생각했으나 그것이 아니었다. 나는 너무나 달라진 한길이의 모습을 보며 무척 좋아했다. 그리고 열심히 공부하는 모습이 기특해서 간식을 갖다주며 칭찬해주었다. 그런데 나는 1학기 중간고사 성적표를 받아본 순간 놀라지 않을 수 없었다. 1학년이 12학급이고 한 학급 정원이 60명이었으니 1학년 전체 학생 수는 720명 정도였다. 한길이의 성적표는 아무리 들여다봐도 720명 중에서 1등이었다. 나는 비로소 어쩌면 이 아이가 형들보다 더 공부를 잘할 수 있겠다는 생각이 들었다. 한길이는 공부에 미쳐가고 있었다. 밤을 새우는 날도 있었다. 한길이는 전 학년 1등을 놓치지 않았다. 2학년에 올라가서도 여전했다. 성적이 좋아지자 원래 활동적이었던 한길이는 학급 반장을 맡았다.

그런데 한 가지 달라진 점이 있었다. 무리하게 공부해서인지 몸이 아프기 시작했다. 이틀이 멀다 하고 병원을 들락거려야 했고, 식후에는 약을 한 봉지씩 먹어야 했다. 장기간 많은 약을 복용하다 보니 부작용이 나타나기 시작했다. 온몸의 모공(毛孔)에 좁쌀만한 누런 고름이 생기는 것이었다. 손발은 물론, 얼굴, 머리, 가슴과 등은 온통 고름투성이였다. 나는 그 고름을 짜 준다고 짜주었지만, 도저히 감당할 수가 없었다. 자고 나면 모공마다 고름이 다시 생겼다. 한길이의 몸은 갈수록 약해져 갔다.

그런 와중에서도 한길이의 공부에 대한 욕심은 줄어들지 않았다. 고등학교 입학 연합고사 점수가 200점 만점에 199점을 맞았다. 큰아들 이삭이보다(197점) 더 좋은 점수를 받은 것이다. 고등학교에 수석으로 합격한 셈이었다. 고등학교에 가서도 한길이는 공부를 잘했다. 그러나 몸이 워낙 따라주지 못했다.

한길이는 기숙사 생활을 하며 컵을 들고 가다가 계단에서 넘어져 손가락 수술을 했는데 이것이 또 한길이의 건강을 크게 해치게 되었다. 의사는 무리하게도 전신마취를 시키고 수술을 했다. 그나마 수술을 제대로 하지 못해 손가락 속의 사기 조각을 다 제거하지 않은 채 봉합해서 오랜 동안 고통을 받다가 재수술을 해야 했고, 그 재수술마저 완전하지 못해 군의관으로 근무할 때 다시 수술해야 했다. 지금 생각을 해도 분노가 치솟는다. 의사는 부분 마취로 충분한데도 전신마취를 해서 과잉 진료를 했으며, 그나마 성실하게 수술하지 않아 두 번이나 더 수술을 받게 한 것이다. 게다가 한길이는 전신마취 후 그 후유증으로 기억력이 현저히 떨어져 공부하는데 어려움을 많이 겪었다.

나는 한길이가 공부에 미쳐 있었을 때 왜 말리지 못했을까? 왜 건강을 챙겨가며 공부하도록 해주지 못했을까? 나는 지금도 그것을 후회한다.

결국 수석을 놓치게 되었다. 한길이는 자기의 몸이 아파서 고생하게 되자, 이과를 선택해서 의사가 되기로 작정했다. 수능시험에서 바라는 만큼은 아니지만, 비교적 좋은 성적이 나왔다. 나는 한길이에게 전남대학교 의과대학을 지원하면 안전하게 합격할 것 같으나 치과대학은 반반이라고 분석해주었다. 한길이는 치과대학을 지망하고 싶다고 했다.

치과의사가 된 후, 은행의 대출을 받아 자기가 다니던 중고등학교 주변에 하늘치과를 열었다.(딸의 이름이 '하늘'이다.) 개구쟁이였던 한길이는 사회성이 좋았다. 친절하고 배려심이 깊었다. 또 손재주가 예민해서 정교한 치료를 해야 하는 치과엔 딱 맞았다. 게다가 사람들이 치과에 가장 가기 싫어하는 이유가 치료할 때의 아픔 때문인데, 한길이는 아프지 않게 치료하는 특별한 달란트가 있었다. 부근에는 20여 개의 치과가 몰려 있는 지역임에도 불구하고 하늘치과는 환자들이 많이 오는 편이었다. 한번 치료를 받아본 사람들은 다시 찾아왔고, 아는 사람들을 데리고 왔다.

한길이는 매년 여름이 되면 의료봉사팀을 꾸려서 말레이시아, 필리핀, 태국, 미얀마, 라오스 등 동남아의 오지와 몽골에 찾아가서 10여 일씩 치료하고 돌아온다. 그들 지역엔 대부분 치과라는 병원이 없는 곳이다. 간호사들도 여기에 기꺼이 동참하고 비전치과의 형도 합류한다. 또 안과까지 합류하기도 한다. 치과는 필요 장비가 많아서 그것을 해외에 가지고 나가는 것이 여간 어려운 것이 아니다. 그래서 아예 쉽게 이동할 수 있는 치과 장비 일체를 구입하여 사용하고 있다. 한번 해외 의료봉사를 나가면 직접 비용이 1천만 원이 넘게 든다. 치과를 휴진하는 손실까지 계산하면 비용은 더욱 늘어난다. 그러나 10년이 넘게 해외 의료봉사를 지속해오고 있다. 또 교회 선배가 아프리카 시에라리온에 평신도 선교사로 나가 있는데 축구학교를 열도록 후원해주었다.

간호사들도 원장을 참 좋아한다. 네 명의 간호사가 일하고 있는데, 개업 이후 한 사람이 시험을 거쳐 공무원이 된 경우를 제외하고는 한 사람도 사직하지 않고 계속 근무하고 있다. 한길이가 마음 편하게 근무할 수 있도록 하기 때문이다. 또 여름이면 하늘치과 가족의 날을 정해 간호사들의 가족과 함께 3일 정도 여행을 다니거나 캠핑을 간다.

개구쟁이였던 한길이는 눈물도 많았다. 불쌍한 사람을 그냥 지나치지 못했다. 성장할수록 상대방에 대한 배려심이 깊어졌다. 정이 많은 한길이는 남매간에도 많이 베푼다. 막내딸이 대학을 졸업하고도 교단에 서지 못하고 있을 때, 다시 공부하여 수능시험을 보아 광주교대로 진학하도록 돌봐주었다. 울산의 누나가 아파트를 살 때는 1억 원을 보태주었다. 치과를 개업한 이후 엄마 아빠는 물론 장인 장모 네 사람의 통장에 각각 자동이체로 용돈을 보내주고 있다. 한길이는 친구나 선후배들과도 정이 두터웠다. 자기가 반장을 했던 학우들과 지금도 반창회를 유지하고, 반창회 때마다 은사님들을 모셔서 대접하고 있다.

한길이는 노래를 아주 잘했다. 예배시간에 특별찬송을 하거나 교회의 1부 성가대를 지휘하기도 했다. 눈물을 흘리며 찬양하는 모습은 교인들을 감동시켰다. 성가대원들은 한길이가 지휘하는 것을 무척 좋아했다. 한길이는 대원들의 마음을 편하게 했고, 은혜스럽게 이끌어 나갔기 때문이다. 지금도 형의 개척교회에서 찬양을 인도한다.

남편과 아빠로서도 참 지혜로운 것 같다. 며느리와는 대학 1학년 때부터 8년간 연애를 해서 결혼했다. 전남대학교 간호학과를 나온 며느리는 전남대학병원에서 간호사로 근무했다. 한길이는 1녀 2남을 두었다. 딸 하늘이는 엄마를 닮아서 예쁘고 착하다. 엄마 아빠와 함께 개척교회의 찬양을 인도한다.

셋째 며느리는 지금은 고등학교 보건교사로 근무하고 있다. 마음씀과 행동이 참으로 착하고 성실하고 따뜻하다. 나는 며느리들을 생각하면 한없이 행복하다. 세상의 모든 축복을 다 받은 것 같다. 아내도 그렇게 생각하고 며느리들을 끔찍이도 아껴준다.

6) 막내딸 은혜

다섯째 아이 막내가 태어났다. 귀여운 딸이었다. 아내는 부담스러워하는 것 같았지만 나는 무척 좋았다. 내가 결혼할 무렵 아내와의 대화 속에 3남 2녀를 두고 싶다는 말을 했는데 그 소원대로 된 것이다.

막내를 키울 때쯤 가정형편이 가장 어려운 때였다. 아내는 화장품을 팔기 위해 돌아다녀야 했다. 그러나 막내딸을 데리고 다닐 수가 없어서 가까이 사는 교우 집에 맡겨놓고 장사를 나갔다가 집에 들어올 때 데려왔다. 우리는 그분의 돌보심에 대하여 보답을 못했다. 그러나 그때를 생각하면 생각할수록 한없이 고맙다.

한번은 신안군 비금 섬에 있는 외갓집에다 맡긴 적이 있었다. 한 달쯤이나 되었을까 막내가 하도 보고 싶어 주말에 가 보았다. 농사철이어서 사람들은 들판에서 일하고 있었다. 막내는 논 일을 하고 있는 외할머니를 따라가 논둑에서 혼자 놀고 있었다. 내가 다가가자 멀끔하게 쳐다보는데 그 얼굴이 말이 아니었다. 피부는 까맣게 타 있었고, 얼굴엔 눈물자국으로 얼룩져 있었다. 나는 그 애가 내 딸이라는 생각이 들지 않았다. 그러나 분명히 막내였다. 나는 막내를 끌어안고 울었다. 그리고 다시는 아이를 다른 데에 맡기지 않기로 결심했다.

막내는 항상 억울했다. 무엇이든지 오빠와 언니들이 먼저 차지해버리는 통에 자기 몫이 없거나 적어서 울었다. 나는 지금도 귀에 쟁쟁하다. "내 꺼야~! 내 꺼라니까!"하는 소리가. 나는 애들에게 용돈을 주지 못했다. 맛있는 반찬도 해주지 못했다. 가족끼리 외식을 해본 기억도 없다. 심지어는 김 한 장을 가로 세로로 한 번씩 잘라서 넷으로 나누지 않고, 두 번씩 잘라서 아홉 조각으로 나누어 밥을 먹였다. 퇴근할 때면 가게에 들려 과일을 사가지고 가는 것이 유일한 기쁨이었다.

그러다 보니 아이들이 가장 기다리는 날은 다른 날이 아니라 스승의 날이었다. 스승의 날이라고 학부모나 학생들이 준 선물 한 보따리를 안고 돌아오면 아이들이 달려들었다. 그리고 하나씩 포장지를 풀어 내용물을 보고 아이들에게 나누어주었다. 그때마다 서로 좋은 것을 많이 가지려고 눈치작전이 치열했고, 막내는 자기 몫을 애타게 주장해야 했다. 비금도에 사시던 장모님이 우리 집 가까운 아파트로 이사를 오셨을 때, 셋째 아들과 막내는 외할머니 집에서 생활하게 되었다. 우리 집이 좁았기 때문이었다. 장모님은 외손주들에게 군것질이라도

시키고 싶어서 식품가게에 나가 날마다 고구마 순을 벗기거나 채소를 다듬는 일을 하셨다. 거기서 받은 몇 푼의 돈을 외손주들에게 사탕을 사주시곤 했다. 얼마 전 가족 밴드에서 그 외할머니를 회상하며 셋째 아들이 언젠가 할머니의 주머니에서 1,000원짜리 한 장을 훔쳐 과자를 사먹은 일을 회개하며 외할머니의 그 사랑에 눈물을 흘리며 감사하는 글을 올렸다. 우리 모두 외할머니를 생각하며 울먹였다.

막내는 비교적 똘똘한 편이었다. 나나 아내는 아이들에게 공부하라는 말을 하지 않았다. 건강하고 착하게 자라면 된다고 생각했다. 그래서 아이들을 학원에 보낸 적도 없다. 다만 막내가 골목에 있는 속셈학원에 1년쯤 다녔을 것이다. 막내의 성적은 평범했다. 중고등학교를 나오고 대학을 갈 무렵이 되자 대학 진학을 어디로 해야 할지 걱정이 되었다. 가정형편 상 사립대학을 보낼 수 없었다. 전남대학교 생명공학과에 들어갔다. 대학에 들어가서는 상당히 열심히 공부하는 것 같았다. 교직과정을 밟아 중등교사 자격증을 얻었다. 그러나 대학을 졸업해도 취업할 곳이 없었다. 한두 군데 과외를 하다가 광양중학교에 임시교사로 근무하며 임용고사를 준비했다. 그러나 광주 전남에 과학교사 자리는 나지도 않아 임용고사를 볼 기회마저 주어지지 않았다. 막내는 교사에 대한 강한 꿈을 가지고 있었다. 다시 시작하기로 결심했다. 막내는 나에게 그 말을 못하고 치과병원을 차린 오빠들에게 도와달라고 했던 모양이다. 두 오빠가 원 없이 공부하라고 하면서 기꺼이 도와주었다. 막내는 다시 수능시험을 봤다. 막내는 아주 좋은 점수를 받아 광주교육대학교에 합격하였다. 교육대학을 다니면서도 열심히 공부했다. 그리고 졸업과 동시에 우수한 성적으로 광주광역시 초등교사 임용고사에 합격하여 우리 집 바로 옆에 있는 학교로 발령을 받았다. 그리고 영어 전담교사가 되었다. 나는 막내가 그렇게 공부를 잘하리라는 것을 상상하지 못했다. 광주교대를 합격한 후 막내가 말했다. 고등학교까지는 왜 공부를 해야 하는지 깨닫지 못했다고. 이제야 깨달았다고.

지금 생각하면 막내의 지능은 오빠들에게 결코 뒤지지 않은 것 같다. 다만 공부가 중요하다는 것을 늦게 깨우쳤을 뿐이다. 막내는 마음이 여리고 섬세하며 사리에 밝았다. 초등학교 교사로 딱이다. 막내는 노래를 잘했다. 전남대학교 축제에서 노래로 2등을 했다. 막내는 교회에서도 찬양을 잘했다. 대학을 다니면서 콘티넨탈 싱어즈에 들어가 전국을 순회하며 찬양을 불렀다. 또 국제적으로 조직된 콘티넨탈 싱어즈에 한국 사람으로는 유일하게 들어가 유럽을 돌며 찬양을 하기도 했다.

큰오빠가 고시촌에서 너무 고적해서 햄스터 몇 마리를 키웠다. 그리고 고시촌에서 나오면서 그 햄스터를 집으로 가져왔다. 그 작고 귀여운 햄스터를 처음 본 가족들은 좋아했다. 그런데 어느 날 막내가 아이들 주먹만 한 토끼 한 마리를 사왔다. 다음은 그와 관련된 나의 글이다.

막내딸은 생명과학을 공부하는 대학생이다. 흔히들 말하는 막내의 특성인 밝고 말수가 많고 자기 주장이 강하다. 그러나 가족 간의 귀염과 사랑을 받으며 자라왔고 생각보다는 의젓하고 슬기롭게 커 가는 모습이 대견하기도 하다.

그런 막내가 작년 설 때 세뱃돈으로 아주 작고 귀여운 토끼

한 마리를 사가지고 왔다. 어찌나 귀엽던지 이 녀석이 무겁고 조용한 집안 분위기를 한순간에 바꾸어 놓았다. 막내는 이름을 똘똘이라고 지어 주었다.

온 방을 뛰어다니면서 재롱을 피웠고 달리면서도 검정 콩알 같은 똥을 쌌는데, 문제는 오줌이었다. 이 녀석은 포근한 곳을 좋아하는지 맨바닥에서는 오줌을 누지 않고, 사람이 안고 있거나 이불 위에 올라갔는가 하면 어느새 오줌을 누어 버리는 것이었다. 이 녀석 오줌은 매우 독해서 빨래를 해도 그 자국이 지워지지 않았다. 한번은 아내가 새로 지은 한복을 곱게 접어 놓았는데, 그 위에 올라가서 오줌을 싸버려서 아무리 세탁해도 누렇게 물든 자국이 지워지지 않아 끝내 입지 못하고 말았다.

또 이 녀석은 어려서부터 어찌나 자주 병이 들었던지, 막내와 제 언니가 동물병원에 다녀오는 것이 일과였다. 동물 치료비는 의료보험도 되지 않아 치료비도 만만찮았다 식구들은 칼로 종이상자를 오려내고 테프를 붙여서 토끼집을 만들어준다고 법석였다. 따뜻한 수건을 깔아주기도 하고 건초와 간식을 사다가 먹이는 등 정성이 극진했다.

딸은 밖에 나갔다가 오면 똘똘이부터 찾았고 똘똘이와만 놀았다. 그래서인지 병치레 중에서도 똘똘이는 무럭무럭 자라서 마침내 앞뒤 발을 뻗으면 두 자가 될 만큼 자랐다.

그 사이 철망으로 된 토끼집으로 바뀌었고, 좁은 거실의 한 편을 당당하게 차지하게 되었다. 까만 털과 하얀 털이 얼룩무늬를 띈 고운 털도 제법 귀티가 날 정도로 멋있었고, 크고 까만 눈동자는 한없이 맑고 깨끗했다. 어쩌다 하품을 하면 어찌나 귀엽던지 온 가족이 좋아서 어쩔 줄 몰라 했다.

그러나 똘똘이의 몸집이 커가고 배설물의 양이 늘어나면서 문제가 생기기 시작했다, 하루에 두 번씩 똥과 오줌을 치워주었지만, 냄새가 온 거실에 가득했기 때문이다. 특히 아내는 비위가 약하여 똘똘이의 배설물을 치우지 못했기 때문에 막내가 없을 때는 내가 치워야 했다.

그러던 차에 겨울이 지나고 봄이 오자 문제는 더욱 심각해졌다. 털갈이가 시작된 것이다. 털이 온 집안에 날아다녔다. 아내는 참다못해 토끼를 처리할 방법을 모색했다. 그러나 그 때마다 막내는 노발대발이었다.

우리 부부는 늘 두 마음이었다. 귀엽고 정든 똘똘이를 내보내자니 마음이 너무 아팠고, 계속 키우자니 여름철 냄새를 감당할 수 없었다. 의견 대립이 장기간 계속되던 끝에 결국 그 날 아침에는 아내의 분노가 폭발하고 말았다. 몸이 불편한 아내가 이른 아침부터 냄새가 진동하는 베란다에 나갔다가 몹시 화를 냈다.

나는 말없이 출근하면서 하루 종일 똘똘이를 어떻게 처리해야 할까를 궁리했다. 야생으로 돌려보내자니 자생력이 없을 것 같고, 아무나 주었다간 보신탕 신세가 될 것이고... 그래서 잡아먹지 않고 잘 보살펴줄 사람이 없을까 하고 단독 주택을 가진 여러 사람에게 알아보았으나 적당한 사람이 없었다.

어느 날 집에 돌아와 보니 분위기가 심각했다. 아내는 서성이면서 어쩔 줄 몰라 했고 아들들은 말이 없었다. 막내는 제 방에 들어박혀 문을 잠가놓고 울고 있었다. 아내가 막내를 윽박질러서 같이 애완 동물집에 갔단다. 똘똘이를 넘겨주면서 막내는 한없이 울더란다. 그리고 말없이 돌아왔는데, 오다 보니 막내가 없어졌더란다. 한참 후에 돌아온 막내는 그때부터 제 방에서 문을 잠그고 밥도 먹지 않고 하루종일 울고만 있단다.

이 이야기를 들으면서 나도 코끝이 찡해지면서 뜨거운 눈물이 치솟았다. 나도 똘똘이가 보고 싶었다. 그러나 당장은 막내가 문제였다. 저러다 막내가 잘못되지나 않을까 염려한 아내는 다시 애완동물 가게로 가보았으나, 이미 똘똘이는 누군가에게 팔려가 버리고 없더란다. 나는 조심스럽게 막내의 방문을 노크했으나 대답은 없었다. 이따금씩 울음소리만 밖으로 들려왔다.

마음 여린 막내가 얼마나 가슴이 아프면 저럴까? 아내는 용서를 비는 긴 편지를 써서 막내에게 전해주려고 했으나 도무지 문을 열어주지 않았다. 마침내 염려하다 못해 아내는 베란다로 나가 딸의 방 유리창 틈으로 편지를 쑤셔 넣어주며 읽어달라고 사정사정했다. 무거운 침묵의 시간이 지나갔다. 언젠가 시간이 지나면 다 잊을 수 있겠지만, 지금은 아픔을 감당하지 못해 이렇게 괴로워하는 것이다.

동물에 대한 사랑도 이런데 사랑하는 사람들이 이별할 때는 얼마나 슬플까? 내 아이의 상처가 한 시 바삐 아물기를 바란다. 그러면서도 저렇게 아파하는 모습이 더욱 사랑스럽고 소중하다.

'막내야 잘 견뎌다오! 잘 이겨내다오! 그리고 네가 방문을 열고 나올 때는 한 자쯤 더 깊고 높게 성숙해 다오! 아빠는 이 밤 늦게까지 널 위해 기도하고 있단다. 사랑하는 막내야!'

똘똘이(토끼)와 생이별한 뒤 사흘간 자기 방에 틀어박혀 곡기를 끊었던 막내가 어젯밤 새노래찬양선교단의 찬양예배에서 솔로로 찬양을 불렀다.

"내겐 주님 밖에 없어요.
나를 도와주세요.
영원한 생명의 길로 이끄소서.
주님 장막에 들어가 나 쉬기 원해요.
주님 날개 아래 나를 덮으소서.

주 사랑을 뭐라 할까?
주 사랑이 내 생명보다 귀하고
세월이 가고 꽃이 시들어도 주 사랑 영원해."

막내는 처음부터 울고 있었다. 안경 아래로 흐르는 눈물을 닦아내며 찬양했다. 잃어버린 토끼를 생각하며 주님의 마음을 생각했을까? 빼앗긴 똘똘이에 대한 사랑을 생각하며 주님의 사랑을 노래했을까? 듣고 있던 나도 내 아내도 울었다. 찬양예배가 끝날 때까지 울었다.

'그래, 네가 똘똘이를 사랑하듯 주님도 너를 사랑한단다. 네 사랑보다 백배 천배 너를 사랑한단다. 아빠도 널 사랑하고, 엄마도 널 사랑한단다. 사랑하는 막내야, 이제 마음을 추스려다오! 눈물을 거두고, 아픔을 거두고, 아침 햇살처럼 환하게 웃어다오. 사랑하는 막내야!'

막내는 시집을 갈 무렵이 되자, 건강을 잃은 엄마에 대한 걱정이 많았다. 자기가 없을 때를 생각해서 매우 세심하게 엄마에게 필요한 것, 아빠에게 필요한 것을 챙기고, 엄마아빠가 서투른 일들을 자상하게 처리하였다. 큰딸 한나가 엄마에게 그렇게 잘하더니 막내는 그보다 더 잘한다. 나는 그런 딸들이 너무 사랑스럽고 고맙다.

그런 막내가 서른셋에 결혼을 했다. 신랑은 스물아홉의 연하남이었다. LG화학에 다니는 회사원으로 참 예절 바르고 부지런한 청년이었다. 셋째 오빠 한길이가 후배들과의 동문회에서 알게 된 청년이었다. 지금은 행복한 가정을 이루어 아들 하나와 딸 하나를 낳았다. 귀엽기 짝이 없다.

7) 막내의 글들

◉ 외할머니 보고 싶어요!

할머니! 방금 할머니 꿈을 꾸었어요. 꿈에서 '할머니께 다시 와서 용돈을 드린다고 아직 하늘나라 가시지 말라'고 말씀드리는데 아기가 울어 깨버리고 말았어요.

할머니 생각이 많이 나요. 할머니도 어렸던 제 기억이 많이 나세요? 할머니는 "우리 은혜 내 강아지"하며 저를 예뻐해 주셨잖아요.

할머니! 할머니 제가 아기를 낳았어요. 이름은 온유에요. 할머니도 보셨으면 예뻐하시고 좋아하셨을 거예요. 너무너무 귀여운 아가거든요.

저 어렸을 때 할머니는 103동에 사시고 우리 집은 302동이었어요. 할머니 집에 가면 베란다에서 메주를 만드셨던 기억이 나요. 네모나게 빚어놓은 메주들이 바닥에 있다가 천장에 걸리기도 하고 간장이 되기도 했어요.

저는 할머니 집 말고 아빠엄마가 있는 우리 집에 가서 살고 싶어 했어요. 하지만 다섯 자녀 돌보시느라 힘든 우리 엄마 생각에 할머닌 저를 많이 돌봐주셨지요. 초등학교 중학교쯤까지 할머니 집에서 많이 살았던 것 같아요. 할머니의 아파트에서 잘 때는 엄마가 그리워서였는지 할머니 가슴을 만지면서 잤더랬죠. 할머니는 나중에 제가 조금 크고 나서도 그걸 기특하게 여기셔서 가끔 그 이야기를 하셨어요. 그럴 때면 저는 민망하게 여겼고요. 위안과 기쁨을 다 누리고선 나중에 민망하게 여기다니… 할머니 미안해요.

할머니 집에 사는 것이 싫진 않았지만 저는 무엇보다 아빠가 퇴근할 때 가져오시는 과자와 음료수가 걱정이라 집에 전화해서 간절하게 내꺼는 남겨놓아라고 했던 기억이 나요. 그것 빼고는 그래도 할머니 집은 좋아했던 것 같아요. 할머니의 사랑이 있어서였나 봐요.

할머니! 아파트 앞 작은 길거리 야채가게에서 몇 시간이고 가게 구석에 쭈그리고 앉아 감자순을 다듬느라 손끝이 다 붓고 벌개지고 손톱이 다 까매졌던 할머니 손이 생각나요. 철없이 어린 저는 친구들과 지나가다 가게 모퉁이에 앉아 감자순을 다듬으시는 할머니를 창피하게 여긴 적도 있어요. 할머니 죄송해요. 아직도 그 마음이 너무나 죄송해요. 할머니! 하고 웃으며 손을 흔들었으면 얼마나 좋았을까요?

그렇게 고생해서 받은 몇 푼으로 저를 집 앞 슈퍼로 데리고 가셔서 맛있는 과자를 고르라 하셨죠. 할머니께서 몇 시간 동안 야채 다듬은 삯으로 제가 과자를 고를 때 그 돈이 얼마나 고생해서 얻은 건지 그때는 헤아리지 못했지만, 그래도 저는 하늘만큼 땅만큼 마냥 기뻤어요. 그리고 그 과자는 얼마나 맛있었는지.... 할머니 고마워요.

그때로 돌아가 그 손 따뜻하게 잡아드리며 "할머니 고마워요. 할머니 고생하셨어요. 손도 어깨도 다리도 아프시죠? 할머니 제가 주물러드릴게요. 할머니 사랑해요!"하고 말하며 안아드린다면, 지금이라도 그럴 수 있다면 좋겠어요. 할머니! 어렸던 저를 많이 사랑해주셔서 고마워요.

할머닌 몸이 안 좋아지시자 광주에 계시면 엄마 힘드시다며 서울 큰이모 댁으로 가셨고, 제가 무슨 이유에선지 방학 때 큰이모댁에 한 달 지낸 적도 있었어요. 그 후론 할머니를 쉽게 만나 뵐 수가 없었어요. 아주 가끔 집 전화기 너머로 할머니가 너무나 반가워하시는 목소리로 "은혜냐? 아이고 내 강아지!" 하면 들려오면 반가움은 짧고 곧 이어 들려오는 "엄마에게 잘하라"는 잔소리에 "할머니 많이 보고 싶어요!" 한마디 제대로 하지 못한 것 같아요. 저는 철없는 중고생이었어요.

시간이 흐르고 흘러 제가 대학생이 되었을 때였을까요? 할머니께서 위독하시다는 소식에 부모님께서 서울로 발걸음을 하시는데 저도 정말 가고 싶었지만 "너희들은 장례식 때 같이 가자"는 말씀에 저는 정말 이상하다고 생각했어요. 돌아가시고 나서 가봐야 무슨 소용이냐는 생각이 들어 저도 가고 싶다고 말하고 싶었어요. 하지만 저한테는 여비도 없고 부모님 말씀대로 해야 했죠. 생각만 하지 말고 갔어야 했다고 아직도 후회해요. 아니 그 전에 요양병원에 계실 때라도 찾아뵈었어야 했는데, 돌아보면 저는 뭐가 중요한지 하나도 몰랐나 봐요.

할머니! 마지막에라도 인사드리지 못해 죄송해요. "할머니 은혜 왔어요. 할머니 많이 힘들지요? 많이 아파요? 그동안 고생 많으셨죠? 할머니 보고 싶었어요. 할머니 사랑해요."하고 말하며 할머니의 손을 따뜻하게 잡아드렸으면 정말 좋았을 거예요.

할머니! 할머니의 영심이 막내딸 귀여운 은혜를 키워주시고 사랑해주셔서 고마워요. 할머니 더 풍족해진 세상에서 좋은 곳에 모시고 가서 맛있는 것 사드리고 좋은 옷 선물할 수 있으면 얼마나 좋을까요? 그러지 못해서 아쉬워요, 할머니의 큰 사랑 다 받으며 자라놓곤 감사한 마음 한 번 제대로 표현하지 못해서 죄송해요.

할머니! 우리 할머니! 할머니가 많이 그립고 보고 싶어요. 할머니께 하고 싶은 말이 많아요. 할머니 우리 나중에 천국에서 만나서 이야기 많이 나눠요. 할머니 많이 많이 사랑해요!

2020.4.7. 새벽에
할머니의 귀여운 내야 손주 은혜 올림

◉ 사랑하는 내 아가 우리 응애에게
-출산 후 5일 새벽 우유를 먹이고 나서-

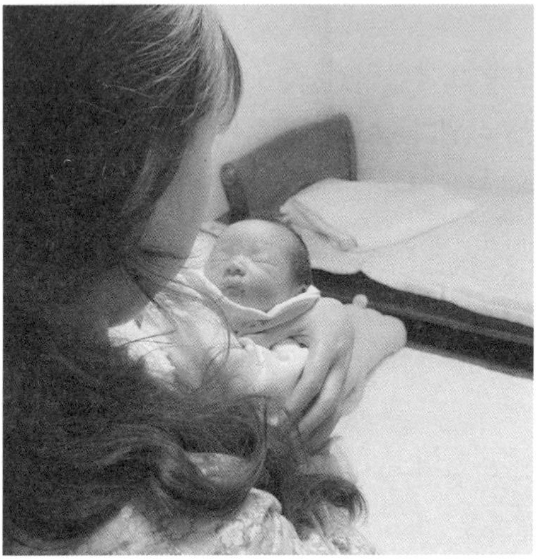

응애야!
우리 응애가 엄마 뱃속에서 아홉 달간 건강하게 잘 자라서
이렇게 세상에 나왔네.
엄마 뱃속에서 꿈틀대던 너의 귀여운 움직임이
너를 뱃속에 품고 어디든 무엇이든 함께 하던 시간이
엄마에게 매우 소중한 기억이 되었어.
돌아보면 오래도록 그리울 시간이구나.
엄마는 너를 품고 많이 행복했어.
응애야.
이제 그 시간 동안 엄마가 응애에게 했던
많은 말들과 축복과 기도들이 모두 이루어질 거야.

응애야!
엄마한테 와줘서 고마워.

처음 해보는 출산이라 많이 무섭고 힘겨웠지만
우리 응애가 엄마 뱃속에서 나오던 그 순간이
얼마나 감격스러웠는지 엄마는 잊지 못할 거야.
응애 하고 우는 처음 듣는 너의 목소리도 뽀얗고
귀여운 너의 모습도
손가락 발가락 눈 코 입 하나하나
모두가 감동이더라.
엄마는 진통 속에서 괴로워하며 너를 낳았지만
너를 처음 본 순간 너무너무 행복했어.
궁금했던 응애를 직접 볼 수 있어서
드디어 응애를 만나게 되어서 정말 좋았어.

우리 응애를 바라보면
엄마는 응애가 너무 예쁘고 사랑스러워서 행복해
우리 응애 정말 예쁜 아가구나.
엄마도 너를 돌보기엔 아직 아는 것도 부족하고 서툴지만
앞으로 우리 응애 건강하게 잘 자랄 수 있도록
사랑과 정성으로 최선을 다할게

너는 우리 가족에게 축복이야.
얼마나 너를 설레는 마음으로 기다렸는지 몰라.
아빠는 응애가 엄마 뱃속에서 자라나는 동안
매일 밤 응애와 엄마를 위해 기도해주었어.
그래서 우리 응애는 행복한 사람이야.
앞으로 이 넉넉한 사랑 속에서 우리 응애도

넉넉히 사랑하며 행복하게 살아나가기를 바라.
앞으로 더 많이 많이 사랑해줄게
내 아가야!

2019. 5. 23. 05;11 엄마가.

◉ 꽃잎아가에게

이 작은 손에 무엇을 쥐어줄까
이 작은 눈망울에 무엇을 보여줄까
이 작은 발에 어떤 길을 펼쳐줄까
이 작은 가슴에 어떤 마음을 담아줄까

작고 여린 네가
행복하게 잘 자라도록
나는 너에게 무엇을 주어야 할까

사랑이 없으면 아무것도 아니란다
부족하지 않게 꾹꾹 눌러 담아
간절한 마음으로 사랑해줄게

티 없이 깨끗한 종이처럼 순전한 아가야
맑고 맑은 너에게 비친 내 모습이
저 코스모스 꽃잎처럼 아름답도록
오늘 하루도 너에게 비친 나를 돌아보며

사랑만큼은 배부르게 받을 수 있도록
나보다 너를 사랑할게
부드러운 가슴을 열고
내 안의 모든 것을 내어줄게
저 백일홍보다 어여쁜 우리 아가야
아가야 보아라 저 예쁜 꽃들을
아가야 걸어라 저 예쁜 꽃들 사이로
아가야 행복해라 저 향기로운 꽃들 사이에서

그런데 어쩌지?
저기 저 푸른 풀잎에도 찬 이슬이 맺혔구나
저기 저 예쁜 꽃잎에도 상처가 있구나

네가 자라면 저 꽃길을 가꾸면서
물도 주고 거름도 주어야겠구나
해충과 질병도 막아주어야겠구나

〈문불여장성 전국 백일장 차상 수상작〉

아빠의 퇴직

허름한 세피아를 몰고 다니면서도
불평이 없으시던 아빠
말쑥하게 꾸미시는 것보다

너무 오래되어 낡아 모양새가 흐트러진 구두를
다시 한 번 수선하여 신으시는
매일 아침 그 구두를 신고서
가족을 위해 문밖을 나서시는 우리 아빠

이렇게 주름살이 깊어지시기까지
꾸밈도 위선도 허영도 모르신 채로
주머니 속까지 털어내어 주시며
다섯 자녀를 착하고 아름답게 키워내신 우리 아빠

일평생 낡은 교단과 분필가루 속에서
변함없이 고귀한 그 가르침을 이어오신 우리 아빠

그 가르침으로 우리 가족 아름답게 꾸리셨고
또한 많은 영혼들 가슴속에
꿈과 사랑을 품게 하셨던 우리 아빠

스승의 날이면
산타크로스가 되어 자루에 한가득
제자들의 존경과 감사가 담긴 작은 선물들을
어깨에 지고 오셨던 우리 아빠
아빠
이제 어느새 그 길의 끝에 와 있네요
하지만 아빠의 교직의 흔적은 끝나지 않아요
아빠의 그 가르침이 자녀들의 얼굴 속에, 제자들의 생활 속에

선명하게 아로새겨져 남아 있을 것이니까요

자녀들 키우랴 돌보지 못한 건강과 마음
이제는 그 몸과 마음 돌보세요
그렇게 하고 싶으셨던 붓도 잡으시고
즐거운 곳, 아름다운 곳도 마음껏 다니세요

아빠
아빠처럼 존경받는 교육자가 되겠습니다
아이들의 눈 속에 마음속에 희망을 심고
진정한 아름다움과 가치를 가르치는 그런 교사가 되겠습니다
매일 매일 아빠의 삶을 되새기며 본받아
아빠의 평생 그 가르침을
다음 세대에도 잇겠습니다

나는 아빠가 자랑스럽습니다
나 아빠가 누구보다 멋지고
누구보다 넉넉하신 분이시기에
나는 감격을 이기지 못해 하나님께 감사드립니다
무엇보다 아빠가 건강하게 오래 사시면서
여러 즐거움과 기쁨들을 충분히 누리시길
마음으로 늘 기도합니다
뒷모습이 너무나도 아름다우신
아빠를 사랑합니다.
2008.08.09. 23;29

가슴으로, 삶으로 쓰는 시인, 우리 아빠

아빠가 네 번째 시집을 내셨다.

화려하게 디자인하여 그럴싸하게 만들어 내놓은 요즘의
책들과 한눈에 비교될 만큼 가뿐한 시집 한 권이지만

나는 두 손에 받은 이 시집에 설레었고
온몸으로 느껴온 생각들을 시어로 담아내기 위해
수많은 시간을 가슴 앓았을 아빠를 떠올렸다.

그리고 책장을 한 장 한 장 넘기면서
그득히 담긴 아빠의 머릿속 생각들을
내 눈에 담았고
앞으로 내 마음에 담고 살아가야지 다짐한다.
2008.08.09.23;02

17. 엄마의 방과 아빠의 지게

1) 엄마의 방

여기까지 쓴 글을 보니 마치 내가 다섯 아이들을 다 키운 것처럼 되어버렸다. 그러나 아니다. 결코 아니다. 내 자식들에게 나보다 훨씬 더 큰 선한 영향력을 미친 사람이 있다. 내 아내인 아이들의 엄마다. 내 아내는 특별한 교육 방법과 지식이 있었는가? 그것은 아니다. 내 아내는 아주 착하고 교양이 있는 여자지만, 너무 순진해서 세상 물정을 모르고 살아왔다. 나는 그런 아내 때문에 답답한 때도 많았다. 아내는 자식 욕심 외에는 어떤 것도 욕심을 내지 않았다. 그저 나 하나만 의지하며 살았다. 아내는 아이들이 공부하는 것을 간섭하지도 않았고, 성적표를 놓고 이야기해본 적이 없다. 그저 아들과 딸을 사랑하고 보살폈을 뿐이다.

그러면 아이들에게 무엇을 어떻게 해주었단 말인가? 아내는 요즘 세상 어머니들의 말로 치면 아무 것도 해주지 않았다. 그러나 아내는 모든 것을 다 해주었다. 아이들을 사랑했고, 온 정성을 다해 보살폈다. 자신의 육신이 망가지고 허물어지는 것을 두려워하거나 걱정하지 않았다. 그리고 아들딸들이 보는 앞에서 정직하게, 착하게, 따뜻하게, 교양있게 예의를 지키며 살았을 뿐이다. 자기의 삶을 가리지 않고 그대로 보여주며 살았을 뿐이다. 아이들에게 그런 삶을 젖먹이며 살았을 뿐이다. 아이들은 샘물처럼 솟아나는 엄마의 사랑을 마시며 성장했다. 우리 아이들은 그것으로 충분했다. 우리 아이들은 어머니를 참으로 좋아하고 존경한다.

그러나 엄마에겐 아이들이 모르는 비밀이 있다. 눈물겨운 비밀이 아주 많이 있다. 그 비밀은 나도 잘 모른다. 내가 엿본 것은 그 비밀의 열의 하나도 못 된다. 아이들의 학비와 먹을 것을 위해서 맞벌이 부부의 아이들을 집으로 데려다가 기르기도 했다. 반대로 내 아이를 다른 집에 맡겨놓고 나가 화장품을 팔고 다녀야 했다. 교회 선교원에 나가 어린아이들을 돌보며 살았다. 파출부로 나가 남의 집의 청소며 살림을 해주기도 했다. 아내는 아무리 피곤해도 눈이 오나 비가 오나 새벽이면 교회로 달려갔다. 때로는 넘어져 엉덩방아를 찧는 일도 많았고, 그로 인해 몸을 다치고 골병이 드는 일도 여러 번이었다. 아내는 평생을 기도하고 찬양하며 살았다. 금쪽 같은 다섯 아이들을 주신 분을 찬양하고, 그 다섯 아이들이 행복하게 잘 살기를 위해 기도했다. 아내의 기도는 아직 끝나지 않았다.

하나님 보소서/ 저 노래 소리를 듣지 마시고/ 밤마다 검붉은 핏덩이를 토하면서도/ 애써 찬양하는 마음을 보소서// 하나님 고쳐주소서/ 내 더러운 죄악을 보지 마시고/ 제대로 일어나고 눕지도 못하면서/ 새벽마다 꿇어앉아 기도하는 모습을 보소서// 내 마음 이리 안타까운데/ 하나님은 안타깝지도 않나요/ 내 볼엔 뜨거운 눈물이 흐르는데/ 하나님은 눈물을 흘리시지 않나요// 내 아내이기 전에/ 하나님에겐 외아들과 맞바꾼 딸인데/ 나는 언제까지/ 당신의 딸을 위해 기도해야 되나요

-필자의 시 〈이유 있는 질문〉 전문

아내는 겁이 많았다. 누구와도 다투지 않았다. 내가 다른 사람과 언쟁이라도 하는 것을 보면 말렸다. 그런데 말리는 이유가 아이들에게 해가 될 것을 염려한 것이었다. 아내의 관심과 삶의 모든 나침반은 항상 아이들에게 향해 있었다. 언제나 북극을 가리키는 나침반처럼 아내의 마음은 아이들에게 있었다. 아이들은 엄마에게 북극성이었다. 그 북극성을 향해 끝없이 분출하는 사랑, 그것이 아내였다. 아이들의 공부보다 그들의 마음에 아름다운 수를 놓아주는 수예사였다.

아내는 다섯 아이들을 품고 사는 주머니였다. 그 주머니 속에는 자식들밖에 없었다. 또한 그 주머니 안에 든 것은 모두 자식들에게 다 퍼주었다. 그리고 주름진 빈 껍데기가 되었다. 아내는 내게 인색했다. 내게서 빼앗아 자식들에게 주었다. 그래서 내가 서운한 적도 많았다. 아내와 엄마 사이에서 우선하는 것은 엄마였다.

나는 그런 아내에게 불평도 많이 했다. 그러나 아내가 엄마로서 산다는 것은 그런 것이었기에 어쩔 수 없었다. 그런 아내의 빈 주머니는 내가 채워주어야 했다. 자녀들이나 손주들에게 주는 세뱃돈은 항상 내 주머니에서 나갔지만, 엄마의 이름과 엄마의 손으로 주었다. 엄마의 이름과 엄마의 자리, 엄마의

자존심을 위하여 아빠인 내가 채워주어야 했다. 왜냐하면 내가 가진 비밀보다는 아내가 가진 비밀이 더 많고, 더 기가 막혔기 때문이다. 그래서 아내는 자식들의 모두의 고향이 되었다. 자식들의 모두의 별이 되었다. 아내의 오른손의 다섯 손가락은 3남 2녀의 자녀이고, 아내의 왼손의 다섯 손가락은 며느리와 사위들이다.

그렇게 양육된 자녀들은 유달리 우애가 깊다. 아이들이 좋은 대학을 나오고 좋은 직장을 가지고 있다는 것보다는 서로 사랑하고 보살피며 살아가는 것이 훨씬 더 나를 행복하게 해준다.

나는 이런 아내가 얼마나 고마운지 모른다. 다음은 내가 아내를 생각하며 쓴 몇 편의 시이다.

이름을 부르지 않아도
항상 곁에 있는 당신
힘줄처럼 서로 당기고
핏줄 되어 생명을 나눈 세월
거칠어진 당신의 손가락은
다투고 돌아누운 채
솔그시 잡아 보는
나의 가장 귀한 보배
부끄러운 지난날의 허물조차
뜨거운 속살이 되었네
하나님이 짝 지운 당신과 나는
그저 부족한 반쪽들이지만

내 빈 마음
당신의 주름진 미소로 채우고
허물어진 당신의 마음 터에
투박한 내 손길 다다르면
하나님 보시기에 심히 좋은 우리 얼굴
어느새 남매처럼 닮아 버린
우리 얼굴이여!
- 〈아름다운 얼굴〉 전문

팔다리, 어깨, 명치까지
주무르고 쓸어 내려야 잠드는 아내가
새벽이면 어김없이 밥을 짓는다

밥솥에서 솟아오르는 뜨거운 기도
손가락 끝에서 배어 나오는 사랑으로
반찬을 다진 도시락마다
잠언(箴言) 한 구절 예쁘게 쓴
엽서 한 장씩 놓인다

아내의 가슴은
두레박으로 다 퍼 올릴 수 없는
샘이다. 언제나 솟는 샘이다
아이들의 가슴 아픈 곳을

어루만져 주는 천사다
언제나 거룩한 천사다
- 〈천사〉 전문

문득
낡고 허술한 블럭 담을
힘없이 지나는 아내의
뒷모습을 보았다

내 곁에서 다섯 아이를
자랑스럽게 키워 낸
아내의 뒷모습을 보며
갑자기 눈물이 치솟았다

가난한 맞벌이 부부의 애를 데려다가
돌봐 주는 아내
땟국 묻은 지폐 몇 장 받아
내 자식들을 기르는 아내

때론 아내의 뒷모습을 보자
때론 그 뒤에서 눈물을 훔쳐보자
- 〈아내의 뒷모습(1)〉 전문

젊은 날엔
곱게 꾸민 앞모습을 보며
기쁨으로 사랑했고
세월이 많은 나이테를 두르고 간 지금은
균형이 무너진 뒷모습을 보며
아픔으로 사랑한다

이제 구성지게 꾸밀 수 없는
아내의 뒷모습은
화장한 신부의 얼굴에는 없는
거룩한 흔적이다

아내의 등뒤에서
어깨를 주무르는 손은
용서를 비는
나의 사랑이다
끝까지 견뎌야하는
아픈 사랑이다
- 〈아내의 뒷모습(2)〉 전문

아래로 피를 쏟으면서도
저린 손끝으로 새벽 상을 차려주는
당신 곁을 스치며
집을 나선다

때로는 좌회전,
때로는 우회전하며
신호등 따라 지나왔는데

가물거리는 촛불처럼
생기 잃은 몸짓으로
혹처럼 뗄 수 없는 아픔을
어찌 이고 왔을꼬

행여 유턴(U-turn)하여
원점으로 데려다줄 수 있다면 좋으련만
오늘은 왜 자꾸
빨간 불, 빨간 불이 켜지는가?
-〈신호등 앞에서〉 전문

20여 년 전부터 아내는 목과 허리를 돌리거나 굽히지도 못하더니. 바닥에 떨어진 수저 하나도 집지 못했다. 거실에서 유모차를 밀고 다니다가 의자에 간신히 앉아 쉴 수 있는 것이 전부였다. 그리고 교회 밴드의 영상예배를 통해 셋째아들 한길이의 찬양을 따라 부르거나 큰아들 박이삭 목사의 설교를 들으며 '아멘!'과 '할렐루야!'로 응답하곤 했다. 그러다가 몇 년 전부터 아내는 아예 앉지도 걷지도 못했다. 하루종일 침대에서 누워 지내는 처지가 되었다. 그리고 치매까지 왔다. 아내는 장애 등급을 받아 하루에 몇 시간씩 요양보호사의 도움을 받았다. 그러나 두 차례나 낙상사고가 발생하여 아내는 갈비뼈와 허리뼈가 부서지는 사고를 겪었다. 나는 그런 아내를 보살피다가 어느 날 「일시적 완전 기억 상실증」으로 병원에 실려가서 꼬박 사흘이 지난 후에야 정신이 돌아왔다. 아들딸들은 놀라서 의논 끝에 엄마를 요양원으로 모시기로 결정했다. 나는 아내를 요양원에 보낼 수 없어 수 없이 망설였지만, 할 수 없이 요양원으로 보내지 않을 수 없었다. 다행히 요즘 아내는 조금씩 안정을 찾고 약간의 기억력과 판단력도 살아났다. 아내는 아들의 설교를 영상으로 듣기를 좋아한다. 설교의 내용은 알아듣지 못하겠지만 설교하는 아들의 모습만으로도 기쁨과 자랑이 되는 것 같다.

아내의 방, 그 속은 온통 뜨거운 눈물로 젖어있다. 내 아이들이 그 방문을 열 때마다 가슴이 뜨거워지고 눈시울이 붉어지는 것을 본다. 우리는 이 땅에서의 마지막 순간까지 그렇게 살 것이다.

너 보니까 좋다
나도 너무너무 보고 싶었어요
보고 싶으면 뭐해? 돈을 줘야지
돈으로 뭐하시려고?
백일사진 찍어야 해
백일사진? 누구?
네 백일사진
내 백일사진?
응

내 백일사진 못 찍었어?

응

....

-셋째아들 한길이의 시 「엄마의 치매」 전문

* 신은 곳곳에 가 있을 수 없으므로 어머니들을 만들었다.
  – 탈무드 –

2) 아빠의 지게

어떤 선생님이 아이들의 꿈을 조사했다. 어떤 학생은 운동장에다 농사를 짓고 싶다고 했다. 어떤 학생은 아이돌 가수로 데뷔하고 싶다고 했다. 그리고 어떤 학생은 세계일주를 하고 싶다고 했다.

선생님이 다시 물었다. 여러분이 살 날이 1년 남았다면 꿈과 5억 원 중에서 어느 것을 선택하겠냐고 물었다. 학생들은 모두 다 꿈을 선택했다. 꿈이 5억 원의 돈보다 중요하다는 것이었다.

그리고 나서 선생님은 아빠들의 꿈을 묻고 대답하는 영상을 보여주었다. 아빠들의 꿈은 달랐다. '가족과 배낭여행을 가고 싶다.' '경치 좋은 곳에 그림 같은 집을 짓고 가족들과 행복하게 살고 싶다.' '배우가 되려는 딸을 위해 극장을 하나 갖고 싶다.'.... 그들의 꿈은 모두 가족과 관련된 것들이었다.

다시 아빠들에게 '살날이 1년 남았다면, 꿈과 5억 원 중에서 어느 것을 선택하겠냐'고 물었다. 그런데 아빠들의 대답은 모두 자기들의 꿈을 포기하고 5억 원을 선택하겠다는 것이었다. 그 이유는 그 돈이면 내 아들딸에게 도움을 줄 수 있기 때문이라고 했다. 가족을 가장 먼저 생각하고, 가족을 가장 많이 생각하는 가장이라는 이름의 아버지들이 선택한 것을 본 학생들은 모두 뜨거운 눈물을 흘렸다.

영상을 통해서 아버지의 마음, 아버지의 사랑을 보아버린 것이다. 아버지의 위치, 아버지의 운명, 아버지의 짐을 깨닫게 된 것이다. 그것이 너무 고맙고 안쓰러워서 울어버린 것이다.

더 말해서 무엇하랴? 그것이 아빠의 길이고 지고 가야 할 지게인 것을…

터벅터벅 겨운 짐을 지고
시내를 건너고 재를 넘어
하늘마을까지 가는 길

지고 가다가 메고 가고
들고 가다가 안고 가며
때로는 오른쪽으로 기울고
때로는 왼쪽으로 기울며
애써 잡아온 중심

무게만큼 땀을 흘리고
두 손의 자유도 빼앗겼지만
너는 내 동행
너로 인하여 힘을 냈고
걸어야 할 이유를 얻었다
-필자의 시「짐」전문

18. 선생님이여 나의 등대지기여

〈1998년 교육부 '고마우신 선생님에 대한 체험 수기 공모' 수상작〉

등대지기

곽미○/수원 삼일상업고등학교 교사

교정에 개나리가 가득한 봄날 오후 시집 한 권이 책상 위에 놓여 있었다. 시인 '박형동'의 「아내의 뒷모습」이라는 아담한 시집이었다. 나는 몹시 반가웠고 한편으로는 놀랍기도 하였다. 박형동 선생님은 나의 여고시절 은사님이신데, 사회과를 전공하신 분이 시집을 내셨다는 것이 믿어지지 않았기 때문이었다. 시인이 되시리라고는 상상도 할 수 없는 제자의 보편성을 뛰어넘어 인생의 깊은 우물을 파기 위해 쉼 없이 시를 쓰셨던가 보다. "좋은 선생님이 되어라."고 하셨던 선생님의 말씀이 생각났다. 돌아보면 나는 선생님처럼 좋은 스승이 되려면 아직도 먼 것 같아, 부끄럽고 죄송스러울 뿐이다.

그동안 나는 두 딸을 낳아 기르며 알량한 솜씨로 살림을 꾸리고, 상업고등학교에서 근무한다는 핑계로 선생님의 근황을 모르고 있었다. 변변히 찾아뵙지도 못한 제자에게 잊지 않고 소식을 전해주시는 선생님께 감사를 드리며, 나 자신을 뒤돌아보는 기회로 삼는다.

선생님은 정치경제를 가르치셨는데, 민주주의에 대해 열강을 하셨던 기억이 난다. 나이를 짐작할 수 없는 고운 모습으로 만나는 학생마다 미소를 띠며 관심을 표해 주셨고, 자상하시면서도 독실한 신앙생활을 통해 신앙을 몸소 실천하는 분이셨다. 선생님께서는 현재 광주경신여자고등학교에 재직하고 계시며, 사모님과 슬하에 3남 2녀를 두신 가장이시고, 젊은 시절부터 교회에서 장로님으로 봉사하고 계신다. 그림 솜씨가 매우 훌륭하신 데다가 붓글씨를 쓰는 실력도 대단하셔서 제자들에게 좋은 글귀를 써서 선물해주기도 하셨다. 넉넉하지 못한 형편임에도 불구하고 불우한 학생들을 돕고, 어려운 환경에 처한 학생들에게 꿈을 심어주고 격려하여 떳떳한 인재로 키워내셨다. 때문에 많은 제자들이 선생님을 사랑하고 존경하게 되었다. 당신의 자녀들을 훌륭하게 키워 모두 명문대학에 진학시키는 등, 존경받는 아버지로, 선생님으로 살아가는 분이시다.

나는 4남 3녀 중 다섯째로 가난한 농부의 딸로 태어났다. 할아버지 할머니께서 노망을 하셔서 근 10년 동안을 어머니는 대소변을 받아내는 고생을 하셨다. 내가 어렸을 적에는 할머니의 대소변을 치우기 위해 어머니를 도와 열심히 심부름을 했으며, 할머니 머리에 스멀거리며 기어다니는 이를 잡아드리기 위해 참빗으로 머리를 벗기고, 또 벗기면서 할머니 주위를 맴돌았다. 초등학교 2학년 때에는 아버지께서 세상을 떠나셨다. 그 후 어머니는 무척 힘겨운 나날을 보내시게 되었다. 들로 집으로 갈팡질팡 못하는 어머니를 보다 못해 학교가 끝나면 곧바로 어머니를 도와 밥도 짓고, 할머니를 돌보며 학교를 다녔다. 그때 나는 이미 인생의 무게를 느낄 수 있었다. 결코 쉽지만은 않을 것이라는 앞날에 대한 걱정을 하며 용기없는 아이로 자라고 있었다. 여린 손으로 밥을 짓고 빨래를 하는 것이 너무나 고달파 어서 자라 이 환경에서 벗어나고 싶었다. 할 수만 있다면 돈을 벌고 싶었다. 그래서 어머니께 기쁨을 준다면 참으로 행복하겠다고 생각했다. 4학년이 되자 할머니께서 돌아가시고 어머니마저 병환으로 몸져 누우셨다. 그 동안 가세는 기울어질 대로 기울어져 중학교에 진학할 때쯤엔 얼마간 가지고 있던 전답마저 팔아서 빚을 갚고 나자 집안 형편은 극도로 어려워졌다. 중학교 3학년이 되자 친구들은 어느 고등학교로 진학할지 고민하며 학부모 상담을 하는 등 어수선한 분위기였다. 하지만 나는 고등학교에 진학한다는 것은 꿈도 꿀 수 없었다. '미용을 배울까?', '양장을 배울까?' 하고 고민하며 힘없는 나날을 보내고 있었다.

그러던 어느 날 선배 언니로부터 성적 우수자는 3년간 납부금 전액을 면제해준다는 신설학교의 모집요강을 전달받게 되었다. 그 학교가 어떤 학교인지 따져볼 겨를도 없었다. 마치 구세주를 만난 것 같은 기분으로 고등학교 원서를 썼다. 그곳이 나의 모교인 '벌교삼광여자고등학교' 지금의 '벌교여자고등학교'의 전신이다.

출가한 언니 집에서 기거하며 꿈 같은 고교시절을 시작했다. 당시 선배는 2학년(제1회 졸업생)뿐으로 전교생이라야 5학급밖에 안 되는 시골 읍내 학교였지만, 나에게 '사무직으로 취직을 해서 돈을 벌 수 있겠구나'하는 희망을 준 학교였다. 새벽같이 일어나 학교에 나가 타자와 주산을 배웠다. 인문계지만 진학이 어렵기 때문에 취업과목을 가르치고 있는 학교가 나에게는 더없이 고마웠고, 그래서 나는 좋은 학교에 왔다는 생각으로 열심히 생활하게 되었다.

그때 정치경제 시간을 통해 선생님을 만났다. 선생님은 수업시간마다 어려운 환경 속에서도 좌절하지 않고 공부한 결과 훌륭한 사람이 된 사람들의 이야기를 지치지 않고 들려주셨다. 신앙을 가지고 열심히 기도하며 능력껏 최선을 다하면 반드시 자기의 꿈을 이루어주신다는 요지였다. 대부분의 학생들은 귀담아듣지 않았고, 나 역시 교과서 같은 이야기라고만 생각하고 있었다.

2학년이 되자 내 생각에는 변화가 일기 시작했다. 취업에 필요한 기능급수도 갖추었으니 공부를 시작해 볼까 하는 생각이 들었던 것이다. 어렸을 때부터 소원이었던 선생님이 되기 위해서는 대학 진학을 해야 하는데 현실적으로는 도저히 불가능한 이야기였다. 하지만 하나님께 기도하며 열심히 공부한다면 무슨 길이 열리지 않을까 하는 막연한 생각이 들기 시작했다. 그러던 중 어느 날 선생님은 갑자기 교과서를 덮어놓고 칠판에 커다랗게 '뜻 있는 곳에 길이 있다.'라고 쓰시더니 이 말은 반드시 이루어지는 진리라는 것을 힘주어 강조하셨다. 그 후로는 선생님 시간을 기다렸고 선생님 시간이면 그 문제의 답을 얻기 위해 뚫어져라 선생님을 바라보았다.

어느 날 선생님은 나를 당신의 집으로 데리고 가셨다. 학교에서 1킬로미터쯤 떨어져 있는 둑 위의 허름한 집이었다. 그 외딴집에는 개를 여러 마리 키우고 있었는데, 그곳의 방을 한 칸 얻어서 살고 계셨다. 사모님과 아이들이 반갑게 맞이해 주었고, 오랜 시간 동안 선생님의 고학시절 이야기를 들으며 학창시절 앨범도 구경할 수 있었다. 선생님께서는 지금부터라도 공부를 시작해 보는 것이 좋겠다고 하시면서 나에게 많은 잠재능력이 있다는 사실을 솔직히 인정하라고 말씀하시는 것이었다. 평범한 학생에 불과한 나에게 많은 관심과 칭찬을 해주시는 선생님의 마음을 알 수도 이해할 수도 없었지만, 나는 사모님께서 정성껏 차려주신 저녁을 먹었다. 밥상은 우리 집에서 먹었던 음식처럼 소박하고 매우 깔끔했다. 단란한 분위기 속에서 즐거운 저녁식사를 나누었던 기억이 지금도 생생하다.

선생님은 나와는 별개의 세계에서 사실 것이라고 생각했는데, 가난하고 알뜰한 생활을 하고 계셨고, 그러면서도 사랑과 인정이 넘치는 삶을 살고 계셨다. 선생님의 어린 시절은 곧 나의 모습처럼 촌스럽고 순진한 생활이었다. 선생님과의 대화 중에 어렵게 공부를 하였으나 한 번도 비굴하지 않았고 수치스럽지도 않았다는 말씀은 매우 감동적이었다. 가난이라는 것은 부끄러운 것이 아니라 욕심을 조금 적게 가지고 소박하고 진실되게 살아가면 감사할 조건들이 많이 생기고, 반드시 극복할 수 있는 언덕에 불과하다는 깨달음은 내 인생의 밑거름이 되었다.

나는 둑길을 걸어 집으로 돌아오며 새로운 희망을 가지게 되었다. 대학에 가는 것은 특수계층만이 누리는 특권이 아니고, 열심히 노력하는 자의 것이라는 생각이 들었다. 그때부터 자신과의 싸움이 시작되었다. 돈 때문에 참고서도 살 수 없었고 학원은 넘겨다 볼 수 없는 데다가 학교의 수업마저 취업과목 위주여서 장님이 코끼리 더듬듯이 이 과목 저 과목을 뒤적거릴 수밖에 없었다. 희망과 실망이 교차되기를 몇 개월 하다 보니 어느덧 3학년이 되었다.

선생님께서는 처음으로 진학반 한 학급을 편성하기를 주장하셨다. 시골 아이들이지만, '하면 할 수 있다'는 꿈을 가꿔주고 '그 증거를 보여주기 위한 반'이라고 선생님과 학부모들을 설득하셨다. 하지만 모든 사람들의 의견은 회의적이었다. 3년 동안 진학공부를 하여도 어려운 대학 합격을 1년 동안 공부한다고 되는 것도 아니고, 경제적으로도 도저히 불가능하다는 판단이 앞섰기 때문이었다. 대학에 가고 싶은 학생들은 그저 선생님의 주장이 관철되기를 기다리고 있었으나, 결론은 빨리 나지 않았다. 교장 선생님마저 불가능한 일에 시간을 낭비하지 말고 취업지도나 잘하라고 꾸중을 하였다고 한다.

그러나 선생님은 포기하지 않으셨다. 계획표를 짜서 학생들과 의논하고 그대로 실시하면 어떤 결과가 올지에 대한 확신을 심어주기를 거듭한 끝에 밤 10시까지 자율학습을 하기로 했다. 이렇게 어렵게 편성된 진학반이었지만, 공부에 익숙하지 않은 학생들은 자꾸만 장난을 치고 꾸벅꾸벅 졸기를 밥 먹듯이 하였다. 그럴 때마다 낮이고 밤이고 지키고 앉아계시는 선생님께 발각되어 운동장을 도는 벌을 수도 없이 받아야만 했다.

그때만 해도 걸핏하면 학생들을 노력 동원했다. 운동장 정리, 모내기, 보리 베기 등 오전에는 수업을 하고 오후에는 일을 하러 나가는 날이 빈번했다. 그럴 때마다 선생님은 윗분들과 힘겨루기를 하셨고, 그 노력 덕분에 학생들은 공부하는 습관을 조금씩 익히게 되었다. 선생님은 매우 기뻐하셨다.

그런데 한 번은 몇 명이 학생들이 자율학습 시간에 몰래 빠져나가 집으로 가버렸다. 도망간 사실을 알고 난 선생님은 아무 말 없이 자전거를 타고 어디론지 향해서 페달을 밟으셨다. 남은 학생들은 실망한 선생님이 어디론지 떠나셨다고 웅성대며 초조한 시간을 보내고 있었다. 잠시 후 선생님은 집에까지 뒤쫓아가셔서 학생들을 데려왔고 호된 꾸중과 함께 회초리를 내려치셨다. "하면 불가능은 없으나, 안 하면 불가능한 것이야!"라며 눈시울을 붉힐 때는 모든 학생들이 함께 울었던 기억이 난다.

일요일 오전을 제외하고는 언제든지 학교에서 선생님을 뵐 수 있었고, 그때 도시락을 싸 들고 심부름을 했던 장남 이삭이와 갓난아기였던 요한이가 각각 서울대와 KAIST 졸업반인데다가 태어나지도 않았던 넷째 한길이가 치과대학에 재학 중이니 세월이 참 빠르다는 생각이 든다.

그때 나는 신념에 찬 선생님을 뵈면서 용기를 가졌으나 합격을 한다고 해도 다닐 수 없을 것이라는 실망감이 앞서며 몹시도 괴로웠다. 어느 날 운동장 모퉁이에 힘없이 앉아 있는 나를 발견하신 선생님은 조용히 다가와 다독거리며 말씀하셨다. 지역의 유지께서 도와주시기로 약속하였으니, 걱정하지 말고 공부나 열심히 하라는 것이었다. 믿어지지 않는 소식이었지만, 나는 밝은 등불을 단 것처럼 가슴이 환히 밝아졌고, 새로운 용기를 얻게 되었다.(나중에야 그 말씀은 선생님이 지어내신 것이라는 것을 짐작했다.)

우여곡절 끝에 나는 최초의 대학 합격자의 주인공이 되었다. 그러나 입학금 28만 원은 어마어마한 금액이었고, 집에서는 단돈 2만 원도 구할 수 없는 형편이었으니 그 실망감은 이루 말할 수 없었다. 그때 선생님께서는 선뜻 등록금을 마련해 주셨다. 박봉으로 많은 식구를 거느리고 있는 상태에서 적지 않은 돈을 구하기란 쉽지 않았을 텐데도 기쁘게 등록하시고는 "시작이 반이니 너는 졸업을 할 수 있을 것이라"고 하셨다. 그 당시는 우리 가족마저도 불가능한 일을 하고 있다며 아무도 선생님께 감사의 인사도 드리지 않았으나 선생님은 섭섭해 하지 않으셨다.

입학식을 앞둔 1월 초가 되자 선생님은 나를 광주로 데리고 가셨다. 그곳엔 선생님의 누님이 살고 계셨는데 슬하에 2남 2녀를 두고 있었다. 그 집에서 아이들을 가르치며 공부를 할 수 있게 해주셨다. 이를테면 학비를 벌 수 있게끔 일자리를 마련해 주신 셈이었다. 그리고는 사람들이 북적거리는 충장로 거리를 거닐면서 이런 말씀을 하셨다.

"이렇게 많은 사람들이 모두 열심히 자기 길을 가고 있지? 그래서 사회는 유지되는 거란다. 걷지 않고 서 있으면 자기만 제자리걸음이고 다른 사람들은 열심히 걷고 있기 때문에 나와는 거리가 점점 멀어지고 마는 거야, 주위를 자꾸 구경하다 보면 마음이 흔들린다. 앞만 보고 열심히 걸어가거라"

그 말씀이 얼마나 먼 미래까지 내다보며 충고해 주시는 말씀인지, 그때는 짐작도 못한 채 음식점으로 따라 들어간 나에게 선생님은 생전 처음 맛보는 '우족탕'을 사 주셨다. 어떤 어려운 일이 있어도 중도에 포기하지는 않겠노라는 약속을 하고서 선생님과 헤어진 후, 고달픈 대학생활이 시작되었다. 몹시 힘들었고, 비참하다는 생각이 수시로 들었다. 학비를 모아 놓고 나면 생활비가 없고, 먹고 살다 보면 등록금을 마련할 수 없는 악순환이 계속되는 상황이었다. 때로는 곱고 예쁜 옷도 입어보고 싶었고, 남들처럼 미팅도 해보고 싶었으나 나에게는 그럴 만한 시간도 여유도 없었다. 세상을 원망하고 비관적인 사고를 갖기도 했다. 그럴 때마다 선생님과의 약속이 생각나고, 후배들에게 나의 일화를 자랑스럽게 들려주시며 학생들을 독려하고 계실 선생님의 모습이 떠오르면 아무리 힘들어도 중도에 포기할 수는 없었다.

이를 악물고 피나는 고학생활을 견뎌 나간 끝에 다행히 휴학하는 일 없이 학업을 계속할 수 있었다. 가끔 모교를 방문해 보면 선생님이 여전히 그 자리에서 후배들을 열심히 가르치고 계셨고, 진학반 운영도 순조롭게 활성화되어 가고 있었다. 해가 바뀔 때마다 새로 대학에 들어온 후배들이 선생님의 소개를 받고 나를 찾아와 인사를 할 때면 어깨가 무거워지는 책임감과 선생님의 변치 않는 사랑을 느낄 수 있었다. 그 후 모교의 후배들 진학률은 몰라보게 높아졌고, 지금은 인근의 지방학교에서는 우수한 진학 성적을 자랑하는 명문학교가 되었다.

마침내 대학을 졸업하게 되었다. 그때의 감격은 이루 말할 수 없었다. 빨간 꽃을 들고 환하게 웃으면서 축하해 주시는 선생님 품에 안겨 펑펑 눈물을 흘리며 울다 웃다를 반복했다. 나는 포기하지 않고 마쳤다는 승리감에 도취되었고 선생님께서는 나보다 더 기뻐해 주셨다. 그러면서 "훌륭한 선생님이 되어라"라고 말씀하시며 어깨를 다독거려 주셨다. 교사가 되고 싶은 나의 꿈은 현실이 되었고, 나는 망설임 없이 모교에 부임하여 풋내기 선생님이 되었다. 선생님이 하신 것처럼 후배들을 이해하고 아름다운 꿈을 갖도록 혼신의 힘을 다해 열심히 학생들을 가르쳤다.

나는 지금도 나의 직업에 감사한다. 인생의 지도자로 남을 수 있는 교직생활을 하며 살 수 있게 된 것이 얼마나 감사한지 모른다. 세상이 각박해져서 학생이 교사를 믿지 못하고 스승의 날이 부담스럽다는 말들이 많아도 아직은 가장 순수하고 사랑과 정성이 진심으로 통하는 관계는 스승과 제자 사이라는 것은 나는 확신한다. 내가 뜨거운 가슴으로 아이들을 대하면 그들의 마음은 더 따뜻하고 다정해져서 살아가는 것이 즐거움이고 행복이라는 사실을 다른 사람들을 짐작도 할 수 없을 것이다. 선생님이 아니셨더라면 나는 지금 어떤 길을 가고 있을까를 생각해보면, 교직자의 역할이란 세상 사람들이 쉽게 말하는 정도를 넘어서 아무도 규정지을 수 없는 무한한 세계로 인도하는 등대지기라는 사실을 부인할 수 없다.

나에게도 훌륭하신 많은 선생님들이 계신다. 그중에서도 인생의 갈림길에 나침반이 되어주시고 거친 항해 길을 헤쳐나갈 방법까지 가르쳐주고 그러면서도 한 번도 당신의 노고를 내세우지 않으신 나의 선생님, 박형동 선생님! 나는 선생님을 진심으로 존경한다. 나는 무척 행복한 사람이다. 나에게는 훌륭한 스승이면서 인생의 지도자가 계시고, 내가 사랑하고 아낄 수 있는 제자들이 있기 때문이다. 이렇게 살 수 있는 길을 열어주신 분이 바로 나의 선생님인 것이다.

세상의 어떤 부귀영화도 부럽지 않으며 평생을 가난하게 살지라도 떳떳하게 살 자신이 있다. 진정으로 인정받고 존경받는 삶이 무엇이라는 것을 선생님을 통해 알게 된 것이 얼마나 다행스러운지 모른다. 나는 나의 은사님을 많은 사람에게 자랑하고 싶고 또 많은 사람이 그분을 인정해 주었으면 좋겠다. 사람을 거듭나게 해주는 일이 어디 그렇게 쉽게 될 수 있는 일이던가! 영광도 박수갈채도 없는 고행길을 묵묵히 걸어오고 계시는 그분이야말로 이 사회의 진정한 빛이요, 소금이요, 지도자라는 생각이 든다.

교직생활을 시작한 지 어언 17년의 세월이 흘렀다. 내 가르침을 받고 사회에 나간 제자들이 가끔 나와 함께 나누었던 이야기들을 떠올리며 참된 자세로 살아가는 모습을 볼 수 있다면, 그보다 더 값진 일은 없을 것이며, 나는 선생님의 제자로 부끄러움이 없을 것이다. 그 동안 한순간도 선생님의 가르침을 잊어본 적이 없었는데도, 선생님은 감사의 표시를 해보지도 못한 얌채 같은 제자를 한 번도 탓하지 않으셨다. 또한 처음으로 펴내신 시집을 잊지 않고 보내주시는 선생님은 아직도 크고 따뜻한 품을 준비하고 나를 지켜보고 계심을 알 수 있다.

나 역시 제자들에게 크고 시원한 그늘을 드리우는 느티나무가 되어 그들을 바라보는 존재로 살기를 바라며, 나는 이 시간에도 선생님을 생각하며 교사로서의 나의 자세와 마음가짐을 가다듬어 본다.

선생님께서는 또 하나의 새로운 숙제를 나에게 주셨다. '아이들과 더불어 생활하는 모습은 그 무엇보다도 아름다운 그림이 될 것이니 교직생활 중에서 감동적인 이야기를 책으로 만들어서 선생님께 보내달라'는 메시지를 시집 머리에 곱게 적어주셨다. 글을 쓸 자질이 부족한 나는 당황스러움을 감출 자신이 없다. 그러나 나는 이 말씀을 거역할 자신이 더욱 없다. 왜 하필이면 이렇게 어려운 숙제를 주셨는지 알 수는 없지만, 얼마의 시간이 흐르면 선생님의 뜻을 이해할 수 있으리라.

나는 오늘도 고민한다. 선생님의 뜻을 받아 어디서부터 글쓰기 공부를 해야 할지 도무지 짐작도 하지 못하겠으나, 나는 열심히 노력할 것이다. 선생님처럼 아이들과 더불어 참된 스승으로 생활하는 나의 모습이 담긴 책을 만들어 예쁜 글씨로 감사의 편지를 써서 선생님께 보내 드리는 날이 선생님께는 가장 가슴 뿌듯한 날이며, 선생님의 은혜에 보답하는 길이 될 것이라는 믿음을 가지면서.

19. 돌짝밭에 심은 눈물의 씨앗

교정의 목련꽃이 순백의 봉오리들을 드러내기 시작하던 3월 어느 날, 나는 귀에 익은 듯하면서도 낯선 전화를 받았다.

"선생님, 저 덕○인데요. 너무 보고 싶었어요. 건강하십니까?"

"덕○이?"

"예, 김덕○, 벌교삼광여고 졸업생 김덕○입니다."

"아, 그래, 덕○이!"

"예, 선생님! 기억해 주시네요. 선생님 속을 많이 썩여드렸는데…… 그런데 선생님! 잘 계시죠?"

"아, 그래, 잘 있지! 넌?"

"예, 이젠 염려하시지 않아도 돼요. 저 성공했어요. 지금 순천 사는데, 곧 한 번 찾아뵐게요.

그 녀석 참 속 꽤나 썩히더니 성공했다고? 나는 흐뭇한 생각이 들었다. 녀석은 1979년 내가 벌교에 있는 삼광여고에서 근무하고 있을 때, 우리 2학년 2반 반장이었다. 야무지고 당찬 덕○이는 목소리도 우렁차고 맑아서, '차렷!'하는 구령 소리만 들어도 가슴이 시원해졌다. 그러나 가난하게 살아온 까닭이었던지, 세상을 보는 눈이 차갑고 부정적인 학생이었다. 어느 날 덕○이가 학교에 나오지 않았다. 나는 자전거를 타고 고흥군 동강면 덕○이네 집을 찾아갔다. 집이 없어 마을 회관의 뒷방에서 살아가고 있었다. 마침 덕○이는 작은 보따리 하나를 들고 집을 나오고 있었다. 스님이 되기 위해 산으로 들어가려는 참이었다. 그로부터 끈질긴 나의 설득이 시작되었지만, 고집 센 아이라서 여간해서 설득되지 않았다. 나는 다음날도, 그 다음날도, 덕○이를 찾아가 위로하고 격려하면서 학업을 계속할 것을 권유했다. 결국 일주일쯤 후, 그 앤 다시 학교로 돌아왔다.

그때만 해도 농촌 사정은 매우 어려웠다. 시골의 작은 여학교라서 10여 명밖에 안 되는 선생님들이었지만, 봉급을 털어 가난한 아이들의 납부금을 내주거나, 해 질 녘이 되면 쌀자루를 메고 아이들의 자취방을 찾아가는 일이 많았다. 당시, 나는 벌교읍 장좌리 들판의 뚝 위에 있는 외딴집의 작은 방 2칸을 얻어 다섯 식구가 생활하고 있었다. 나는 첫 부임지인 이 학교에 부임해 올 때, 마음속에 다짐한 것이 하나 있었다. 그것은 내가 학생들로 인하여 봉급을 받는 만큼, 봉급의 십 분의 일은 하나님께, 또 십 분의 일은 학생들을 위해서 되돌려주어야겠다는 생각이었다. 우리 학교는 농촌에 있는 인문계 여자고등학교여서 학생들이 모집되지 않았다. 학생들을 모집하기 위해서 공부를 잘하면서도 가난해서 진학하지 못하는 아이들을 위하여 장학제도를 대폭적으로 실시하였기 때문이다. 그 지역엔 가난하면서도 향학열이 강렬한 아이들이 상당히 많았다. 나는 몇 명의 아이들을 돕고 있었다. 덕○이의 학비까지 떠맡는 것은 힘에 겨웠다. 그래서 요즘으로 치면 자선 바자회 같은 것을 열어, 덕○이의 학비와 몇 달 분의 생활비가 담긴 예금통장을 마련해 주었다. 이듬해, 나는 광주에 있는 경신여자고등학교로 전근하게 되었고, 그 후, 그 학교에서 함께 근무했던 몇몇 선생님들이 모은 장학금을 들고 두어 번 찾아가긴 했으나, 차츰 벌교에서의 일은 멀어져 갔다.

그리고 20여 년이 지난 뒤, 뜻밖의 전화를 받은 것이다. 그냥 안부 전화이겠거니 생각했다. 일주일쯤 뒤, 교사 식당에서 점심을 먹고 있는데, 교장 선생님이 웃는 얼굴로 귀한 손님이 오셨다고 말씀하셨다. 나가보니 덕○이가 자기 남편과 함께 와 있는 것이 아닌가! 식당까지 친히 내려오셔서 손님을 안내해 주신 교장 선생님이 고마웠다. 우리는 교장실에서 교장 선생님이 친히 끓여주시는 녹차를 마시며, 한 시간 정도 좋은 시간을 보냈다. 지난날의 이야기로 벌교에서의 생활이 새록새록 생각났다. '그땐 몰랐지만 참 열심히 살았었는데—, 그리고 그때가 선생다운 선생이었어—' 하는 생각이 들었다.

덕○이는 졸업 후 울산 어딘가 공장에 다닌다는 소식을 들은 적이 있었는데, 이렇게 의젓한 중년 여인이 되어 행복한 모습으로 남편과 함께 찾아온 것이다. 순천에서 상업으로 꽤 많은 돈을 벌어서 커다란 5층 빌딩을 짓고 또 다른 영업을 시작하게 되었다는 것이었다. 알지도 못하는 교장 선생님에게까지 예쁜 선물 상자를 드리고 간 뒤, 나는 조심스럽게 포장을 뜯었다. 값비싸게 보이는 고급 화장품이었는데, 그 속에 얇은 봉투 하나가 들어 있었다. 무심코 들여다보니, 50만 원짜리 수표가 2장이나 들어있는 것이 아닌가! 성격이 곧고 자존심이 강한 덕○이를 생각하며 그 마음을 이해할 것 같았다. 오랫동안 가슴속에 묻어둔 사랑의 빚을 이렇게라도 갚고 나서야 자기 가슴을 쓸어내렸으리라.

98년 가을에는 덕○이가 무척이나 따르고 좋아하던 2년 선배인 미○이로부터 전화를 받았다.(두 사람은 지금의 학생회에 해당하는 학도호국단에서 함께 활동하면서, 다같이 어려운 환경 속에서 동병상련의 심정으로 의기투합하여 늘 자매처럼 다정하게 지냈다.) 내가 쓴 '아내의 뒷모습'이란 시집을 받아보았다고 하면서 울먹이느라고 말을 제대로 잇지 못하고 전화를 끊었다. 그리고 곧바로 보내온 편지 속엔 이런 글이 들어있었다.

"늘 죄스러움과 그리움으로 선생님을 생각하며, 진정한 스승의 길을 걷고 자 노력도 하고 자신을 위로도 하며 살아왔습니다. 그런 속에서 십계명처럼 저를 따라다니며 바라보시는 선생님의 시선을 의식하지 않을 수 없었습니다. 힘들고 외롭던 고교시절에 찬바람이 씽씽 휘감기는 교문을 나서며 바라보던 선생님의 외딴집의 영상을 지울 수 없어서, 아예 가슴 한켠에 묻어두고 가끔 생각날 때마다 들여다보곤 하였습니다. 무겁고 두꺼운 구름이 가득 드리운 저의 가난 앞에 한줄기 햇빛을 만나기란 그렇게도 어려웠던 그 시절에, 선생님의 따뜻한 시선과 위로는 저에게 부모님과 같은 힘을 실어 주었습니다. 저 역시 좋은 교사가 되고자 항상 잊지 않고 노력하지만, 선생님처럼 훌륭한 스승은 될 수 없을 것 같습니다.

'세월이 무너지도록/ 두 팔을 벌리고/ 들판을 지키는/ 아버지// 가진 것/ 다 베풀고 나서/ 허름한 옷에/ 찢어진 모자를 쓰고 서서// 무서리에 젖어/ 긴 겨울밤을 새우고/ 훠어이 훠어이/ 시린 손을 저으며/ 자리를 지키는// 아버지/ 아버지/ 이제는 영악해진/ 참새마저 깔보는/ 우리 아버지' (허수아비 전문)

저는 '절대로 울지 않는다'는 신조를 가지고 살아왔는데, 이 시를 읽으면서 철철 넘치는 눈물을 주체할 수 없었습니다. 여린 가슴으로 모진 세월을 헤쳐나온 저 자신이 가엾어서 대상을 모르는 분노를 누르며 살아온 저에게, 이 시 속의 아버지는 선생님이셨습니다. 선생님은 선생님의 아버지처럼 그 누구보다도 위대하고 훌륭한 아버지로, 스승으로 시린 손을 휘저으며 자리를 지키고 계십니다.

화려한 언어와 과장된 표현의 시보다, 꾸밈없이 진실 그대로를 곱게 표현하신 시들을 읽으며 커다란 감명을 받았습니다. 선생님의 시는 세상 어떤 시보다도 제 가슴속을 파고들었고, 이 세상 사람들에게 한 부모의 자식으로, 가정의 가장으로, 시대의 스승으로, 종교의 파수꾼으로, 외로운 이의 친구로 오래도록 신선한 바람으로 남게 되리란 걸 확신합니다."

자기의 말대로 미○이는 결코 울지 않는 독한 아이였다. 그러니까 1978년 5월 어느 날이었다. 춘곤증으로 꾸벅꾸벅 졸고 있는 아이들을 깨우다 못해 가르치던 교과서를 덮어놓고 정신훈화를 시작했다. 나는 칠판에다 '뜻 있는 곳에 길이 있다'라고 썼다. 그리고 이 말은 그냥 좋은 말이 아니라 반드시 이루어지고야 마는 진리라고 역설했다. 나는 그때 작지만 반짝이는 눈빛을 의식할 수 있었다. 미○이의 눈이었다.

몇 달 후 대학입학 예비고사를 치렀다. 시골학교에서 예비고사에 합격하는 것은 쉬운 일이 아니었다. 미○이를 비롯해 우리 반에서 17명의 아이들이 합격했다. 풍성한 수확이었지만, 정작 본고사가 문제였다. 그런데 미○이는 가난했다. 아버지는 지병을 앓다가 돌아가셨고, 어머니와 오빠 밑에서 자랐는데, 우리 학교에서 장학생으로 데려다가 가르치고 있었다. 고등학교를 졸업하게 되자, 집에서는 이제 취직해서 돈을 벌어주길 고대하고 있었다. 우리 학교는 인문계 고등학교였지만, 아이들의 취업을 위해 주산과 타자를 가르쳤는데, 미○이는 주산, 타자 모두 1급을 따냈으면서도, 대학에 진학해서 선생님이 되는 것이 유일한 소망이었다. 다니기 어려운 줄 알지만, 입학시험도 못 보고 그만둔다는 것이 너무도 억울했던지, 학비가 싼 국립대학교인 전남대학교에 원서를 썼다. 그런데, 웬일인가? 마감 날 애써서 만들어 준 제출서류를 빠뜨리고 간 것이 아닌가? 결국 접수도 못 하고 처량한 모습으로 힘없이 돌아왔다. 다행히, 사립인 조선대학교는 하루 늦게 원서를 마감했다. 나는 미○이에게 조선대학교 국어교육과에 지원해 보라고 했다. 미○이는 조선대는 합격해도 납부금이 비싸서 다닐 수 없다고 말했다. 나는 계속 설득했다.

"넌 어떻게 생각할지 모르나, 나는 신앙심이 깊은 너를 하나님이 인도하시고 있다고 믿는다. 하나님은 착실한 네게 일부러 서류를 빠뜨리게 하셨는지도 모른다. 사람은 최선을 다하고, 하나님의 뜻을 기다리는 것이 도리요 지혜다. 미리 포기하지 말고 마지막까지 기회를 붙잡고 있자. 사람은 내일 어떤 일이 일어날지 알 수 없는 것이다."

망설이던 끝에 미○이는 조선대학교에 원서를 냈다. 그리고 5:1의 치열한 경쟁을 이기고 합격했다. 드디어 시골의 작은 우리 학교에서 제1호 대학 합격자를 낸 것이다.(미○이는 2회 졸업생으로 1회 졸업생은 대학 합격자가 한 명도 없었다.) 그러나 미○이의 얼굴은 무겁기만 했다. 머뭇머뭇 뭔가 할 말이 있는 것 같았다. 한참을 망설이다가 혼잣말처럼 슬쩍 한마디를 했다.

"선생님께서 뜻있는 곳에 길이 있다고 하셔서 열심히 공부했는데……"

그 순간 나는 덜컥 가슴이 내려앉았다. 언젠가, 내가 입에서 침을 튀기며 아이들 앞에서 강조한 말이 아닌가? 나는 나의 말에 책임을 져야 한다는 생각이 들었다.

"그런데?"

나는 책망하듯 물었다.

"아무래도 전 조선대는 못 가요, 오빠한테 합격했다는 말을 했다가 혼만 났어요."

"그래서?"

"할 수 없잖아요. 포기해야지……"

"뭐라고? 포기하긴 뭘 포기해? 선생님의 말씀을 믿으려면 끝까지 믿어야지!"

나는 묘한 자존심에 마음에도 없는 말을 꾸중하듯 외치고 있었다. 솔직히 나도 자신이 없었다. 아니 어쩌면 불가능하다는 것을 알고 있었다. 그러나 나는 물러설 수가 없었다. 집에 가서 어머니와 오빠, 또는 조금이라도 도와줄 수 있는 친척들에게 사정해보고, 내일 다시 오라고 했다. 미○이를 돌려보내고 교실에 들어갔지만, 나의 뇌리엔 미○이의 말이 계속 부딪혀왔다. '뜻 있는 곳에 길이 있다는 선생님의 말씀을 믿고 공부했는데……'

도저히 수업을 진행할 수 없었다. 나는 책을 덮었다. 그리고 아이들에게 그 이야기를 꺼냈다.

"우리 학교에서 처음으로 대학에 합격한 미○이 언니가 형편이 어려워서 대학을 갈 수 없게 되었다. 이건 너무 가슴 아픈 일이 아니냐? 우린 이 교정에서 얼마 안 되는 전교생이 함께 생활했다. 나는 너희들에게 호소한다. 너희들이 도와준다고 해서 미○이가 못 갈 대학에 가게 되는 것도 아니고, 안 도와준다고 해서 갈 수 있는 대학에 못 가게 되는 것도 아닐 것이다. 그러나 우린 우리의 따뜻한 마음을 모아 언니에게 전하자. 언니에겐 일생에 있어서 큰 위로와 힘이 될 것이다. 그것이 우리가 아름답게 사는 길이요, 슬픔과 기쁨을 함께 나누는 삶이다."

아이들은 모두 찬성했다. 그리고 즉석에서 모금 운동이 시작되었다. 1, 2학년 5개 반에서 모인 돈은 20,000원 정도가 되었다. 한 학생은 자취방에 헐레벌떡 다녀오더니 빨간 돼지 저금통을 내밀었다. 6,000원 정도가 들어 있었다. 대학 입학금은 28만 원이 넘었다. 십분의 일도 안 되었지만, 시작이 반이 아닌가? 교무실로 들어온 내게 옆자리에 앉으신 최 선생님이 노란 봉투 하나를 내 책상 위로 밀어주며

"얼마 안 되지만 보태십시오." 하는 것이 아닌가. 어떻게 알았을까? 만 원이 들어 있었다. 정말 고마웠다. 그날 밤늦게 집

에 돌아갔지만 잠을 이룰 수 없었다. 다급할 때 하나님을 찾는다 하지 않던가. 나는 이리 뒤척 저리 뒤척 잠 못 이룬 채 기도했다.

"하나님, 제 기도를 들어주십시오. 저는 좋은 말을 가르쳤습니다. 미○이는 어려운 환경 속에서도 그 말을 믿고 공부했습니다. 그리고 합격했습니다. 등록 마감 날이 모렌데 아직 길은 열리지 않고 있습니다. 제겐 가진 것이 없습니다. 하나님이 해결해 주셔야 합니다. 저는 대학을 다닐 때 형편이 어려워 집안 식구를 먹여 살리면서 학비를 마련하기 위해 낮에는 옷 만드는 공장에서 일하고 밤에 학교에 다녔습니다. 그리고 오늘 이렇게 교사가 되었습니다. 저는 교사로서 당연히 가르쳐야 할 것을 가르쳤습니다. 그런데 만약 그 말이 거짓이 된다면 저는 거짓을 가르친 선생이 되고 맙니다. 저를 도와주십시오. 우리 미○이의 앞길을 열어 주십시오!"

나는 이때처럼 간절하게 밤새워 기도해 본 적이 없었다. 잠 못 이룬 긴 하룻밤이 지나갔다. 다음날 나는 이사장님을 찾아갔다. 미○이를 가르쳐 주고 대학을 졸업한 뒤 우리 학교에서 근무하면서 갚도록 하면 어떻겠느냐는 나의 간청을 들으신 이사장님은 어렵게 말씀하셨다. '누구보다도 내 형편과 학교 형편을 잘 아시면서 그러시냐?'고, '미안하다'고. 사실 그랬다. 우리 학교는 재정이 부족해서 교사들의 봉급도 제대로 주지 못하고 있었고, 이사장님 개인적으로도 어려움을 겪고 있었다. 나는 말없이 그 방을 나왔다.

미○이가 왔다. 친척 중에서 자기를 돕거나 대학에 가는 것을 찬성하는 사람이 아무도 없다는 것이었다. 그래서 진학을 그만두겠다고 말했다. 나는 다시 오기가 일어났다.

"그게 무슨 소리야? 이제 와서 그만두다니! 길은 반드시 열린다."

"그렇지만 선생님 안 되는 일도 있잖아요?"

"뭐가 안 돼? 선생님이 된다면 되는 줄 알아야지!"

"선생님, 제 사정을 뻔히 아시면서……"

"그래, 안다. 네 뒤엔 하나님이 계시지!"

나의 우격다짐은 갈수록 높은 목소리로 커져 가고 있었다. 그렇지만 정직하게 말한다면 나도 그 말대로 이루어질 것을 믿고 있지는 않았다. 다만 끝까지 가보자는 교사의 체면이랄까, 자존심이랄까, 이런 것이 나를 충동하고 있었다. 나는 미○이를 다시 돌려보내며 내일 한 번 더 오라고 단단히 단속해서 보냈다. 그날 밤 나는 절벽에서 기도했다. 이젠 한 발짝도 앞으로 내디딜 수 없는 상황에 와 있었다.

"하나님, 이제 어쩌시렵니까? 내일이면 등록 마감입니다. 저는 모릅니다. 제 일이 아닙니다. 저를 교사로 세우신 분도 하나님이요, 하나님을 믿는 이 학교에서 가르치게 하신 분도 하나님입니다. 제가 거짓말을 하게 되면, 그것은 제가 아니라 하나님이 거짓말을 하시는 것입니다. 만약 이 일을 책임져 주시지 않는다면 저는 더 이상 선생을 할 수 없습니다. 진리라고 생각해서 가장 힘주어 가르친 말도 거짓말이 된다면 다른 것은 가르쳐서 무엇하겠습니까? 알아서 하십시오!"

기도가 아니라 숫제 협박이었다. 사방이 꽉 막혔을 때, 나는 하늘을 바라볼 수밖에 없었다. 마지막 날이 밝았다. 2교시가 끝났을 때 어떤분이 내게 봉투를 내밀었다. 봉투 속에는 20만

원이 들어 있었다. 하나님이 보내주신 것이다. 이제 236,000원이 되었다. 나머지야 봉급에서 가불을 해도 되겠지! 속주머니의 지갑이 두툼해지니 그렇게 좋을 수가 없었다. 이 녀석이 빨리 와야 할 텐데. 오히려 기다려졌다. 점심시간에 미○이가 지친 모습으로 학교에 왔다. 나는 시치미를 떼고 어찌 됐느냐고 물었다. 이제 대답할 힘도 없다는 듯 작은 목소리로 진학을 포기했다고 말했다.

"뭐, 포기해? 아직 몇 시간이 더 남아 있는데, 왜 포기해?"

미○이는 남의 말하듯 하는 태평스럽게 말하는 나의 태도에 속이 상한 듯 대꾸했다.

"아이, 선생님 농담하실 때가 아니잖아요?"

"뭐? 농담이라고? 이 녀석 안 되겠네? 감히 선생님의 말씀을 농담으로 들어? 그리고, 너 왜 그렇게 믿음이 약하냐? 선생님을 믿든지, 하나님을 믿든지 한 번 믿었으면 끝까지 믿어야지!"

"……"

미○이는 어처구니가 없어 할 말을 찾지 못하고 있었다. 그럴수록 나는 기세등등하게 나무라며 훈계를 하고 있었다. 그리고 마지막으로 나와 함께 네 형부를 찾아가 사정을 해보면 어떻겠느냐고 말했다. 지푸라기라도 붙잡는 심정이었던지, 미○이는 그렇게 해주시겠느냐고 하면서 일어섰다. 나는 미○이와 함께 형부를 찾아갔다. 그리고 간곡하게 사정을 했다. 그러나 형부는 오빠가 도와주면서 부족하면 힘껏 돕겠지만, 오빠가 10원 한 장 안 도와주고 오히려 '끝내 대학에 가면 너는 우리 식구도 아니다!'라고 호통을 치는데, 내가 무슨 힘으로 등록금을 마련해 주겠느냐고 잘라 말하는 것이었다. 게다가 형부도 막노동으로 살아가는 가난한 사람이었다.

나는 속주머니에서 돈 봉투를 끄집어냈다. 형부는 의아한 눈초리로 쳐다보았다.

"이것이 학교에서 마련한 24만 원입니다. 어떻게 할까요?"

형부는 얼굴이 붉어지면서 말도 없이 어디론가 나가더니, 잠시 후 부리나케 돌아왔다. 그 손에는 6만 원이 들려져 있었다.

나는 미○이와 함께 버스를 타고 광주로 올라왔다. 마감시간 1시간 전에 등록을 마칠 수 있었다. 그때까지도 영문을 모른 미○이는 아무 말도 못하고 정신 나간 사람처럼 내 뒤를 따라만 다녔다.

"미○아, 너 이제 대학생이 됐으니까 선생님하고 차 한잔 마시자!"

나는 충장로 1가에 있는 '1번지다방'에 들어가 커피 한 잔씩을 시켰다.

"자, 커피 마셔. 어깨 펴고!"

"선생님!"

"왜?"

"저어 어떻게 할까요?"

"뭘?"

"선생님 돈……"

"갚아야지!"

순간 미○이의 표정이 어두워졌다.

"가능하면 이자까지 쳐서 갚아! 갚기는 갚되, 너도 언젠가 교사가 되어 강단에 서겠지. 그때, 너처럼 어려운 네 제자들에게 갚아라."

그제서야 내 말뜻을 알아듣고 안도의 숨을 가늘게 내뿜었다.

"미○아, 지금부터 내가 하는 말을 서운하게 듣지 마라. 오늘 이후론 힘들어도 네 힘으로 살아가라. 나는 네가 아무리 어려워도 돕지 않겠다. 마지막으로 이건 네 책값과 용돈이니 필요한데 써라."

나는 봉급에서 가불해 가지고 온 6만 원을 건네주었다. 나와 미○이는 충장로를 걸었다. 어깨가 부딪힐 정도로 많은 사람들이 잰걸음으로 저마다의 길을 가고 있었다.

"미○아, 저 사람들을 보아라. 많은 사람들이 모두 열심히 자기 길을 가고 있지? 그래서 사회는 발전하는 거란다. 걷지 않고 서 있으면 다른 사람들은 저만큼 멀어져가고 마는 거야. 주위를 돌아보거나 탓하지 마라. 앞만 보고 열심히 걸어라. 아무리 어려워도 결코 포기해서는 안 된다."

미○이는 묵묵히 듣고 있었다. 나는 내 누님 집으로 데리고 가서 과외선생으로 조카들을 가르치게 했다. 미○이는 피나는 고생을 하며 학업을 계속했다. 과외는 물론 밤늦게까지 식당 설거지, 표구점의 풀칠, 신문 배달 등 닥치는 대로 일하며 학교를 다녔다. 졸업하는 날 나는 꽃다발을 안겨주며 축하해 주었다.

베푼 은혜는 물 위에 새기고 받은 은혜는 돌비에 새기라는 말이 있다. 나는 내가 베푼 작은 것을 잊어버리려고 했다. 그러나 사람은 그러기가 어려운가 보다. 언젠가 내가 병이 나서 광주에 올라와 누님 집에 며칠 머무르며 치료한 적이 있었다. 조카의 과외를 마친 미○이가 내 방에 들어와서 말했다.

"선생님, 안 아프시면 맛있는 것 사주시라고 하려 했는데, 왜 아프셨어요?"

순간 내 마음엔 서운함이 스며들었다.

"선생님, 건강하시면 맛있는 것 사 드리려고 했는데, 빨리 나으셔요!"

그렇게 말했으면 좋으련만. 나는 지금까지 내색하지 않았지만, 다른 애들이 나에게 정감 있게 대하는 것을 볼 때는, 나도 모르게 그렇지 못한 미○이에 대해서 서운한 생각이 들 때가 있었다. 아니 표현만 하지 않았을 뿐, 내 마음속 깊은 곳에 오래도록 묻혀 있었다.

미○이는 모교로 돌아가 국어교사가 되었고, 결혼한 뒤 수원 삼일상업고등학교로 옮겼다. 이러는 사이에 20여 년이 흘러갔다. 작년 초가을 어느 날 나는 미○이의 전화를 받았다.

"선생님, 저 미○인데요, 저 선생님 덕에 교육부장관상을 받았어요, 선생님 감사해요!"

"나 때문에 장관상을 받다니?"

"이번 고마우신 선생님에 대한 체험수기 공모에서 제가 선생님 이야기를 써 냈는데 입선이 됐어요. 그 내용은 곧 보내드릴께요."

하는 것이 아닌가? 며칠 후 미○이의 글을 받아 읽으면서 그렇게 냉정해 보이던 미○이의 가슴속에 뜨거운 감사의 피돌기가 식지 않고 있었음을 확인했다. 조개알 속에서 진주를 발견한 것처럼 기뻤다. 그러면서도 감사할 줄 모르는 녀석이라고 서운한 마음을 품어 온 내 자신이 부끄러웠다. '나는 아직도 스승다운 스승이 되려면 멀었구나!' 하는 생각이 들었다.

나는 덕○이와 미○이의 가슴에 뿌려진 씨앗이 남모르게 움트고 자라서, 이젠 상당한 그늘을 드리우는 정자나무로 자라고 있음을 보았다. 황폐한 돌짝밭 같은 가슴들이었지만, 거기에 부은 나의 사랑이 그들의 가슴을 부드러운 옥토로 만들어 낸 것이다. 이 어찌 보람된 일이 아닌가?

오늘 우리는 교실이 무너지는 것을 탄식한다. 교사와 학생 간에 존경과 사랑이라는 믿음의 밧줄이 끊어져버린 속에서 나는 무엇을 할 수 있을까? 무엇을 가르칠 수 있을까? 회초리도 빼앗겼다. 권위도 무너졌다. 사회 경제적 지위도 우습게 보이는 교직이다. 학생들은 나보다 더 영악하다. 나는 저 아이들에게 날마다 올려다보는 큰 바위 얼굴이 아니다. 그럼에도 나는 이 자리에 서 있다. 그것은, 내 가슴속에 반도체 칩이 아닌 '자연산 심장'이 뜨겁게 박동하고 있기 때문이다.

교육학자들의 설명은 다르지만, 나는 나름대로 역사를 공부하며 교육의 흐름에 대한 신념을 가지고 살아왔다. 고대, 그러니까 공자, 맹자나 석가모니, 그리고 소크라테스, 예수 시절엔 인간의 인격을 이루는 지(知), 정(情), 의(意)라는 세 가지 요소 중에서 의(意)에 교육의 중점을 두었다. 그들은 지식을 가르치거나 정을 주고받기보다는, 후생들에게 큰 뜻을 심어주려 했다. 그런 교육이 빛나는 역사의 황금기를 만들어냈다. 그러다가, 산업혁명 이후 지식과 기술이 폭증하면서 치열한 경쟁사회에서 이겨 나갈 수 있는 지식 위주의 교육으로 전환되어 지금까지 이어왔다.

그렇다면 지금은 어떤 교육이 필요할까? 나는 그것은 정(情)을 불러일으키는 교육이라 생각한다. 메마른 감정으로 매사에 효율과 합리성을 따지고, 사랑과 감사까지도 수치로 계산하며, 마음과는 아무런 상관없이 사무적으로 부분적인 관계만 맺는 냉혹한 사회 속에서, 우린 잃어버린 인간성, 그 아름다운 인간의 본질을 찾아내야 한다. 그 원천은 따뜻한 가슴이다. 아이들의 가슴을 따뜻하게 덥히는 것, 나는 그것이 교육의 역할이라는 생각을 고집스럽게 지켜왔다. 오늘날 체벌이 문제가 되자 체벌하지 않고, 벌점제를 운영하는 학교가 많아졌다고 한다. 학생들이 자기의 잘못을 뉘우치든 말든 상관치 않고, 잘못한 만큼 벌점을 주어 학생부에 기록하면 된다는 계산이 무섭게 느껴진다. 학생과 교사가 이렇게 사무적 관계로 변해버려도 되는지, 슬픈 일이다. 세상이 어떻게 보든지 나는 회초리를 들고 싶다. 물론 사랑 없는 매는 학생에 대한 폭력이요, 인격의 무시다. 나는 잘못의 대가로 매를 때리는 것은 찬성하지 않는다. 잘못의 대가가 아니라, 그 인격과 영혼에 대한 사랑으로, 그 마음을 아프게 하고 건드려 줌으로써, 자신의 삶을 돌아보고 잘못을 고치게 하기 위한 것이어야 한다. 나는 매를 즐겨 사용하지는 않지만, 꼭 필요하다고 생각할 때는 때리는 것을 주저하지 않았다. 교사는 학생과 같이 아파하고, 같이 괴로워하고, 같이 울어야 한다. 그러면 매를 맞은 학생도 교사를 원망하지 않는다. 맞고 나서, 몸이 아파서가 아니라 마음이 아파서 울 때, 그 학생의 마음은 비옥하고 부드러운 옥토로 밭갈이 되는 것이다. 그리고 선생님이 심어준 말씀의 씨앗은 언젠가 싹이 트고 튼튼하게 자라서 시원한 그늘을 넓게 드리워주는 이 나라의 정자나무가 될 것이다.

다행히 나는 2008년에 퇴직했다. 만약 지금도 교단에 서 있다면 나는 영락없이 폭력교사다. 세상이 참 많이 변했다.

20. 맺는말/ 공부에 왕도는 없다. 그러나....

세상엔 책이 넘쳐난다. 우리는 책을 읽고 감동하면 밑줄을 친다. 밑줄을 그을 문장이 없다는 것은 마치 타작마당에 검불만 날리는 것과 같다. 쭉정이만 가득한 타작마당, 그것을 거두어야 하는 농부의 마음이 얼마나 허망하겠는가?

나는 이 책을 쓰고 싶었지만, 검불 같은 책이 될까 봐 무척 망설였다. 그러나 한편으로 나같이 가난한 소시민들에게 희망의 빛을 비추어주고 싶었다. 오늘날 우리 사회의 서민은 세 가지의 절벽 앞에서 절망하고 있다. 그것은 평생을 고생해도 내 집을 마련하기 어렵다는 것, 죽도록 공부하고 찾아봐도 들어갈 직장이 마땅찮다는 것, 그리고 중산층이나 부유층을 도저히 따라갈 수 없는 자녀교육의 문제다. 나는 그중에서도 자녀교육상의 절벽이라도 허물어주고 싶었다. 나는 학원수강, 과외지도, 족집게 지도 등 엄청난 비용을 투입해야만 자식을 잘 가르칠 수 있다는 일반의 인식을 허물고 싶었고, 그러기 위해서 내가 살아온 길을 이야기해주고 싶었다. 내가 살아온 길과 그 이야기를 통해서 더 지혜롭고, 더 건강하고, 더 효율적인 교육의 길이 있음은 보여주고 싶었다. 그래서 나는 이 책에서 조금은 부끄러울 수도 있는 내가 살아온 모습을 사실대로 솔직하게 내비치기로 했다.

이 책은 일반의 인식을 정면으로 깨부수려는 부분이 있기 때문에 마치 이단아의 맹랑한 주장이라고 생각해버릴까 염려가 되지만, '그렇게 해봐도 안 돼'라는 고정관념을 버리고 진지하게 읽고 생각하고 행동해주기를 간절히 바라면서 이 책을 썼다.

이 글을 쓰는 나는 인품과 학식, 권세와 재산, 건강... 이 모든 것에 있어서 독자만 못한 사람일 것이다. 연약하고 부족한 사람이다. 작은 실패에도 실망하고, 조그만 일이 닥쳐와도 걱정하며, 번번이 실수하면서 이웃이나 가족에게 상처도 주면서 살아온 사람이다. 그럼에도 당돌하게 이런 주장을 하는 이유는 무엇인가?

나는 3남 2녀의 자식을 두었다. 내 자녀들은 유명한 이름을 얻은 사람들이 아니다. 소박하게 살아간다. 그러나 그 이름은 깨끗하고 따뜻한 이름이다. 내 자녀들은 많은 재산을 모으지 않았다. 열심히 일해서 얻은 소득으로 이웃과 더불어 살아가고 있다. 매년 후진국을 한 차례씩 찾아가 의료봉사를 하고 구호품을 전달한다. 열심히 교회를 섬기며 하나님을 찬양한다. 나는 내 자녀들이 공부를 잘했다고, 그러니 이렇게 가르쳐보라고 말하고 싶은 것이 아니다. 이렇게 살아가는 자녀를 길렀다고 말하고 싶다. 삶에 있어서 선한 목표는 중요하다. 그리고 그 선한 일을 하기 위해서는 우리는 힘이 필요하고 그 힘은 이런저런 공부에서 나온다. 그러므로 선한 목표를 가진 자는 열심히 공부하게 되어 있다.

이 책에서 나는 우리의 자녀들을 어떻게 길러내야 할 것인가를 다루었다. 결국 이것은 자녀의 덕성, 감성, 지성의 문제로 귀결될 수밖에 없다. 나는 독자들이 알게 모르게 '어떻게'의 문제를 중심으로 다루어왔다. 학부모도 '어떻게' 하면 내 자녀가 공부를 잘할 것인가에 대해 관심을 가지고 읽었을 것이다. 특히 효율적이고 구체적인 학습 방법에 대한 힌트를 얻으려고 했을 것이다. 그러나 학문에 왕도는 없다. 모든 사람에게 효과적인 학습 방법의 법칙은 존재하지 않는다. 다만, 노력하는 자만이 자기에게 맞는 학습 방법을 찾아낼 수 있다. 아무리 영리해도 노력하지 않으면 성공하지 못한다. 차이코프스키를 길러낸 루빈스타인은 "하루를 연습하지 않으면 나 자신이 알고, 이틀을 연습하지 않으면 친구들이 눈치를 채고, 사흘째 연습을 안 하면 수 많은 청중이 바로 알아차린다"라고 말했다. 루빈스타인의 뛰어난 선율은 타고난 재능으로 완성된 것이 아닌 지독한 연습으로 이룬 실력이었다.

축구선수가 되려면 축구공을 가지고 놀아야 공을 잘 차는 요령을 체득한다. 축구에 관한 지식과 이론도 필요하다. 그러나 그런 것은 나중의 일이다. 먼저 공을 가지고 노는 것부터 시작해야 한다. 공을 가지고 재미있게 놀아야 한다. 그래서 공을 가지고 노는데 미쳐야 한다.

공부도 마찬가지다. 공부를 잘하려면 책을 가지고 살아야 한다. 머리를 싸매고 독서와 씨름을 하고 교과서와 씨름을 하고 문제풀이와 씨름을 해야 한다. 축구와 마찬가지로 공부도 즐겁게 해야 한다. 틈만 나면 공부를 해야 한다. 멋진 꿈을 꾸면서 공부해야 한다. 그렇게 공부를 하다 보면 자기에게 맞는 학습 방법을 체득하게 된다.

요약하면 첫째, 흥미를 가지고 즐겁게 공부해야 한다. 둘째 인내심을 가지고 끝없이 노력해야 한다. 셋째 아름다운 목적을 가지고 공부해야 한다. 이런 말을 하면 그것을 모르는 사람이 어디 있느냐고 반문할 것이다. 그러나 그것이 진리인 걸 어떡하랴? 그렇다고 말할 수밖에.

그러나 유의하기 바란다. 자녀를 훌륭하게 키워내기 위해서는 부모가 해야 할 일이 있다. 부모는 자녀가 공부에 흥미를 가지고 즐겁게 공부하도록 해주어야 한다. 부모는 앞서 지적한 세 가지를 해줄 수 있다. 그래서 나는 한 권의 책으로 누누이 설명해 온 것이다. 다시 읽은 부분들을 돌이켜 생각해보라. 내가 말해 온 것이 바로 자녀로하여금 꿈을 갖게 하고 스스로 즐겁게 공부하도록 하기 위해서 부모가 해주어야 할 것들을 경험적으로 말해왔지 않는가?

다만, 먼저 경험한 부모로서, 그리고 진학지도를 해온 교사로서 몇 가지 팁은 줄 수가 있다.

첫째, 수업만큼 중요한 것은 없다. 오늘 우리의 학교교육 현장을 보면 수업시간에 열심히 참여하는 학생은 별로 없다. 많아야 1/3이 집중한다. 1/3은 잔다. 1/3은 건성으로 듣는다. 이것이 교실의 일반적인 현상이다. 왜 그런가? 몸과 마음이 피곤하기 때문이다. 사회적 분위기가 피곤한 데다가 학원이니, 과외니, 스펙 쌓기니 하는 것들로 너무 피곤하다. 오죽하면 초등학생이 제일 바쁘다는 소리가 나오겠는가? 아이들의 몸과 정신이 녹초가 되어 있으니 수업시간에 집중할 수가 없는 것이다. 그래서 어린아이들은 노는 것이 중요하고, 입시를 준비하는 청소년은 휴식이 필요하다. 집중하지 못하면 효과가 없다. 가슴에 들어와 박히지도 않는데 많이 듣는다고 많이 알게 되는 것은 아니다. 제발 자녀들을 여유롭게 풀어놓아라.

어떤 일에 집중하는 것은 대단히 중요하다. 예를 들어 컵에 주스를 가득 담아 한 방울도 흘리지 않고 100미터 달리기를 한다면, 그 선수는 오직 컵 속의 주스가 흔들리지 않게 해야 하기 때문에 다른 곳을 바라볼 수 없을 것이다. 누가 자기를 바라보고 있는지, 누가 박수를 치는지, 누가 깃발을 흔들고 있는지, 누가 결승선에서 테프를 잡고 있는지, 아무것도 바라보지 않고 오직 컵 속의 주스가 흔들리는 것에만 신경을 쓸 것이다. 그래야 우승할 수 있기 때문이다.

나는 초등학교에서는 공부를 열심히 한 편이었지만, 중고등학교 때는 화가가 된다고 그림에 미쳐 있었다. 그 시절엔 예비고사로 대학입학 자격을 부여한 데다 예능계 대학은 실기시험 성적이 합격을 좌우했다. 그래서 나는 학과공부를 열심히 하지 않았다. 그런데 갑자기 미술대학을 포기하고 법과대학으로 진학하였다. 대학 2학년을 마치고 군에 입대하였다. 군대에서 제대하자마자, 경제적 어려움이 닥쳐와 야간 대학으로 옮겨가 공부를 해야 했다. 낮엔 새벽부터 옷 공장에서 일하다가 밤에 대학 강의를 들으러 가면 피곤이 밀려와 강의실에 앉자마자 잠이 쏟아졌다.

대학을 졸업하자, 나는 교직과정을 이수한 덕으로 시골 인문계고등학교 교사로 발령을 받아 학생들을 가르치게 되었다. 한 학년이 2학급인 작은 학교이다 보니 난감하게도 정치경제뿐만 아니라, 국사와 지리 과목도 맡아야 했다. 그것도 두 세 학년을 가르쳐야 했으니 수업연구의 부담이 이만저만이 아니었다. 밤새 지도안을 작성하고 외워도 대학에서 배우지도 않은 교과목을 가르친다는 것은 어불성설이었다. 어젯밤 밤새 외운 지식은 교실 문을 열고 들어가는 순간 까맣게 잊어먹었다. 그런데 신기한 것은 칠판 앞에 서면 고등학교 시절에 그 부분을 강의하시던 선생님의 얼굴과 제스처와 억양이 선명하게 떠오르는 것이었다. 나는 어젯밤 공부한 것은 다 잊어먹었지만, 10여 년 전 고등학교 시절 수업 중에 배운 실력으로 그 강의를 감당해낼 수 있었다. 나는 무척 모범적인(?) 학생이어서 수업 시간에 헛짓을 하지 않고 충실하게 참여했던 열매를 그때 거둔 것이었다. 수업 시간에 열중하는 것이 얼마나 중요한가를 철저하게 느낀 순간이었다.

둘째, 도달 목표를 설정하는 것이 중요하다. 목표는 절대적 목표를 정할 수도 있지만, 상대적 목표를 정하는 것이 좋다. 한 학기의 도달 목표는 현재 자기의 성적 순위에 0.7~0.8 정도를 곱한 것이 바람직하다. 유의해야 할 것은 너무 욕심을 내지 말아야 한다. 성적은 하루아침에 올라가는 것이 아니기 때문이다.

셋째, 하루하루의 학습 목표는 시간보다는 교과별 진도(페이지)를 목표로 하는 것이 좋다. 그래야 개운할 뿐만 아니라, 그 목표에 집중하기 쉽다.

넷째, 마인드맵을 그려야 한다. 마인드맵의 구조는 나무형, 눈꽃형, 시간진행형 등 여러 가지가 있다. 학습 내용에 따라 적정한 것을 선택하되, 가능하면 시간의 흐름이 있는 경우라면 시간진행형을 따라 작성하는 것이 좋다.

다섯째 흔적을 남기며 공부하라. 중요한 문장에는 밑줄을 긋는다. 교과서라면 내용의 중요도에 따라 연필, 검정 볼펜, 색연필 등 가지 정도의 필기도구를 사용하는 것이 좋다. 처음 읽을 때 중요하다고 생각하는 것은 연필로 밑줄을 긋고, 두 번째 읽을 때도 중요하다 생각되면 검정 볼펜으로, 그다음 다시 읽어도 중요하다고 생각하는 것은 색연필로 글자를 입히는 것이 좋다. 색연필도 2색 이상을 사용하는 것이 좋다. 그러면 내용의 중요도가 4, 5단계로 구분할 수 있다. 중요하지 않아서 아무 밑줄이나 색연필을 사용하지 않은 문장, 약간 관심을 가져야 할 내용이라서 연필로 밑줄 친 문장, 중요해서 볼펜으로 밑줄을 그은 문장, 아주 중요한 내용이라서 빨간 색연필을 사용한 단어나 문장, 노란 색연필로 표시한 핵심 단어나 문장으로 구별한다. 이때 밑줄을 그을 때 잣대를 사용해서 반듯하게 긋지 말고, 밑줄이 비뚤어져도 좋으니까 그냥 손으로 긋는 것이 훨씬 효과적이다. 왜냐하면, 잣대로 반듯이 그으면 기계적이어서 마음이 묻어나지 않는데, 자기 손 가는 대로 그으면 그것이 마음이 흘러간 흔적이라서 잘 기억되기 때문이다. 교과서가 깨끗한 사람은 공부를 잘할 수 없다. 교과서는 더럽게(?) 사용할수록 좋다. 중요한 문장에 밑줄도 긋고, 핵심 단어에 색칠도 하고, 관련된 그림도 그려 넣고, 떠오르는 낙서도 해야 한다. 필요한 경우에는 위의 문장, 단어와 관련 있는 아래 문장, 단어를 바로 줄을 그어 연결하거나, 페이지가 다른 경우 옆 페이지로 연결해도 좋다.

그렇게 공부해놓으면 시험 바로 앞두고는 교과서를 일일이 다 읽을 필요가 없다. 책장을 넘기면서 위아래를 지나가는 눈길로 훑어보기만 해도 그 내용이 영화의 장면이 스치고 지나가는 것처럼 교과서의 내용이 머릿속을 스쳐 지나가는 것이다. 그래서 수능시험 앞두고는 하룻밤에도 그 모든 교과서를 다 공부할 수 있게 되는 것이다.

여섯째, 복습은 꼭 그날그날 미루지 않고 해야 한다. 복습을 마치면 예습을 해야 한다. 복습과 예습 중 어떤 것을 중심으로 해야 하느냐고 묻는다면, 나의 경우에는 복습보다 예습이 더 효과적이었다. 앞서 말한 바와 같이 나는 초등학교 시절 사회과 부장을 하면서 동급생들이 볼 시험문제를 내야 했다. 그러기 위해서 예습을 많이 했고, 다음날 선생님이 그 내용을 가르쳐주실 때는 무척 흐뭇했었기에 결코 잊어먹을 염려가 없었다. 예습은 자기주도적으로 하는 것이기에 더욱 효과가 있다.

일곱째, 교과서와 문제집을 병행해서 공부하는 것이 좋다. 문제집은 여러 권을 욕심내지 말고, 좋은 문제집을 하나를 선정해서 그 문제집을 중심으로 풀어야 한다. 처음에 풀어서 정답을 쉽게 맞춘 문제는 다음에는 다시 풀 필요가 없다. 처음에 정답을 쉽게 맞춘 문제는 다음에도 결코 틀리지 않는다. 그러므로 틀린 문제만 동그라미를 그려놓았다가 다음에 풀 때는 동그라미가 그려진 문제만 풀면 된다. 그때도 틀리면 다시 동그라미 하나를 더 그려놓는다. 그렇게 해서 두 번 세 번 볼 때마다 풀어야 할 문제를 줄여나가야 한다.

학문에는 왕도가 없다. 그러나 비결은 있다. 그 비결은 일반적인 것이 아니어서 사람마다 다르기 때문에 자기만이 찾아낼 수 있다. 즉 효과적인 학습 방법은 공부하는 자가 노력하면서 겪은 시행착오를 통해서 터득해가는 것이다. 다시 말하면 노력하지 않는 자에겐 백약이 무효라는 말이다. 아무리 좋은 학습방법이 있어도 그림 속의 떡으로 끝난다. 노력하되 자기에게 맞는 방법을 찾아가며 해야 할 일이다.

지금은 비대면 학습이 중요해졌다. 이제는 선생님이 옆에서 지켜보는 공부보다는 스스로 혼자 해나갈 수 있어야 한다. 그럴수록 자기주도적인 학습 능력이 필요해진다. 그러므로 공부를 즐기는 자와 억지로 하는 자의 차이는 날로 벌어지게 되어 있다. 원격 수업을 할 수 있는 기자재도 중요하고 그것을 활용하는 능력도 중요하지만, 그보다 훨씬 더 중요한 것은 혼자서도 공부할 수 있는 능력과 태도를 가지고 있느냐, 없느냐다. 탓하거나 어떤 것을 개선해 달라고 요구할 시간이 없다. 이미 닥친 일이다. 처음으로 다시 돌아가지만, 독서는 그래서 중요하다. 책과 친해져야 한다. 책과 놀아야 한다. 책을 가지고 놀면 재미가 있어야 한다. 그것을 위해 부모가 지혜를 짜내서 그 해법을 찾아야 하는 것이다. 이 책은 그것을 위해 쓴 책이다.

다섯 아이들을 큰 바보로 키운 아버지가 쓴
자녀교육을 위한 엉뚱한 제안

땅바닥에서 키워라

인　　쇄　2025년 12월　5일
발　　행　2025년 12월 10일
지 은 이　박 형 동
펴 낸 이　노 남 진
편　　집　장 숙 영
펴 낸 곳　(사)한림문학재단·도서출판 한림
61488 광주광역시 동구 백서로125번길 11(금동)
(062)226 - 1810(代)·3773
E-mail hanlim1992@kakao.com
출판등록 제1990 - 000008호(1990. 9. 14.)

값 15,000원
ISBN 978-89-6441-627-3　03810

* 이 책의 판매처 : 교보문고, 예스24, 충장서림